JN005930

公立幼稚園教諭・保育士採用試験対策シリーズ

幼稚園教諭（過去問題集）

大阪市

協同教育研究会 編

本書には，公立幼稚園教諭採用試験を徹底的に分析したうえで，ポイント，演習問題，解説を掲載しています。また，演習問題には，以下のように５段階で難易度を示しています。問題に取り組む際の参考にしてください。

難易度

■□□□□　非常にやさしい
■■□□□　やさしい
■■■□□　普通
■■■■□　難しい
■■■■■　非常に難しい

本書に掲載されている資料や法令文の標記・基準は，2024 年 2 月現在の情報を掲載しています。

まえがき

本書は，大阪市の公立幼稚園教諭採用試験を受験する人のために編集されたものである。

幼稚園教諭は，満３歳から小学校就学までの幼児に対して，年齢に応じた指導を行うことをその職務とする。具体的には，幼児の健康状態のチェック，遊び，絵画，音楽や運動など，幼児の心身の発達を伸ばす教育を行うものである。 その他には，教室の掃除，カリキュラムの作成，園児の行動記録など，仕事の範囲は多岐にわたる。

幼稚園教諭試験は，その職務を全うできる有為な人材を，幅広い範囲から登用するために，公務員試験の原則に則り，公開平等の原則によって実施される。すなわち，一定の基準点に達すれば合格する資格試験とは根本的に違い，有資格者であれば，誰にでも門戸が開かれた選抜競争試験である。そのため毎年，多数の人が受験している人気職種である。

このような幼稚園教諭という職務の重要性をかんがみ，激烈な関門を突破するためには，まず自分の適性・素養を確かめると同時に，試験内容を十分に研究して対策を講じておく必要があろう。

本書はその必要性に応え，大阪市の公立幼稚園教諭採用試験の過去問，及び，最近の出題傾向を徹底分析した上で，「専門試験」について，問題と解説などを加えたものである。これによって短期間で学習効果が現れ，自信をもって試験に臨むことができよう。

公立幼稚園の教諭をめざす方々が本書を十分活用され，難関を突破して目標を達成されることを心からお祈りする。

協同教育研究会

＊目次＊

第1章

大阪市の公立幼稚園教諭

試験概要

令和６年度　大阪市公立学校・幼稚園教員採用選考テスト受験案内

出願受付期間
令和５年４月３日（月）午前10時00分から令和５年５月８日（月）午後５時00分まで

令和５年３月６日
大阪市教育委員会

このテストは、大阪市公立学校・幼稚園教員の採用に当たっての選考資料を得るために実施するものです。

大阪市教育委員会の求める人物像

大阪市では、子どもが安心して成長できる安全な社会（学校園・家庭・地域）の実現や、心豊かに力強く生き抜き未来を切り拓くための学力・体力の向上、ICTを活用した教育の推進に貢献できる次のような教員を求めています。

1	情熱	教職に対する情熱、愛情、使命感を持ち、困難にも立ち向かえる人
2	教師としての基礎力	広く豊かな教養を基盤とした、専門性と指導力を備えた人
3	人間味	子どもに対する教育的愛情と、カウンセリングマインドを備えた人

今年度の主な変更点

・**受験資格の年齢制限を緩和します。**（Ｐ２参照）
・**専門性を有した多様な人材を採用するため、校種「中学校」（数学、理科、技術）において、普通免許状を有しない方を対象としたスペシャリスト特別選考を新設します。**（Ｐ３参照）

１．採用予定数

校種	教科等	出願に必要な免許状	採用予定数※1
幼稚園	――――	幼稚園教諭の普通免許状	約１０名※3
幼稚園・小学校共通※2	――――	幼稚園教諭及び小学校教諭の普通免許状（両方の免許が必要）	
小学校※8	――――	小学校教諭の普通免許状	約４２０名
中学校※8	国語、社会、数学※4、理科※4、音楽、美術、保健体育、技術※4、家庭、英語、特別支援学級※5	中学校教諭の出願教科の普通免許状※4※5	約２４０名
養護教諭(幼稚園)※6		養護教諭の普通免許状	若干名
養護教諭(小学校・中学校共通)※6		養護教諭の普通免許状	約２０名
栄養教諭(小学校・中学校共通)※7		栄養教諭の普通免許状	若干名

※１ 採用予定数は、「一般選考」、「障がい者対象選考」、「大学院進(在)学者対象選考」及び「スペシャリスト特別選考」の各選考区分の合計です。なお、障がい者対象選考区分の採用予定数は約20名、スペシャリスト特別選考区分の採用予定数は若干名です。
※２ 幼稚園・小学校共通は、原則、幼稚園での勤務となります。
※３ 幼稚園及び幼稚園・小学校共通の採用予定数のうち、幼稚園の採用予定数は半数を超えないものとします。
※４ 中学校の数学、理科、技術は、スペシャリスト特別選考により出願する場合のみ、普通免許状を要件としません。
※５ 中学校の特別支援学級は、中学校の特別支援学級専任教員としての勤務となります。出願には、中学校教諭の普通免許状（校種「中学校」で募集されている教科のうち、いずれかの教科の免許状）が必要です。なお、特別支援学校教諭の普通免許状は特に要件としませんが、当該免許状を所有している人には加点制度があります。
※６ 養護教諭(幼稚園)（以下、「養護教諭(幼)」という。）は幼稚園での勤務となり、養護教諭(小学校・中学校共通)（以下、「養護教諭(小中)」という。）は、小学校、中学校又は義務教育学校のいずれかでの勤務となります。なお、「養護教諭(幼)」と「養護教諭(小中)」は志望順位を付けて併願することができます。
※７ 栄養教諭(小学校・中学校共通)（以下、「栄養教諭(小中)」という。）は、小学校、中学校又は義務教育学校のいずれかでの勤務となります。
※８ 小学校・中学校で採用となった人は、義務教育学校で勤務する場合があります。
※　各校種の間では、必要に応じて人事交流を行っています。

2．受験資格

受験資格は、「選考区分」又は「第１次選考における特例」にかかわらず、次の①〜③のすべてに該当する人に限ります。国籍は問いません。

① 地方公務員法第十六条及び学校教育法第九条に該当しないこと。

地方公務員法第十六条 ＜欠格条項＞
次の各号のいずれかに該当する者は、条例で定める場合を除くほか、職員となり、又は競争試験若しくは選考を受けることができない。
一 禁錮以上の刑に処せられ、その執行を終わるまで又はその執行を受けることがなくなるまでの者
二 当該地方公共団体において懲戒免職の処分を受け、当該処分の日から二年を経過しない者
三 人事委員会又は公平委員会の委員の職にあって、第六十条から第六十三条までに規定する罪を犯し刑に処せられた者
四 日本国憲法施行の日以後において、日本国憲法又はその下に成立した政府を暴力で破壊することを主張する政党その他の団体を結成し、又はこれに加入した者
学校教育法第九条 ＜校長又は教員の欠格事由＞
次の各号のいずれかに該当する者は、校長又は教員となることができない。
一 禁錮以上の刑に処せられた者
二 教育職員免許法第十条第一項第二号又は第三号に該当することにより免許状がその効力を失い、当該失効の日から三年を経過しない者
三 教育職員免許法第十一条第一項から第三項までの規定により免許状取上げの処分を受け、三年を経過しない者
四 日本国憲法施行の日以後において、日本国憲法又はその下に成立した政府を暴力で破壊することを主張する政党その他の団体を結成し、又はこれに加入した者

② 「採用予定数」の表に記載した「出願に必要な免許状」を所有すること。

・「免許状を所有すること」とは、「令和６年４月１日時点で有効な普通免許状等を所有していること」を意味します。これには、令和６年４月１日までに普通免許状等を確実に取得できることを含みます。なお、令和６年４月１日時点で有効な普通免許状等を所有していない場合には、このテストにより得た一切の資格を失います。
・養護教諭の普通免許状を所有する人には、令和５年度中に実施される保健師国家試験の合格により得られる資格を基礎として、養護教諭の普通免許状を取得しようとする人を除きます。

③ 昭和39年４月２日以降に出生していること。

3．選考区分

〔一般選考〕

受験資格①〜③の各号に該当する人。

〔障がい者対象選考〕

受験資格①〜③の各号に該当し、身体障がい者手帳、精神障がい者保健福祉手帳、療育手帳又は障害者職業センター等の公的機関による知的障がい者であることの判定書（以下、「障がい者手帳等」という。）の交付を受けている人。（面接テスト当日に、障がい者手帳等の写しを提出してください。）

障がいを有すること等により、受験に当たり配慮を必要とする場合（手話、筆談、車椅子の使用、点字、拡大文字による受験等）には、必要とする配慮の内容を出願時に入力してください。障がい者対象選考においては、障がいの程度に応じて実技テストの一部免除又は振替を行います。また、採用された場合、公共交通機関による通勤が著しく困難な場合には、自家用自動車等の公共交通機関以外（各自で確保）による通勤も可能です。

〔大学院進（在）学者対象選考〕

受験資格①〜③の各号に該当し、次の（１）〜（３）のすべてに該当している人。

（１）令和４年度大阪市公立学校・幼稚園教員採用選考テスト又は令和５年度大阪市公立学校・幼稚園教員採用選考テストの校種「小学校」又は「中学校」に合格した後、大学院進（在）学を理由として大阪市教育委員会に辞退届を提出し、令和６年度大阪市公立学校・幼稚園教員採用選考テスト（以下、「Ｒ６テスト」という。）における大学院進（在）学者対象選考の該当者として受理されていること。
（２）令和５年度中に大学院修士課程等を修了すること。
（３）令和６年４月１日までに、辞退届提出時に指定された校種教科等の専修免許状（中学校（特別支援学級）は、特別支援学校教諭一種免許状を含む。）が取得できること。

※ 令和５年４月１日から令和６年３月 31 日までの間に大学院を修了できなかった場合又は令和６年４月１日までに出願に必要な専修免許状（中学校（特別支援学級）は、特別支援学校教諭一種免許状を含む。）を取得できなかった場合には、このテストにより得た一切の資格を失います。
※ 大学院進（在）学者対象選考の受験資格が得られる年度及び校種教科等は、辞退届提出時に決定されています。決定された年度及び校種教科等以外で受験する場合には、この選考区分での受験はできません。
※ この選考で出願する場合、**特例は「なし」**を選択してください。

大学院進（在）学者対象選考のテスト内容
・第１次選考のすべてと第２次選考の筆答テスト及び実技テストを免除し、第２次選考の面接テストのみとします。

〔スペシャリスト特別選考〕

受験資格①～③の各号に該当し、校種「中学校（数学、理科、技術）」において、**普通免許状を有しない人又は普通免許状の取得見込みのない人**で、次の(1)又は(2)のいずれかに該当する人。

（1）出願時点で、博士の学位を有し、受験教科の分野における高度な専門知識・経験又は技能を有する人。

（2）出願時点で、修士の学位を有し、かつ、大学・企業又は研究機関等において、受験する教科に相当する専門分野の研究・開発にかかる勤務経験等が令和５年４月 30 日までに通算３年以上あり、受験教科の分野における高度な専門知識・経験又は技能を有する人。

（出願される場合は、受験教科・勤務実績等の確認が必要ですので、教職員人事担当（06-6208-9123）まで、**必ず事前に連絡してください。**）

※ 勤務経験等には、博士課程（博士後期課程）期間を含みます。

※ スペシャリスト特別選考申請書（大阪市教育委員会ホームページ https://www.city.osaka.lg.jp/kyoiku/に掲載）、学位授与等証明書及び勤務実績等を証明する書類を**令和５年５月19日（金）までにご提出ください。（必着）** なお、提出があるまでは出願審査が保留となる（受理されない）ため、できるだけ速やかにご提出ください。

※ 期間の算定に当たっては、その月に１日でも勤務等があれば１か月とみなし、12 か月で１年としてください。ただし、同じ月を重複して算定することはできません。また、この期間には、休業・休職等により実質上勤務等していない期間を含みません。

※ スペシャリスト特別選考申請書、学位授与等証明書及び勤務実績等を証明する書類に虚偽の記載があった場合には、このテストにより得た一切の資格を失います。

※ **令和６年度大阪市公立学校・幼稚園教員採用選考テストに合格した人は、特別免許状の授与申請を大阪府教育委員会に推薦し、大阪府教育委員会の教育職員検定に合格して特別免許状が授与された場合に教諭等として正式採用します。**

※ 教育職員検定合格から正式採用までの間に、必要となる研修の受講や採用関係書類の提出をしていただくこととなります。

※ この選考で出願する場合、**特例は「なし」**を選択してください。

スペシャリスト特別選考のテスト内容
- **第１次選考の筆答テストにおいて、択一式のテストに替えて論文試験を実施します。**
- **その他の選考内容については、一般選考と同様とします。**

※　特別免許状について
- 特別免許状は、大学等での教職課程を履行していない者に、都道府県教育委員会の行う教育職員検定により免許状を授与する制度。
- 授与要件として、次のア、イのいずれにも該当する者。

ア　担当する教科に関する専門的な知識経験又は技能を有する者

イ　社会的信望があり、かつ、教員の職務を行うのに必要な熱意と識見を持っている者

4．第１次選考における特例

〔社会人経験者特例〕

次の(1)又は(2)のいずれかに該当する人。

（1）平成 30 年４月１日から令和５年４月 30 日までの間に、法人格を有する民間企業又は官公庁等での正社員又は正規職員としての勤務経験が通算２年以上ある人。

（2）平成 30 年４月１日から令和５年４月 30 日までの間に、独立行政法人国際協力機構法の規定による青年海外協力隊等としての活動経験が通算２年以上ある人。

※（1）について、**正社員又は正規職員として認められない職（契約社員、派遣社員等）の勤務経験は、対象となりません。**

※（1）及び（2）の期間には、教諭経験者特例、大阪市立学校園現職講師特例及び講師等経験者特例に該当する期間は含まれません。

【特例内容】
- **第１次選考の筆答テストにおいて、出題された問題のうち、思考力・判断力を測る問題のみを解答します。**

〔教諭経験者特例〕

次の(1)又は(2)のいずれかに該当する人。

(1) 出願時点で、国公私立の幼稚園、小学校、中学校、高等学校、特別支援学校等（以下、「学校園」という。）において、正規任用の教諭（認定こども園において、幼稚園としての教育課程内の授業等を担当する職を含む。）、養護教諭又は栄養教諭（以下、「教諭等」という。）として在職しており、平成 30 年４月１日から令和５年４月 30 日までの間に通算２年以上在職経験がある人。ただし、大阪府、大阪市、堺市及び大阪府豊能地区教職員人事協議会が実施した採用選考に合格し正規任用された教諭等として出願時点で在職している人を除く。

(2) 大阪市立の学校園において、正規任用の教諭等として、平成 30 年４月１日から令和５年３月 31 日までの間に通算２年以上在職経験がある人。ただし、大阪府、大阪市、堺市及び大阪府豊能地区教職員人事協議会が実施した採用選考に合格し正規任用された教諭等として出願時点で在職している人を除く。

※ **教諭、講師等の名称に関わらず、期間の定めのない雇用形態(任期付採用や臨時的任用の場合は除く。)の職が、教諭経験者特例の対象となります。**

※ 日本国籍を有しない人が任用の期限を附さない常勤講師として勤務した実績は、教諭経験者特例の対象となります。

※ 出願できる校種教科等は、出願に必要な普通免許状を所有し、かつ、(1)又は(2)に該当する在職経験の中で、通算１年以上、教諭等として教育課程内の授業等を担当した実績（週当たりの時間数は問わない）のある校種教科等に限ります。ただし、次の校種教科等は、「教育課程内の授業等を担当した実績」を校種教科等ごとに示す実績に読み替えます。

・幼稚園・小学校共通：幼稚園又は認定こども園において教育課程内の授業等を担当した実績

・中学校（特別支援学級）：中学校の特別支援学級において学級担任を勤めた実績

※ 通算２年以上の在職経験には、出願校種教科等と異なる在職経験を通算することができます。

【特例内容】

・第１次選考において、筆答テストを免除し、面接テストのみとします。

〔大阪市立学校園現職講師特例〕

出願時点で、大阪市立の学校園において、常勤講師、非常勤講師、習熟等担当講師（週 30 時間）又は栄養職員として在職している人。

【特例内容】

・第１次選考において、筆答テストを免除し、面接テストのみとします。

・第１次選考の面接テストの点数に、出願時点の在籍校園での評価を反映します。

〔講師等経験者特例〕

国公私立の学校園において、教諭、常勤講師、非常勤講師又は教諭の普通免許状を必要とする会計年度任用職員・非常勤嘱託員（認定こども園において、幼稚園としての教育課程内の授業等を担当する職を含む。）として、平成 30 年４月１日から令和５年４月 30 日までの間に通算２年以上の在職経験がある人。ただし、大阪市立学校園現職講師特例の該当者及び大阪府、大阪市、堺市及び大阪府豊能地区教職員人事協議会が実施した採用選考に合格し正規任用された教諭等として出願時点で在職している人を除く。

※ 在職経験のない校種教科等に出願することもできます。

※ 通算２年以上の在職経験には、出願校種教科等と異なる在職経験を通算することができます。

【特例内容】

・第１次選考の筆答テストにおいて、出題された問題のうち、思考力・判断力を測る問題のみを解答します。

※　各特例で必要とする経験に関する注意事項

・期間の算定に当たっては、その月に１日でも勤務等があれば１か月とみなし、12 か月で１年としてください。ただし、同じ月を重複して算定することはできません。また、この期間には、休業・休職等により実質上勤務していない期間を含みません。

・第２次選考の合格者には職歴証明書を提出していただきます。職歴証明書を提出しない場合又は職歴証明書により特例の要件を満たさないことが明らかになった場合には、このテストにより得た一切の資格を失います。

〔大学推薦特別選考特例〕

小学校、中学校（数学)、中学校（理科)、中学校（技術)、中学校（家庭)、中学校（英語）では、小学校教諭又は中学校教諭の普通免許状（一種又は専修）取得のための課程認定を受けている大学及び大学院から推薦を受けた人を対象に大学推薦特別選考を実施しており、**その合格者には第１次選考を免除します。大学を通じて推薦書等を送付いただくとともに、ご自身で電子申請により出願してください。**詳しくは、「令和６年度大阪市公立学校・幼稚園教員採用選考テスト大学推薦特別選考実施要項」（大阪市教育委員会ホームページhttps://www.city.osaka.lg.jp/kyoiku/に掲載）をご覧ください。

〔教職大学院推薦特別選考特例〕

幼稚園、幼稚園・小学校共通、小学校、中学校（すべての教科等）、養護教諭（幼）、養護教諭（小中）では、文部科学省より設置を認可された教職大学院から推薦を受けた人を対象に、教職大学院推薦特別選考を実施しており、**その合格者には第１次選考を免除します。教職大学院を通じて推薦書等を送付いただくとともに、ご自身で電子申請により出願してください。**詳しくは、「令和６年度大阪市公立学校・幼稚園教員採用選考テスト教職大学院推薦特別選考実施要項」（大阪市教育委員会ホームページ　https://www.city.osaka.lg.jp/kyoiku/に掲載）をご覧ください。

〔大阪市教師養成講座修了者特例〕

令和４年度大阪市教師養成講座を修了した人は、**修了した校種教科等の第１次選考を免除します。**

※ Ｒ６テストを受験する場合に限ります。

※ 令和４年度大阪市教師養成講座修了証書に記載された名前と現在の名前が異なる場合については、教職員人事担当（06-6208-9123）までご連絡ください。第２次選考の合格者には、戸籍抄本を提出していただきます。

5．特定の資格等による加点制度

〔ボランティア加点〕【校種 ：すべての校種、教科等】

すべての校種、教科等（大学院進(在)学者対象選考、スペシャリスト特別選考、大学推薦特別選考特例、教職大学院推薦特別選考特例、大阪市教師養成講座修了者特例を除く。）を受験する人で、下記の要件を満たしている場合には、申請により第１次選考面接テスト受験者の総合得点に加点します。ただし、「英語の免許状・資格を有する受験者に対する加点」、「『数学』『理科』『保健体育』のいずれかの免許状を所有する受験者に対する加点」、「特別支援学校教諭の普通免許状を所有する受験者に対する加点」、「プログラミングの資格を有する受験者に対する加点」と合わせることはできません。

加点の要件

ボランティア加点対象事業に参加し、幼児児童生徒の学習支援を含む活動に従事した活動実績が、教員採用選考テストに出願する前年度から過去３年間（令和２年度～令和４年度）において30回以上あり、そのことを実施団体から証明されていること。

・１回あたりの活動時間が、１時間程度以上のものを対象とします。

・実施団体からのボランティアに対する活動内容の評価によっては加点されない場合があります。

※ この加点の申請は出願時のみとし、出願受理後の申請及び申請内容の変更はできません。

※ 活動実績の証明として、「ボランティア活動実績証明書」の原本を提出していただきます。下記の発行依頼先より作成された「ボランティア活動実績証明書」を、大阪市教育委員会事務局　教職員人事担当（〒530−8201　大阪市北区中之島１−３−20）まで郵送してください。

※ 提出期限は、**令和５年５月19日（金）（必着）**です。なお、「ボランティア活動実績証明書」の内容が確認できるまでは、出願審査が保留となる（受理されない）ため、できるだけ速やかにご提出ください。

※ 原本を提出しない場合又は提出書類により加点の要件を満たさないことが明らかになった場合には、加点申請を取り消します。

（ボランティア活動実績証明書の発行依頼先）

・局、区が実施しており、主な活動場所が学校園であるもの：各学校園

・局、区が実施しており、主な活動場所が学校園以外であるもの：各局、区の事業担当課（又は委託事業者）

・ＮＰＯ等民間団体が実施する加点対象事業：ＮＰＯ等民間団体

※ ボランティア加点対象事業一覧、ボランティア活動実績証明書の様式については、「大阪市公立学校・幼稚園教員採用選考テストにおけるボランティア加点を実施します」（https://www.city.osaka.lg.jp/kyoiku/page/0000430298.html）をご覧ください。

（加点の内容）

	第１次選考
すべての校種、教科等	面接テスト受験者の総合得点に20点加点

〔英語の免許状・資格を有する受験者に対する加点〕【校種 ：「小学校」】

校種「小学校」（大学院進(在)学者対象選考を除く。）を受験する人で、Ｐ６の留意事項における(1)、(2)、(3)、(4)のいずれかに該当する場合には、申請により第１次選考面接テスト受験者の総合得点並びに第２次選考の筆答テスト及び実技テストの合計得点のそれぞれに加点します。ただし、「ボランティア加点」、「『数学』『理科』『保健体育』のいずれかの免許状を所有する受験者に対する加点」、「特別支援学校教諭の普通免許状を所有する受験者に対する加点」、「プログラミングの資格を有する受験者に対する加点」と合わせることはできません。

（加点の内容）

	第１次選考	第２次選考
(1) 又は (2) を満たす場合	面接テスト受験者の総合得点に90点加点	筆答と実技の合計得点に30点加点
(3) を満たす場合	面接テスト受験者の総合得点に60点加点	筆答と実技の合計得点に20点加点
(4) を満たす場合	面接テスト受験者の総合得点に30点加点	筆答と実技の合計得点に10点加点

〔英語の資格を有する受験者に対する加点〕【校種 ：「中学校（英語）」】

校種「中学校（英語)」（大学院進(在)学者対象選考を除く。）を受験する人で、次の留意事項における（2）及び（3）のいずれかに該当する場合には、申請により第１次選考面接テスト受験者の総合得点並びに第２次選考の筆答テスト及び実技テストの合計得点のそれぞれに加点します。ただし、「ボランティア加点」と合わせることはできません。

（加点の内容）

	第１次選考	第２次選考
（２）を満たす場合	面接テスト受験者の総合得点に 30 点加点	筆答と実技の合計得点に 15 点加点
（３）を満たす場合	面接テスト受験者の総合得点に 20 点加点	筆答と実技の合計得点に 10 点加点

留意事項

（1）英語の中学校教諭又は高等学校教諭の普通免許状を所有している人
（2）英検１級合格、GTEC(CBT)1,350 点以上取得、IELTS7.0 以上取得、TOEFL(iBT)95 点以上取得、TOEIC(L&R)945 点以上取得のいずれかを満たす人
（3）英検準１級合格、GTEC(CBT)1,190 点以上取得、IELTS5.5 以上取得、TOEFL(iBT)72 点以上取得、TOEIC(L&R)785 点以上取得のいずれかを満たす人
（4）英検２級合格、GTEC(CBT)960 点以上取得、IELTS4.0 以上取得、TOEFL(iBT)42 点以上取得、TOEIC(L&R)550 点以上取得のいずれかを満たす人

※ （1）の「英語の中学校教諭又は高等学校教諭の普通免許状の所有」とは、「令和６年４月１日時点で有効な普通免許状を所有していること」を意味します。これには、令和６年４月１日までに普通免許状を確実に取得できることを含みます。その他の資格は、出願締切日時点で合格又は取得していることを要件とします。なお、GTEC は GTEC(CBT)に限ること、TOEFL は TOEFL(iBT)に限ることとし、TOEIC(L&R)は公開テストにより行われたものに限り有効とします。

※ この加点の申請は出願時のみとし、出願受理後の申請及び申請内容の変更はできません。

※ 第２次選考の合格者には、英語の中学校教諭・高等学校教諭の普通免許状の写し又は以下の証明書類の写しを提出していただきます。証明書類の写し等を提出しない場合又は加点の要件を満たさない場合には、このテストにより得た一切の資格を失います。

試験名称	実施団体	証明書類
英検：実用英語技能検定	日本英語検定協会	合格証明書の写し
GTEC(CBT):Global Test of English Communication	ベネッセコーポレーション	オフィシャルスコア証明書(OFFICIAL SCORE CERTIFICATE)の写し
IELTS:International English Language Testing System	日本英語検定協会	公式の成績証明書(Test Report Form)の写し
TOEFL(iBT)：Test of English as a Foreign Language	国際教育交換協議会	公式スコアレポート(Test Taker Score Report)の写し
TOEIC(Listening & Reading Test)：Test of English for International Communication	国際ビジネスコミュニケーション協会	公式認定証(Official Score Certificate)の写し

〔「数学」「理科」「保健体育」のいずれかの免許状を所有する受験者に対する加点〕【校種：小学校】

校種「小学校」（大学院進(在)学者対象選考を除く。）を受験する人で、「数学」「理科」「保健体育」のいずれかの中学校教諭又は高等学校教諭の普通免許状を所有する場合には、申請により第１次選考面接テスト受験者の総合得点並びに第２次選考の筆答テスト及び実技テストの合計得点のそれぞれに加点します。ただし、「ボランティア加点」、「英語の免許状・資格を有する受験者に対する加点」、「特別支援学校教諭の普通免許状を所有する受験者に対する加点」、「プログラミングの資格を有する受験者に対する加点」と合わせることはできません。

※ 「『数学』『理科』『保健体育』のいずれかの中学校教諭又は高等学校教諭の普通免許状を所有する」とは、「令和６年４月１日時点で有効な普通免許状を所有していること」を意味します。これには、令和６年４月１日までに普通免許状を確実に取得できることを含みます。

※ この加点の申請は出願時のみとし、出願受理後の申請及び申請内容の変更はできません。

※ 第２次選考の合格者には、免許状の写しを提出していただきます。免許状の写しを提出しない場合は、このテストにより得た一切の資格を失います。

（加点の内容）

第１次選考	第２次選考
面接テスト受験者の総合得点に 90 点加点	筆答と実技の合計得点に 30 点加点

〔特別支援学校教諭の普通免許状を所有する受験者に対する加点〕【校種 ：「小学校」又は「中学校（特別支援学級）」】

校種「小学校」又は「中学校（特別支援学級）」（大学院進（在）学者対象選考を除く。）を受験する人で、特別支援学校教諭の普通免許状（自立教科及び自立活動を除く。）を所有する場合には、申請により第１次選考面接テスト受験者の総合得点及び第２次選考の所定の得点に加点します。ただし、校種「小学校」において、「ボランティア加点」、「英語の免許状・資格を有する受験者に対する加点」、「『数学』『理科』『保健体育』のいずれかの免許状を所有する受験者に対する加点」、「プログラミングの資格を有する受験者に対する加点」と合わせること、及び「中学校（特別支援学級）」において、「ボランティア加点」と合わせることはできません。

※ 「特別支援学校教諭の普通免許状を所有する」とは、「令和６年４月１日時点で有効な普通免許状を所有していること」を意味します。これには、令和６年４月１日までに普通免許状を確実に取得できることを含みます。なお、特別支援学校教諭の普通免許状における領域は問いません。

※ この加点の申請は出願時のみとし、出願受理後の申請及び申請内容の変更はできません。

※ 第２次選考の合格者には、免許状の写しを提出していただきます。免許状の写しを提出しない場合は、このテストにより得た一切の資格を失います。

（加点の内容）

	第１次選考	第２次選考
小学校	面接テスト受験者の総合得点に 90 点加点	筆答と実技の合計得点に 30 点加点
中学校（特別支援学級）	面接テスト受験者の総合得点に 90 点加点	面接の得点に 30 点加点

〔プログラミングの資格を有する受験者に対する加点〕　【校種 ：小学校】

校種「小学校」（大学院進（在）学者対象選考、大学推薦特別選考特例、教職大学院推薦特別選考特例、大阪市教師養成講座修了者特例を除く。）を受験する人で、下記の資格試験に合格している場合には、申請により第１次選考面接テスト受験者の総合得点に加点します。ただし、「ボランティア加点」、「英語の免許状・資格を有する受験者に対する加点」、「『数学』『理科』『保健体育』のいずれかの免許状を所有する受験者に対する加点」、「特別支援学校教諭の普通免許状を所有する受験者に対する加点」と合わせることはできません。

（加点の内容）

第１次選考
面接テスト受験者の総合得点に 20 点加点

※ すべての資格試験について、出願締切日時点で合格していることを要件とします。

※ この加点の申請は出願時のみとし、出願受理後の申請及び申請内容の変更はできません。

※ 第２次選考の合格者には、証明書類の写しを提出していただきます。証明書類の写しを提出しない場合又は提出書類により加点の要件を満たさないことが明らかになった場合には、このテストにより得た一切の資格を失います。ご提出いただく証明書類は次表のとおりです。

試験名称	実施団体	証明書類
ＩＴパスポート試験	情報処理推進機構	情報処理技術者試験合格証書の写し
基本情報技術者試験		
応用情報技術者試験		

6. 中学校（特別支援学級）

この校種教科等で出願するには、中学校教諭の普通免許状（校種「中学校」で募集されている教科のうち、いずれかの教科の免許状）が必要です。なお、特別支援学校教諭の普通免許状は特に要件としませんが、当該免許状を所有している人には、加点制度があります。（上記参照）

・ テスト内容は、第２次選考の面接テストを除き、所有する中学校教諭の普通免許状の教科に関するテストと同じです。複数の教科の普通免許状を所有している人は、そのうちの一つの教科を選んで受験してください。

・ 第２次選考の面接テストは、１人約 30 分の個人面接を行い、その中で場面指導を行うとともに、特別支援教育に関する専門知識や大阪市の特別支援教育の現状と課題に関する質問等を行います。**なお、この面接テストの対象者には、質問の参考に資するため、特別支援教育の経験や専門性に関する調査票を第２次選考筆答テスト時に提出していただきます。**調査票については、第１次選考結果発表時に大阪市教育委員会ホームページ　https://www.city.osaka.lg.jp/kyoiku/に掲載します。ダウンロードできないときは速やかに教職員人事担当（06-6208-9123）に電話で問い合わせてください。

・ 第１次選考の合否判定は、他の教科と同じ方法ですが、第２次選考の合否判定は、筆答テスト及び実技テストで教科ごとに設定する合格基準点にすべて達している人を対象とし、面接テストの得点により判定します。

7. 「養護教諭(幼)」と「養護教諭(小中)」の併願

「養護教諭(幼)」と「養護教諭(小中)」は、志望順位を付けて併願することができます。併願した場合には、第１志望の第１次選考で不合格と判定されても、得点が第２志望の合格基準点に達し、かつ合格最低点を上回る場合には、第２志望の第２次選考を受験することができます。また、第１志望の第２次選考で不合格と判定されても、得点が第２志望の合格基準点に達し、かつ合格最低点を上回る場合には、第２志望の第２次選考を合格と判定します。

※ この併願の申請は出願時のみとし、出願受理後に申請及び申請内容の変更はできません。

8. 選考テストの日時・会場・内容・携行品等（記載している日時や会場は予定であり、変更の可能性があります）

(注意事項)

- **試験当日に受験票や面接個票を忘れた人の受験は認めません。**
- **受験票や面接個票は、必要事項を記入し、証明写真を貼付のうえ、各テスト時に必ず持参してください。証明写真を貼付せず、本人確認ができない場合は、受験できません。受験票等はいずれかのテスト時に回収します。**
- **受験票を交付期間内にダウンロードされなかった場合、再交付いたしません。（P20 参照）また、受験票を紛失した場合、再発行いたしません。**
- **筆記用具はすべてのテストで必ず持参してください。筆記用具及び携行品の貸出はいたしません。また、必要とされる携行品を持参しなかった場合には、受験を認めないことがあります。**
- 計算機能が付いた時計（スマートウォッチ等）は使用できません。また、スマートフォン等を時計代わりとして使用することもできません。
- テストの日時や会場は受験票で指定します。**日時や会場の変更はできません。**
- 受験しなかったテストの後に行われるテストを受験することはできません。
- 選考結果通知用切手票は、切手を貼付のうえ、各テスト時に必ず持参してください。テスト時に回収します。
- **テストの内容及び携行品に関する質問には、一切お答えすることができません。**
- 台風等の自然災害やその他の事情により、テストの実施を中止又は変更する場合には、大阪市教育委員会ホームページ（https://www.city.osaka.lg.jp/kyoiku/）及び大阪市教員採用ツイッターアカウント（P11 及びP25 参照）に掲載しますので、各自でご確認ください。

〔第１次選考〕

テスト	実施日（予定）	対象者	試験内容
筆答	6月24日（土）9時30分～12時 【予備日】 6月25日（日）9時30分～12時	・特例なしの出願者 ・大学推薦特別選考又は教職大学院推薦特別選考で第１次選考の免除が認められなかった出願者 ・社会人経験者特例の出願者※3 ・講師等経験者特例の出願者※3	・思考力・判断力を測る問題※4（文章理解、判断推理、資料解釈、数的処理等）、教職関連の問題（教職教養、教育関連の法規、教育公務員の倫理、教育関連時事）について、択一式のテストを行います。（大問30問、90分）
		・スペシャリスト特別選考の出願者※5	・論文試験（90分）
面接	7月1日（土）、2日（日）、8日（土）、9日（日）のうちいずれか1日※1 【予備日】 7月22日（土）、23日（日）	・教諭経験者特例の出願者 ・大阪市立学校園現職講師特例の出願者	1人約10分の個人面接を行います。
	7月16日（日）、17（月・祝）のうちいずれか1日※2 【予備日】 7月22日（土）、23日（日）	**・筆答テストの受験者で、同テストの合格基準点に達したことにより、面接テストの対象者となった者**	

※1 **面接テストの日時は受験票により指定します。**面接の順番によっては、待機等のため、指定時刻から約4時間要する場合もありますので、あらかじめご了承ください。

※2 **筆答テストの結果通知兼受験票より日時を指定します。**

※3 社会人経験者特例、講師等経験者特例の出願者は、出題された問題のうち、思考力・判断力を測る問題のみ解答します。
また、試験時間は70分とします。

※4 **英文を含む問題も出題します。**また、**思考力・判断力を測る問題と教職関連の問題の配点比は2：1**とします。

※5 スペシャリスト特別選考の出願者は、筆答テストにおいて、択一式のテストに替えて論文試験を実施します。

〔**第2次選考**〕（第1次選考で合格と判定された人及び特例等により第1次選考の免除を認められた人が対象）

テスト	実施日（予定）	対象者	試験内容
筆答	8月19日(土) 9時30分～12時 【予備日】 8月20日(日) 9時30分～12時	(幼稚園、幼稚園・小学校共通、小学校除く）全校種教科	出願した校種教科等についての択一式及び記述式の専門テストを行います。
	8月19日(土)13時30分～16時 【予備日】 8月20日(日)13時30分～16時	幼稚園、幼稚園・小学校共通、小学校	出願した校種教科等についての択一式の専門テストを行います。
実技	8月16日(水)、17日（木)、9月2日(土)、3日(日)のうちいずれか1日※1	幼稚園、幼稚園・小学校共通、小学校	P9～10を参照してください。
	8月19日（土）及び23日（水)、27日（日）のうちいずれか1日※1	教科「英語」	
	8月23日（水)、27日（日）のうちいずれか1日※1	教科「美術」	
	8月26日（土)、27日（日）のうちいずれか1日※1	教科「音楽」「保健体育」	
面接	9月2日(土)、3日(日)、9日(土)、10日(日) のうちいずれか1日※1 【予備日】 9月16日(土)、17日（日)	全校種教科	1人約15分の個人面接を行い、その中で場面指導※2を行います。 ただし、中学校(特別支援学級)は、1人約30分の個人面接とし、その中で場面指導のほか、特別支援教育に関する専門知識や、大阪市の特別支援教育の現状と課題に関する質問等を行います。

※1 **テストの日時は受験票により指定します。** 面接や実技の順番によっては、待機等のため、指定時刻から約4時間要する場合もありますので、あらかじめご了承ください。

※2 場面指導とは、さまざまな場面を設定し、幼児児童生徒への指導や、保護者への対応等を評価するものです。なお、場面設定は面接時に面接官から提示します。

〔第2次選考実技テストの内容・携行品〕

幼稚園、幼稚園・小学校共通

	内容	携行品
音楽	・無伴奏による歌唱(**指定曲の中から1曲を選択**)※1 ・ピアノ弾き歌い(**以下①～③の中から1曲、当日指定**) ① ゆげのあさ（まど みちお／宇賀神 光利) ② いちょうのはっぱ（宮本 卓／渡辺 茂) ③ みんなともだち（中川 ひろたか／中川ひろたか)	・ピアノ弾き歌い用の楽譜3部 (採点官提出用2部、本人用1部)※2

※1 指定曲の詳細はP10「無伴奏による歌唱 指定曲」の表をご確認ください。なお、無伴奏による歌唱用の楽譜は会場で用意しています。

※2 ①～③の中から1曲当日指定のため、3曲すべての楽譜をご用意ください。なお、使用する楽譜の出版社は問いませんが、歌詞がすべて記載されたものをご用意ください。

小学校：「音楽」、「体育」、「英語」のいずれか1つを選択

	内容	携行品
音楽	・無伴奏による歌唱（**指定曲の中から1曲を選択**)※1 ・器楽演奏(「ピアノ」、「リコーダー」、「管楽器」、「その他の楽器」より選択。曲目は自由)※2	・器楽演奏用の楽器 ・器楽演奏用の楽譜3部(採点官提出用2部、本人用1部)※3
体育	・水泳(クロールと平泳ぎのいずれかを選択し25m1本、ゴーグル・耳栓の着用可)※4	・水泳用水着※5（5cm×8cmの白布に黒油性ペンで受験番号を書き、水着の前面上部に縫い付けてください。) ・水泳帽
英語	・英語による自己紹介(事前に指定する「自己紹介シート」に基づく) ・基本的な英会話	・自己紹介シート(英語選択者のみ※6)

※1 指定曲の詳細はP10「無伴奏による歌唱 指定曲」の表をご確認ください。なお、無伴奏による歌唱用の楽譜は会場で用意しています。

※2 器楽演奏について「ピアノ」を選択する場合、ピアノは会場で用意していますので、それを使用してください。
なお、電子楽器や準備に時間を要する楽器は使用不可です。**楽器及び曲目の選択に関する質問には、一切お答えすることができません。** 無伴奏による歌唱と器楽演奏は、それぞれ異なる曲を準備してください。同じ曲を歌唱、器楽演奏の両方で使用することはできません。

※3 使用する楽譜の出版社は問いませんが、歌唱曲を演奏する場合は、歌詞がすべて記載されたものをご用意ください。

※4 **アクセサリー等は、必ず外して受験してください。**

※5 水泳用水着については、競泳用水着を基本とし、水泳指導時の水着として適切なものをご用意ください。また、水着のまま待機及び移動することがありますので、水着の上から着るシャツ・短パン、サンダル等それらを入れる袋等を用意してください。

※6 第1次選考結果発表時に大阪市教育委員会ホームページ https://www.city.osaka.lg.jp/kyoiku/に掲載します。ダウンロードできないときは速やかに教職員人事担当（06-6208-9123）に電話で問い合わせてください。

【幼稚園、幼稚園・小学校共通、小学校(音楽)】無伴奏による歌唱　指定曲(次の９つの楽曲のうち、１曲を選択してください。)

指定曲 (小学校学習指導要領【平成29年３月版】第２章各教科第６節音楽における、第４学年、第５学年、第６学年の歌唱教材の共通教材より)	
第４学年	とんび(葛原　しげる／梁田　貞)　まきばの朝(文部省唱歌／船橋　栄吉)　もみじ(高野　辰之／岡野　貞一)
第５学年	こいのぼり(文部省唱歌)　スキーの歌(林　柳波／橋本　国彦)　冬げしき(文部省唱歌)
第６学年	おぼろ月夜(高野　辰之／岡野 貞一)　ふるさと(高野　辰之／岡野　貞一)　われは海の子 (歌詞は第３節まで) (文部省唱歌)

教科「美術」実技テスト

内容	携行品
・描写 ・立体	・鉛筆(HB～2B)　・消しゴム　・ハサミ　・カッターナイフ　・カッターマット(Ａ４以上)　・定規(30cm) ・マスキングテープ　・両面テープ　・多用途(紙・布・プラスチック・針金等)で速乾のボンド　・クリップ(ボンドの仮止めに使用) ・水彩絵の具一式　・筆洗　・雑巾　・画板(カルトン)四つ切り判以上

教科「英語」実技テスト

実施日	内容	携行品
8月19日 (土)	・Listening(筆答テストに引き続き実施)	
8月23日 (水)、27 (日) ※1	・Group discussion	英語運用能力アピールシート※2

※1　**テストの日時は受験票により指定します。**

※2　第１次選考結果発表時に大阪市教育委員会ホームページ　https://www.city.osaka.lg.jp/kyoiku/に掲載します。ダウンロードできないときは速やかに教職員人事担当 (06-6208-9123) に電話で問い合わせてください。

教科「音楽」実技テスト

内容	携行品
・ピアノ弾き歌い(曲目は当日指定)※1 ・自由演奏(楽器及び曲目は自由、弾き歌いも可)※2	・自由演奏用の楽器(ピアノは会場で用意していますので、それを使用してください。) ・自由演奏用の楽譜３部(採点官提出用２部、本人用１部)※3

※1　読譜時間を別に設けます。

※2　**楽器及び曲目の選択に関する質問には、一切お答えすることができません。**

※3　使用する楽譜の出版社は問いませんが、歌唱曲を演奏する場合は、歌詞がすべて記載されたものをご用意ください。

教科「保健体育」実技テスト

内容	携行品
第１群　体つくり運動(NHK放映「みんなの体操」の音楽を使用し、３分程度で各自の創作によるもの) 第２群　水泳(クロールと平泳ぎ 各25m、ゴーグル・耳栓の着用可) 第３群　球技(バレーボール、サッカー、バスケットボール、ハンドボールから１種目選択) 第４群　器械運動(マット運動)、陸上競技(ハードル走)※1、武道(柔道、剣道)、ダンス (創作ダンス) から１種目選択 (注)雨天の場合、内容を一部変更することがあります。	・運動できる服装(10cm×20cmの白布に黒の油性ペンで受験番号を書き、胸と背に縫い付けてください。) ・体育館シューズ ・屋外用シューズ(スパイク・ポイントシューズは使用不可) ・水泳用水着※2(５cm×８cmの白布に黒油性ペンで受験番号を書き、水着の前面上部に縫い付けてください。) ・水泳帽 ・柔道衣(柔道選択者のみ) ・剣道衣及び用具(剣道選択者のみ)

※1　ハードル走の設定は次のとおりです。

男性：距離50m、第１ハードルまでの距離12.5m、インターバル8.5m、ハードルの高さ84cm

女性：距離50m、第１ハードルまでの距離12m、インターバル7.5m、ハードルの高さ76cm

※2　水泳用水着については、競泳用水着を基本とし、水泳指導時の水着として適切なものをご用意ください。また、水着のまま待機及び移動することがありますので、水着の上から着るシャツ・短パン、サンダル等それらを入れる袋等を用意してください。

※　**アクセサリー等は、必ず外して受験してください。**

〔テスト会場〕

・ 次表の会場のうち、後日送付する受験票に記載してある会場にて受験してください。**指定した会場以外での受験はできません。**
・ 試験会場への電話照会は厳禁です。
・ 会場へは、地図等で場所を確認のうえ、公共交通機関を利用してご来場ください。
・ **会場への入室は、集合時間の 15 分前から可能です。**

試験会場	会場住所	最寄り駅
大阪市立蒲生中学校	大阪市城東区中央３-９-24	京阪本線「野江」 Osaka Metro 長堀鶴見緑地線・今里筋線「蒲生四丁目」
大阪市立鯰江中学校	大阪市城東区今福西４-７-20	Osaka Metro 長堀鶴見緑地線・今里筋線「蒲生四丁目」
大阪市立東住吉中学校	大阪市東住吉区桑津５-17-25	近鉄南大阪線「北田辺」 ＪＲ大和路線「東部市場前」
大阪市立花乃井中学校	大阪市西区江戸堀２-８-29	京阪中之島線「中之島」
大阪市立堀江中学校	大阪市西区北堀江４-７-１	Osaka Metro 千日前線・長堀鶴見緑地線「西長堀」
大阪市立下福島中学校	大阪市福島区玉川１-４-11	京阪中之島線「中之島」 Osaka Metro 千日前線「玉川」
大阪市立天満中学校	大阪市北区神山町 12-９	ＪＲ環状線「天満」 Osaka Metro 谷町線「中崎町」　堺筋線「扇町」
大阪市立東中学校	大阪市中央区大手前４-１-５	Osaka Metro 中央線「谷町四丁目」
大阪市立文の里中学校	大阪市阿倍野区美章園１-５-52	ＪＲ阪和線「美章園」
大阪市立天王寺中学校	大阪市天王寺区北河堀町６-20	ＪＲ阪和線・Osaka Metro 御堂筋線・谷町線「天王寺」 近鉄南大阪線「大阪阿部野橋」
大阪市立西中学校	大阪市西区千代崎３-１-43	Osaka Metro 長堀鶴見緑地線「ドーム前千代崎」 阪神なんば線「ドーム前」
大阪市立新北野中学校	大阪市淀川区新北野２-13-37	ＪＲ東海道本線「塚本」
大阪市役所	大阪市北区中之島１-３-20	京阪本線「淀屋橋」 Osaka Metro 御堂筋線「淀屋橋」

9. 合否判定方法

合否判定は、選考区分ごとに行います。

〔第１次選考〕

・ 筆答テストを受験する者は、同テストの合格基準点に達した者のみ、面接テストの対象とします。
・ 合否は、筆答テストを受験する者は筆答テストと面接テストの合計得点により、筆答テストを免除される者は面接テストの得点（大阪市立学校園現職講師特例の出願者は、出願時点の在籍校園での評価を含む）により、それぞれ判定します。ただし、面接テストの得点が合格基準点に達しない場合には、不合格とします。

〔第２次選考〕

・ 筆答、面接、実技の各テストにおいて、得点が合格基準点に達しないものが一つでもある場合は、不合格とします。
・ 選考区分「大学院進(在)学者対象選考」の合否は、面接テストの得点により判定します。
・ **選考区分「一般選考」、「障がい者対象選考」、「スペシャリスト特別選考」の合否は、次表の方法により判定します。**

校種教科等	合否判定方法
◇ 幼稚園 ◇ 幼稚園・小学校共通 ◇ 小学校 ◇ 養護教諭（幼） ◇ 養護教諭（小中） ◇ 栄養教諭（小中）	筆答テスト及び実技テストの合計得点により判定します。 ただし、上記にかかわらず、合格者数の概ね２割を目途に、面接テストの得点により判定します。
◇ 中学校の各教科（特別支援学級を除く）	筆答テスト及び実技テストの合計得点により判定します。
◇ 中学校（特別支援学級）	筆答テスト及び実技テストで教科ごとに設定する合格基準点にすべて達している人を対象とし、面接テストの得点により判定します。

10. 選考の結果発表

（1）時期及び方法

区　分	発 表 時 期	発表方法(インターネットは11時を予定)
第１次選考（筆答）結果発表	7月6日(木)　予定	【本　人　通　知】発表日付で送付（郵送）※ 【インターネット】https://www.city.osaka.lg.jp/kyoiku/
第１次選考結果発表	8月3日(木)　予定	
第２次選考結果発表	10月20日(金)　予定	

※ 第１次選考筆答テストにおける合格者の面接テストの日時は、筆答テストの結果通知により指定しますので、**第１次選考(筆答)結果通知が7月11日(火)までに到着しないときは、教職員人事担当(06-6208-9123)に電話で速やかに確認してください。**

※ 第１次選考における合格者の第２次選考の各テスト日時は、第１次選考の結果通知により指定しますので、**第１次選考結果通知が８月８日(火)までに到着しないときは、教職員人事担当（06-6208-9123）に電話で速やかに確認してください。**

※ **必要とされるテストを一つでも受験しなかった場合には、その時点で有効な受験でないものとみなし、その受験者には結果を通知いたしません。**

（2）選考結果の問い合わせには、一切お答えすることができません。

（3）選考結果が不合格と判定された受験者へ送付する結果通知書には、出願校種教科等における順位、受験者数、合格者数、合格最低点、筆答・面接・実技の各テストの得点及び合格基準点を記載します。なお、合格基準点は、発表時期に大阪市教育委員会ホームページにも掲載します。

11. 採用までの経過

（1）第２次選考で合格と判定された人は、採用候補者名簿に登載されます。採用候補者名簿の登載期間は、令和７年３月31日までとします。

（2）受験資格に掲げる資格要件を証明する書類等を指定する期日までに提出していただきます。受験資格に掲げる資格要件を満たされない場合や教員としての適格性を欠く事実が明らかになった場合は、採用候補者名簿から削除されます。

（3）資格要件を満たすことを確認できた人は、学校園の欠員状況等を考慮し、令和６年４月１日から令和７年３月31日までの間に順次、採用を決定します。

（4）日本国籍を有しない人は、任用の期限を附さない常勤講師に任用され、その職名は教諭（指導専任）とします。ただし、採用時に従事可能な在留資格がない場合には、採用しません。

12. スペシャリスト特別選考により２次選考で合格と判定された場合の特別免許状の授与について

（1）令和６年度大阪市公立学校・幼稚園教員採用選考テスト２次選考で合格と判定された後、大阪市教育委員会より大阪府教育委員会に特別免許状の授与推薦を行います。
（2）本人から大阪府教育委員会へ必要な書類を提出した後、大阪府教育委員会にて教育職員検定を実施します。
（3）大阪府教育委員会の実施する教育職員検定に合格した場合、３月末までに大阪府教育委員会より本人へ特別免許状が授与されます。

13. 第２次選考合格後、大学院に進（在）学を希望する場合

（1）教職大学院以外の大学院に進（在）学を希望する場合

校種「小学校」及び「中学校」の第２次選考で合格と判定された人が、**教職大学院以外**の大学院に進(在)学することを理由に採用を辞退し、令和７年度大阪市公立学校・幼稚園教員採用選考テスト（以下、「Ｒ７テスト」という。）又は令和８年度大阪市公立学校・幼稚園教員採用選考テスト（以下、「Ｒ８テスト」という。）において「大学院進(在)学者対象選考[※1]」による受験を希望する場合には、速やかに大阪市教育委員会に申告してください。ただし、次の要件①～③のいずれかを満たす必要があります。

※1 大学推薦特別選考特例及び教職大学院推薦特別選考特例で合格した人は、この選考区分の対象となりません。

要　件

① 令和６年度又は令和７年度中に大学院修士課程を修了見込みであり、修了見込みの年度の翌年度の４月１日までに、Ｒ６テストで合格した校種教科等の専修免許状を取得できること。
② 中学校（特別支援学級）に合格した人で、特別支援学校教諭の普通免許状を有しない者は、令和６年４月に大学の特別支援教育特別専攻科に入学し、令和７年３月に修業年限１年で修了見込みであり、令和７年４月１日時点で有効な特別支援学校教諭一種免許状を取得できること。
③ 中学校（特別支援学級）に合格した人で、特別支援学校教諭の一種免許状を所有する人は、令和６年４月に大学の特別支援教育特別専攻科に入学し、令和７年３月に修業年限１年で修了見込みであり、令和７年４月１日時点で有効な特別支援学校教諭専修免許状を取得できること。

※ ①のうち令和６年度中に大学院修士課程を修了見込みの場合、②又は③の場合には、大学院進(在)学者対象選考で出願できるのはＲ７テストのみとします。また、①のうち令和７年度中に大学院修士課程を修了見込みの場合には、大学院進(在)学者対象選考で出願できるのはＲ８テストのみとします。
※ Ｒ６テストの辞退時に申告した修了見込み年度に大学院を修了できなかった場合、又は修了見込み年度の翌年度の４月１日までに、Ｒ６テストで合格した校種教科等の専修免許状（②においては、特別支援学校教諭一種免許状）を取得できなかった場合には、Ｒ６テストの合格により得た一切の資格を失います。

（2）教職大学院に進（在）学を希望する場合

校種「小学校」及び「中学校」の第２次選考で合格と判定された人が、**教職大学院**に進（在）学し、教職大学院の修士課程修了後の採用を希望する場合は、**採用候補者名簿の登載期間を最長２年間延長**することができますので、速やかに大阪市教育委員会に申告してください。ただし、前項(1)の要件の①を満たす必要があります。

※ 延長できる期間の上限は、「教職大学院**進学者は２年間**」、「教職大学院**在学者は１年間**」とします。
※ Ｒ６テスト時に申告した修了見込み年度に大学院を修了できなかった場合、又は修了見込み年度の翌年度の４月１日までに、Ｒ６テストで合格した校種教科等の専修免許状を取得できなかった場合には、採用候補者名簿から削除され、採用されません。
※ 大学推薦特別選考特例で合格した人は、採用候補者名簿登載期間の延長の対象となりません。

14. 給与、勤務条件

令和５年４月１日現在の初任給は次表を予定しています。なお、職歴などがある人については、その経歴に応じて加算されることがあります。

		最終学歴		
		短期大学卒業者	大学卒業者	修士課程修了者
勤務先校種	幼稚園教育職	212,500	238,500	259,200
	小・中教育職	249,900	275,000	275,000

月額(100円未満切捨、単位：円)

これらの月額は、給料＋教職調整額＋地域手当＋義務教育等教員特別手当の合計額です。また、このほか、扶養手当、住居手当、通勤手当、期末手当、勤勉手当等の諸手当が、条件に応じて支給されます。なお、養護教諭については、勤務先の校種の給料表が適用されます。

勤務時間は、原則として午前８時 30 分から午後５時までとなっていますが、学校によって若干異なる場合があります。

（以上の内容は、条例の改正等が行われた場合は、その定めるところによります。）

15. 服務規律

大阪市においては、市民から信頼される市政の実現を図るため、服務規律の確保に関して、様々な取組み及び遵守すべき事項を定めており、また、適宜、管理監督者からの指導が行われます。次に記載している条例等の内容は、その一部を抜粋したものですが、心得た上で、受験申込を行ってください。

【大阪市職員基本条例】（抜粋）

（倫理原則）

第４条　職員は、自らの行動が市政に対する市民の信用に大きな影響を与えることを深く認識して、常に厳しく自らを律して服務規律を遵守するとともに、倫理意識の高揚に努めなければならない。

（職員倫理規則）

第８条　市長は、倫理原則を踏まえ、職員の倫理意識の高揚を図るために必要な事項に関し、市規則（以下「職員倫理規則」という。）を定めるものとする。

２　職員倫理規則には、服務規律の確保及び市民の疑惑や不信を招くような行為の防止のために職員の遵守すべき事項を定めなければならない。

【その他遵守すべき事項の例】

・勤務時間中は、常に清潔な身だしなみを心がけ、市民に不快感を覚えさせないようにすること
・勤務時間中は喫煙をおこなわないこと
・校園敷地内では喫煙をおこなわないこと
・勤務時間中は、身体に入れ墨がある職員にあっては、それを市民に見せないこと
（入れ墨を入れている職員に対しては、消すように指導している。）
・入れ墨の施術を受けないこと
・原則、マイカー通勤はおこなわないこと

16. 出願手続

電子申請（インターネット）により出願してください。

※ **スペシャリスト特別選考で出願する人は、教職員人事担当（06-6208-9123）へ連絡後、電子申請により出願してください。なお、スペシャリスト特別選考申請書、学位授与等証明及び勤務実績等を証明する書類の提出期限は、令和５年５月 19 日（金）（必着）です。**

※ 大学推薦特別選考特例、教職大学院推薦特別選考特例で出願する人は、**大学等を通じて推薦書等を送付いただくとともに、ご自身で電子申請により出願してください。**

※ ボランティア加点を申請する人は**「ボランティア活動実績証明書」の提出が必要です。**大阪市教育委員会事務局　教職員人事担当（〒530－8201　大阪市北区中之島１－３－20）まで郵送してください。
提出期限は、令和５年５月19日（金）（必着）です。なお、「ボランティア活動実績証明書」の内容が確認できるまでは、出願審査が保留となる（受理されない）ため、できる限り速やかにお送りください。

【電子申請（インターネット）による出願の方法～出願から受験まで～】（P20～26 参照）

① 大阪市行政オンラインシステムのホーム画面右上の［ログイン］ボタンを選択し、ログインする。
（https://lgpos.task-asp.net/cu/271004/ea/residents/portal/home）
※大阪市行政オンラインシステムに登録していない方は、上記のサイトから新規登録が必要です。
② ［**申請できる手続き一覧**］の［**個人向け手続き**］を選択する。
③ ［**キーワード検索**］の入力欄に「教員採用選考テスト」を入力し、［検索］ボタンを選択する。
④ 検索結果から、［**令和６年度　大阪市公立学校・幼稚園教員採用選考テスト受験申込**］を選択して選択する。
⑤ 手続きの詳細を確認し、次へ進むボタンを選択する。
⑥ 必要事項を入力し、［**次へ進む**］ボタンを選択する。
※出願に必要な項目が入力されていない場合、赤字で記載された不備内容をすべて修正しないと、次へ進めません。不備内容をすべて修正して、次に進んでください。
⑦ 入力した内容を確認し、［**申請する**］ボタンを選択する。入力した内容に誤りがなければ「**申請します。よろしいですか？**」と表示されるので、［**ＯＫ**］ボタンを選択する。修正が必要な場合は、各入力項目の［**修正する**］ボタンを選択すると、その項目の［**申請内容の入力**］画面に戻り、申請内容を修正する。
⑧ ［**申請の完了**］画面にある［**申込番号**］を記録しておく。※申請履歴を検索する際に利用できます。
⑨ 申請が正しく受付されれば、「申請完了メール」（行政オンラインシステムからの自動配信メール）が届く。
⑩ 出願内容に誤りがなければ、登録されたメールアドレスに出願を受け付けたことを知らせるメール（「受理メール」）が３週間以内に届く。

※ 受付開始日及び受付終了日以外は、24 時間いつでも申し込みできますが、システムの保守・点検等を行う必要がある場合や、重大な障害その他やむを得ない理由が生じた場合、事前の通知を行うことなく、本システムの運用の停止、休止、中断又は制限を行うことがありますので、できる限り、早期に申請してください。

※ **出願後に、「大阪市行政オンラインシステム」の利用者登録の際に入力した情報を変更しても、教員採用選考テストの出願手続き内で入力した情報は変更されないので、ご注意ください。**

※ **使用するパソコンやプリンター等の、故障及び通信回線上の障害等により発生したトラブルについては、一切責任を負いませんので、予めご了承ください。**

17. 注意事項等

・**出願内容に誤り等があるときは、本市からメール又は電話（教職員人事担当：06-6208-9123）により連絡しますが、連絡が取れない場合や指定する期日までに修正に応じない場合等は、出願を無効とします。教職員人事担当の電話番号を携帯電話の電話帳に登録するなど、本市からの電話連絡に応じられるように事前に準備しておいてください。**

・**第１次選考の受験票は、６月下旬に交付予定です。**令和５年６月22日(木)までに受験票がダウンロードできないときは速やかに教職員人事担当に電話で問い合わせてください。また、**第１次選考の免除が認められた人には、第１次選考の結果発表時（令和５年８月３日(木)）に第２次選考の受験票を交付予定です。**令和５年８月８日(火)までに受験票がダウンロードできないときや出願時に指定した住所に届かないときは、速やかに教職員人事担当に電話で問い合わせてください。なお、郵便ポストに表札を出していないと、受験票や結果通知が配達されないことがありますのでご注意ください。

・住所や名前に変更がある場合は、必ず郵便により連絡してください。電話では受け付けませんのでご注意ください。

・住所や名前以外の出願内容の変更は受け付けませんが、**出願後に大阪市立学校園現職講師特例の対象となった人に限り、出願期間中は特例の変更を受け付けます**ので、電話でご相談ください。（Ｐ４参照）

・受験に当たり大阪市教育委員会が収集した個人情報は、大阪市教員採用選考テストの円滑な遂行のために用い、大阪市個人情報保護条例に基づき適正に管理します。

18. 試験問題の閲覧

市民情報プラザ（大阪市役所１階）、大阪市公文書館（大阪市西区北堀江４－３－１４）で、過去の教員採用選考テスト問題（実技テストの内容を含む）を閲覧及びコピー（有料）することができます。なお、閲覧時間は土、日、祝日を除く午前９時から午後５時半までです。

平成25年度から27年度までの第１次選考及び第２次選考の小学校の筆答テスト問題及び解答並びに平成28年度から令和５年度までの教員採用選考テスト問題（実技テストの内容を含む。）及び解答については、大阪市教育委員会のホームページ（https://www.city.osaka.lg.jp/kyoiku/）でも公開しています。

19. 前回実施した令和５年度教員採用選考テストの配点等について（参考）

※ 配点等については、年度により変更する場合があります。

（1）配点

第１次選考

校種教科等	筆答テストの有無	筆答	面接	合計
全校種教科等	有	４５０点	４５０点	９００点
	無	—	９００点	９００点

※ 筆答テストの配点については、特例なしで受験した場合の配点は、思考力・判断力を測る問題15問については１問20点、教職関連の問題15問については１問10点、計30問の450点満点であったのに対し、社会人経験者特例及び講師等経験者特例で受験した場合は、思考力・判断力を測る問題15問のみであるため、配点については、１問30点、計15問の450点満点としている。

第２次選考

校種教科等	筆答	実技	面接	合計
幼稚園、幼稚園・小学校共通、小学校	２４０点	１８０点	４５０点	８７０点
実技なし校種教科	４００点	—	４２０点	８２０点
教科「音楽、美術、保健体育、英語」	２００点	２００点	４２０点	８２０点

（2）実施結果

校種等名称	第1次選考								第2次選考				倍率※			
	受験者				合格者				合格者							
	一般	障がい	大学院	計	一般	障がい	大学院	計	一般	障がい	大学院	計	一般	障がい	大学院	計
幼稚園	41			41	14			14	3			3	13.7			13.7
幼稚園・小学校共通	25			25	11			11	6			6	4.2			4.2
小学校	840	2		842	468	1		469	426	1	1	428	2.4	2.0	1.0	2.4
中学校	834	2		836	444	1		445	270			270	3.4			3.4
国語	77	1		78	67	1		68	39			39	2.1			2.1
社会	120			120	51			51	28			28	4.5			4.5
数学	63			63	31			31	19			19	4.0			4.0
理科	45			45	42			42	29			29	1.8			1.8
音楽	36			36	18			18	12			12	3.2			3.2
美術	30			30	26			26	12			12	2.6			2.6
保健体育	206			206	52			52	26			26	8.5			8.5
技術	8			8	7			7	6			6	1.7			1.7
家庭	6			6	6			6	11			11	1.2			1.2
英語	87			87	44			44	29			29	3.5			3.5
特別支援学級	156	1		157	100			100	59			59	2.7			2.7
養護教諭（幼稚園）	20			20	14			14	5			5	20.0			20.0
養護教諭(小学校・中学校共通)	176			176	28			28	20			20	9.4			9.4
栄養教諭(小学校・中学校共通)	37			37	16			16	8			8	4.6			4.6
総計	1,973	4		1,977	995	2		997	738	1	1	740	3.0	4.0	1.0	3.0

※ 倍率は、2次合格者に対する受験者総数（1次受験者と1次選考免除での2次受験者の計）の比率です。

※ 大阪市公立学校・幼稚園教員採用選考テストに関する出願、問い合わせ先：
大阪市教育委員会事務局　教職員人事担当（教員採用・管理職人事グループ）
TEL:06−6208−9123　FAX:06−6202−7053

この受験案内は、大阪市教育委員会ホームページ（https://www.city.osaka.lg.jp/kyoiku/）からダウンロードすることができます。また、次の場所にも設置しています。
　大阪市教育委員会事務局教職員人事担当（大阪市役所3階）、市民情報プラザ(大阪市役所1階)、各区役所区民情報コーナー、大阪市サービスカウンター（梅田・難波・天王寺）

(注) 大阪市立、堺市立、豊能地区公立を除く大阪府内の公立学校にかかる教員採用については、大阪府教育委員会(問い合わせ先：府民お問合せセンター「ピピっとライン」０６−６９１０−８００１)の受験案内をご覧ください。堺市立の学校にかかる教員採用については、堺市教育委員会(問い合わせ先：０７２−２２８−７４３８)の受験案内をご覧ください。また、豊能地区の公立小・中学校にかかる教員採用については、大阪府豊能地区教職員人事協議会（問い合わせ先：０６−６８５８−３３４１）の受験案内をご覧ください。

参考

評価の観点

面接テスト

項目	選考基準
資質	教員としての適性があるか。
	子どもへの教育的愛情があるか。
	教育への情熱があるか。
	明確な志望動機があるか。
	困難に立ち向かう姿勢、粘り強さがあるか。
	状況に応じた的確な判断力があるか。
表現力	話の説得力があるか。
	物事を的確に表現できているか。
	論理的思考ができているか。
	教員としての基礎的知識、専門性があるか。
	柔軟な発想ができているか。
社会性	協調性があるか。
	社交性があるか。
	明るさ、素直さがあるか。
その他	場に適した服装、身だしなみや立ち振る舞いができているか。
	適切な言葉づかいができているか。
	教員としての職務の遂行が可能か。

実技テスト

※実技共通項目

項目	選考基準
態度	教員としてふさわしい、誠実な態度であるか。
	服装・身だしなみは整っているか。

《幼稚園、幼稚園・小学校共通　音楽》

テスト項目	選考基準
無伴奏による歌唱	曲種に応じた発声により、言葉の特性を生かして歌っているか。
	歌詞の内容や曲想を感じとり、曲にふさわしい表現を工夫して歌っているか。
	響きのある豊かな歌声で歌っているか。
ピアノ弾き歌い	曲種に応じた発声により、言葉の特性を生かして歌っているか。
	歌詞の内容や曲想を感じとり、曲にふさわしい表現を工夫して演奏できているか。
	保育において幼児が歌いやすい伴奏ができているか。
	響きのある豊かな歌声で歌っているか。

《小学校　音楽》

テスト項目	選考基準
無伴奏による歌唱	曲種に応じた発声により、言葉の特性を生かして歌っているか。
	歌詞の内容や曲想を感じとり、曲にふさわしい表現を工夫して歌っているか。
	響きのある豊かな歌声で歌っているか。
器楽演奏	音楽表現をするための基礎的な技能を身につけ、演奏できているか。
	楽器の特徴を生かし、曲にふさわしい音色や奏法を工夫して表現できているか。
	曲想を感じとり、曲にふさわしい表現を工夫して演奏できているか。

《小学校　体育》

テスト項目	選考基準
水泳	水中からのスタートが力強く、スムーズに泳ぎにつながっているか。
	泳ぎのフォーム、バランスがよく、伸びのある大きな泳ぎができているか。
	手と足の動きに合わせた余裕のある呼吸ができているか。

《小学校　英語》

テスト項目	選考基準
スピーチ	英語による発言が、堂々とできているか。
	適切な英語表現を用いた発言ができているか。

《教科「音楽」》

テスト項目	選考基準
ピアノ弾き歌い	曲種に応じた発声により、言葉の特性を生かして歌っているか。
	歌詞の内容や曲想を感じとり、曲にふさわしい表現を工夫して演奏できているか。
	楽譜を正確によみ、指示どおりに正しく演奏することができているか。
	授業において生徒が歌いやすい伴奏ができているか。
	響きのある豊かな歌声で歌っているか。
自由演奏	音楽表現をするための基礎的な技能を身につけ、演奏できているか。
	楽器の特徴を生かし、曲にふさわしい音色や奏法を工夫して表現できているか。
	曲想を感じとり、曲にふさわしい表現を工夫して演奏できているか。

《教科「美術」》

テスト項目	選考基準
描写	出題された条件を踏まえ、バランス良く全体を構成することができているか。
	作品の画面構成に創意工夫が見られるか。
	対象物の形や量感、質感を的確にとらえ、表現できているか。
	用具を活用して効果的に彩色し、表現することができているか。
立体	出題された条件を踏まえ、全体を構成することができているか。
	作品の構想に創意工夫が見られるか。
	出題された意図をとらえ、的確に表現した作品になっているか。
	用具を活用し、与えられた材料を有効に使って表現することができているか。

《教科「英語」》

テスト項目	選考基準
Group discussion	語句や文を適切に用いて、即興で話したり、伝え合うことができているか。
	テーマに沿って、事実や自分の考えなどを整理し、論理的で説得力のあるまとまりのある内容であるか。
	話の概要や要点を捉え、相手からの質問に答えたり、討論の流れに沿って、積極的に討論に参加しているか。

《教科 「保健体育」》

テスト項目	選考基準
第1群 体つくり運動	全体の構成がよく、多くの運動を取り入れているか。
	生徒への動きの指示が明確で、生徒をひきつけるような声かけができているか。
	生徒に体を動かす楽しさを感じさせるような工夫がなされているか。
	動作が大きく、リズムにあった正確な動きができているか。
第2群 水泳	水中からのスタートが力強く、スムーズに泳ぎにつながっているか。
	泳ぎのフォーム、バランスがよく、伸びのある大きな泳ぎができているか。
	手と足の動きに合わせた余裕のある呼吸ができているか。
第3群	
バレーボール	(パス) 正確に構え、身体全体でボールを操作できているか。
	(パス) ボールコントロールが正確か。
	(レシーブ) すばやく移動し、正確な構えでレシーブができているか。
	(レシーブ) ボールコントロールが正確か。
	(スパイク) スムーズな助走から力強い踏み込みができているか。
	(スパイク) タイミングよくジャンプし、ボールを正しくとらえ力強いスパイクができているか。
サッカー	(ボールリフティング) ボールをコントロールし、身体の部位をバランスよく使えているか。
	(ドリブルシュート) リズムよく、スピード感があるなめらかなドリブルができているか。
	(ドリブルシュート) タイミングよく強いシュートが打てているか。
	(1対1) 相手の状況をよく見てドリブルができており、かつシュートを正確に蹴ることができているか。
バスケットボール	(個人技能) 個々の技術にスピードがあり、正確かつスムーズに連続して行うことができるか。
	(集団技能) 周囲の状況がよく見えており、状況判断が的確か。
	(集団技能) 積極的にプレーに参加できているか。
	(集団技能) プレーの内容が正確で、ミスがないか。
ハンドボール	(パス) 個々の技術にスピードがあり、正確かつスムーズに連続して行うことができるか。
	(シュート) 個々の技術にスピードと高さがあるか。
	(シュート) 正確にゴール四隅を狙ったシュートをスムーズにできているか。
	(フェイント) 個々の技術にスピードがあり、正確かつスムーズに連続して行うことができるか。
第4群	
器械運動(マット運動)	美しくダイナミックな演技ができているか。
	演技がスムーズで、安定感があるか。
陸上競技(ハードル走)	ハードリングの一連の動作がスムーズで、バランスがよいか。
	第1ハードルへのアプローチ、インターバルの走りが、リズミカルであるか。
	走りにスピード感があるか。
武道(柔道)	5項目(礼法、前方回転受身、固め技、打ち込み、約束練習)について十分理解しているか。
	技を安全に行うことができるか。
	技をスムーズかつ正確に行うことができるか。
武道(剣道)	気勢は充実しているか。
	適正な姿勢(気、剣、体の一致)のもとで、打突の機会を正確にとらえているか。
	リズムよく大きな動作で、有効打となるに十分な打突ができているか。
ダンス(創作ダンス)	与えられたテーマから、自らが表現したイメージをとらえることができているか。
	動きに変化をつけて、即興的に表現することができているか。
	変化のあるひとまとまりの表現(はじめ-なか-おわり)ができているか。

出願に関するよくある質問

ここでは、出願に関する質問の例をあげています。ご自身が該当する特例や加点制度等についてご確認ください。

教諭経験者特例について

現在、私立の幼稚園で正規任用の教諭として勤務しています。今の職場での教諭としての勤務歴は今年で５年目です。校種「幼稚園」を教諭経験者特例で出願することはできますか。

できます。幼稚園の免許を所有し、幼稚園における一定の教諭経験を満たす人は、教諭経験者特例で出願することが可能です。

平成30年４月から令和３年３月まで大阪市立の小学校において、正規採用の教諭として働いていました。家庭の事情により退職しましたが、もう一度大阪市で働きたいと思っています。教諭経験者特例で出願することはできますか？

できます。大阪市立の学校園において、正規採用の教諭等として、平成30年４月１日から令和５年３月31日までの間に通算２年以上の在職経験がある人は教諭経験者特例で出願することが可能です。（ただし、大阪府、大阪市、堺市及び大阪府豊能地区教職員人事協議会が実施した採用選考に合格し正規任用された教諭等として出願時点で在職している人を除く。）

現在、大阪府の公立学校で小学校の正規任用の教諭をしています。教諭経験者特例で出願できますか。

できません。出願時点で大阪府、大阪市、堺市、大阪府豊能地区教職員人事協議会が実施した教員採用選考テストに合格し正規任用された「教諭等」として出願時点で在職している人は、教諭経験者特例で出願することができません。

講師等経験者特例について

京都府の公立学校で平成25年から現在まで講師をしています。常勤講師ではなく、非常勤講師なのですが、講師等経験者特例で出願できますか？

できます。講師としての勤務歴であれば、常勤講師・非常勤講師を問わず、勤務期間に通算することができます。

平成27年４月から平成31年３月まで、私立の幼稚園で正規任用の教諭をしていました。一度退職した後、令和４年４月から現在まで、今度は講師として大阪府外の公立の幼稚園に勤め始めました。教諭としての勤務歴と講師としての勤務歴を通算すると２年間を超えます。講師等経験者特例で出願できますか。

できます。教諭経験は、講師等経験者特例の通算対象になります。（ただし、大阪府、大阪市、堺市及び大阪府豊能地区教職員人事協議会が実施した採用選考に合格し正規任用された教諭等として出願時点で在職している人を除く。）

社会人経験者特例について

民間企業で、契約社員としてフルタイムで働いています。契約を更新し続けて、今年で3年目になります。社会人経験者特例で出願できますか？

できません。契約期間を更新していく契約社員や派遣社員としての勤務歴は、この特例の社会人経験としての期間に含むことはできません。

正規職員の保育士として平成24年から現在まで勤務しています。社会人経験者特例で出願できますか？

できます。正規職員の保育士としての勤務歴は、この特例の社会人経験としての期間に含むことができます。

私立の小学校で常勤講師として、平成31年（令和元年）から現在まで勤務しています。この勤務歴は社会人経験者特例の勤務歴に当たりますか？

当たりません。教員免許状を必要とする講師等の勤務歴は、社会人経験者特例ではなく、講師等経験者特例の対象になります。

昨年、５年間勤務していた会社が倒産してしまいました。職歴を証明することはできませんが、確かに正社員として勤務していました。社会人経験者特例で出願できますか？

できません。社会人経験者特例で出願した人が最終合格後に職歴証明書を提出できない場合、又は職歴証明書の内容が特例の要件を満たさない場合、合格を取り消します。

大阪市立学校園現職講師特例について

４月から大阪市立の学校で講師をしています。講師を始めて１年もたっていませんが、大阪市立学校園現職講師特例で出願できますか？

できます。出願時点で大阪市立の学校で講師をしている方であれば、講師歴は問いません。

４月から大阪市立の学校で講師をしていますが、その直前まで大阪府立の学校で３年間講師をしていました。大阪市立学校園現職講師特例ではなく、講師等経験者特例で出願できますか？

できません。大阪市立学校園現職講師特例の対象になる人は、講師等経験者特例で出願することができません。

大阪市教師養成講座修了者特例について

大阪市教師養成講座修了者特例で出願するには何が必要ですか？

出願する際に、大阪市教師養成講座の修了証書に記載されている修了者番号の下４桁の数字の入力が必要です。

（例）１３<u>１０１１</u>→<u>**１０１１**</u>

ボランティア加点制度について

どのボランティア活動でも加点対象になりますか？

加点対象になるのは、大阪市教育委員会に加点対象事業として認定された事業のみです。「大阪市公立学校・幼稚園教員採用選考テストにおけるボランティア加点を実施します」
（URL：https://www.city.osaka.lg.jp/kyoiku/page/0000430298.html）というページの中に「加点対象事業一覧」を掲載しております。

３年前からボランティア活動をしています。すべて活動実績に含まれますか？

教員採用選考テストに出願する前年度からの過去３年間（令和２年度から令和４年度）の活動実績が対象です。大阪市教育委員会事務局で加点対象事業として認定された日（登録日）以降の活動実績が対象となるので、確認してください。

２つのボランティア活動に参加しています。活動回数は合算できますか？

合算できます。対象となる期間内での活動実績であれば、２つ以上の事業を合算して申請することが可能です。

「ボランティア活動実績証明書」の発行はどこで行っていますか？

「ボランティア活動実績証明書」の発行は、参加した加点対象事業の実施団体に依頼していただく必要があります。依頼先は事業により異なります。依頼先については、上記URLの「加点対象事業一覧」にも掲載しておりますので、ご確認ください。

また、「ボランティア活動実績証明書」の様式についても、上記URLに掲載しておりますので、必ず掲載されている様式で、発行を依頼してください。

その他

大阪府、堺市、豊能地区と大阪市の採用選考に関する手続きは一緒に行われるのですか。

別です。大阪市立、堺市立、豊能地区公立を除く大阪府内の公立学校にかかる採用選考については、大阪府教育委員会(問い合わせ先：府民お問合せセンター「ピピっとライン」06-6910-8001)の受験案内をご覧ください。堺市立の学校にかかる採用選考については、堺市教育委員会(問い合わせ先：072-228-7438)の受験案内をご覧ください。また、豊能地区の公立学校にかかる採用選考については、大阪府豊能地区教職員人事協議会(問い合わせ先：06-6858-3341)の受験案内をご覧ください。

大阪市の教員採用選考テストに関する情報をTwitter（ツイッター）で発信します

大阪市教育委員会では、教員をめざす方が、大阪市教員採用選考テストにかかる情報に接する機会を増やすことを目的として、「大阪市　教員採用」のツイッターアカウントを開設しています。大阪市教員採用選考テストに出願し、ツイッターを利用されている方は、ぜひフォローしてください！

【フォローの方法】

①右記ＵＲＬ又は右記ＱＲコードより、ページを開く。〔ＵＲＬ〕https://twitter.com/osakasikyousai

②「フォローする」をクリック

第2章

大阪市の公立幼稚園教諭実施問題

令和5年度

【1】次の文章は，学校教育法(昭和22年　法律第26号)を抜粋したものである。ア～オの記述について，正しいもののみをすべてあげているものはどれか。1～5から一つ選べ。

第22条　幼稚園は，義務教育及びその後の教育の基礎を培うものとして，幼児を保育し，幼児の健やかな成長のために適当な環境を与えて，その心身の発達を助長することを目的とする。

第23条　幼稚園における教育は，前条に規定する目的を実現するため，次に掲げる目標を達成するよう行われるものとする。

ア　一　健康な心と体を育て，自ら健康で安全な生活をつくり出す力を養うこと。

イ　二　集団生活を通じて，喜んでこれに参加する態度を養うとともに家族や身近な人への信頼感を深め，自主，自律及び協同の精神並びに規範意識の芽生えを養うこと。

ウ　三　周囲の様々な環境に好奇心や探究心をもって関わり，それらを生活に取り入れていこうとする力を養うこと。

エ　四　経験したことや考えたことなどを自分なりの言葉で表現し，相手の話す言葉を聞こうとする意欲や態度を育て，言葉に対する感覚や言葉で表現する力を養うこと。

オ　五　音楽，身体による表現，造形等に親しむことを通じて，豊かな感性と表現力の芽生えを養うこと。

1　ア　イ
2　ア　エ
3　イ　オ
4　ウ　エ
5　ウ　オ

【2】次の文章は，〔　　〕内に示される関係法規等を抜粋したものである。ア～オの各文について，正しいものを○，誤っているものを×とした場合，正しい組合せはどれか。1～5から一つ選べ。

〔教育基本法〕

第2章　教育の実施に関する基本

ア　第10条　学校，家庭及び地域住民その他の関係者は，子の教育について第一義的責任を有するものであって，生活のために必要な習慣を身に付けさせるとともに，自立心を育成し，心身の調和のとれた発達を図るよう努めるものとする。

〔学校教育法施行規則〕

第3章　幼稚園

イ　第36条　幼稚園の設備，編制その他設置に関する事項は，この章に定めるもののほか，幼稚園教育要領の定めるところによる。

〔学校保健安全法〕

第2章　学校保健

第4節　感染症の予防

ウ　第19条　校長は，感染症にかかつており，かかつている疑いがあり，又はかかるおそれのある児童生徒等があるときは，政令で定めるところにより，出席を停止させることができる。

〔学校教育法〕

第1章　総則

エ　第1条　この法律で，学校とは，保育所，幼稚園，小学校，中学校，義務教育学校，高等学校，中等教育学校，特別支援学校，大学及び高等専門学校とする。

〔食育基本法〕

第1章　総則

オ　第6条　食育は，広く国民が家庭，学校，保育所，地域その他のあらゆる機会とあらゆる場所を利用して，食料の生産から消費等に至るまでの食に関する様々な体験活動を行うとともに，自ら食育の推進のための活動を実践することにより，食に関する理解を深めることを旨として，行われなければならない。

	ア	イ	ウ	エ	オ
1	○	×	○	×	○
2	×	○	×	○	○
3	○	×	○	×	×
4	×	×	○	×	○
5	○	○	×	○	×

【3】次のア～オの各文は，幼稚園教育要領解説(平成30年2月　文部科学省)「第1章第3節　教育課程の役割と編成等」に関する記述の一部である。正しいものを○，誤っているものを×とした場合，正しい組合せはどれか。1～5から一つ選べ。

ア　教育課程の実施に当たっては，幼稚園教育の基本である環境を通して行う教育の趣旨に基づいて，幼児の発達や生活の実情などに応じた具体的な指導の順序や方法をあらかじめ定めた指導計画を作成して教育を行う必要があり，教育課程は指導計画を立案する際の骨格となるものである。

イ　幼稚園教育要領に示されている「ねらい」と「内容」は，幼稚園教育の全体を見通しながら幼児の発達の側面を取り上げたねらいや内容であり，幼稚園教育の全期間を通して育てるものである。そのため，教育課程の編成に当たっては，幼稚園教育要領に示されている「ねらい」や「内容」をそのまま教育課程における具体的な指導のねらいや内容に設定する必要がある。

ウ　教育課程の編成や指導計画の作成においては，入園から修了まで幼児の生活する姿がどのように変容するかという発達の過程を捉え，発達の見通しをもつことが大切である。発達には個人差があり，様々な道筋があることはいうまでもないが，大筋でみると同じような道筋をたどるものである。

エ　幼児は，幼稚園から小学校に移行していく中で，突然違った存在になるわけではない。発達や学びは連続しており，幼稚園から小学校への移行を円滑にする必要がある。したがって，就学前までの幼児期にふさわしい教育を行うためには，積極的に小学校の学習内容を先取りすることが最も肝心なことである。

オ　それぞれの幼稚園は，その幼稚園における教育期間の全体にわたって幼稚園教育の目的，目標に向かってどのような道筋をたどって教育を進めていくかを明らかにするため，幼稚園教育において育みたい資質・能力を踏まえつつ，各幼稚園の特性に応じた教育目標を明確にし，幼児の充実した生活を展開できるような計画を示す教育課程を編成して教育を行う必要がある。

	ア	イ	ウ	エ	オ
1	○	×	○	×	○
2	×	○	×	×	○
3	○	○	×	×	×
4	×	○	○	○	×
5	○	×	×	○	×

【4】次のア～オの各文は，幼稚園教育要領解説(平成30年2月　文部科学省)「第1章第1節　幼稚園教育の基本」に関する記述の一部である。正しいものを○，誤っているものを×とした場合，正しい組合せはどれか。1～5から一つ選べ。

ア　幼稚園教育においては，幼児の自発的な活動としての遊びを中心とした教育を実践することが何よりも大切である。教師が遊びにどう関わるのか，教師の役割の基本を理解することが必要であり，そのために教師には，幼児の自発的な活動としての遊びを生み出すために必要な教育環境を整えることが求められる。さらに，教師には，幼児との信頼関係を十分に築き，幼児と共によりよい教育環境をつくり出していくことも求められている。

イ　様々な集団がある中で，学級は幼児にとって仲間意識を培う基本となる集団である。教師は一年間を見通して，幼児の様子をよく見ながら，時期に応じた学級での集団づくりへの援助を行っていかなければならない。

　例えば，入園当初や学年の始めには，新しい友達や先生の中で不安を抱き，打ち解けられずに緊張しているため，主体的に活動ができないことが多い。そこで，教師が幼児の心情をよく理解し，受け止め，一人一人のよさを認め，学級として打ち解けた温かい雰囲気づくりを心掛け，幼児が安心して自己を発揮できるようにしていくことが必要である。

ウ　教師は，幼児一人一人の発達に応じて，相手がどのような気持ちなのか，あるいは自分がどのようにすればよいのかを体験を通して考えたり，人として絶対にしてはならないことや言ってはならないことがあることに気付いたりするように援助することが大切である。また，集団の生活にはきまりがあることに気付かせ，まず，きまりそのものを社会の規則として理解させることが重要である。

エ　教材を工夫し，物的・空間的環境を構成する際には，様々な遊具や用具，素材などを多く用意することで，遊びが豊かになることを理解しておくことである。幼児が遊びに没頭し充実感を味わうためには，特に幼児と物との関わりが重要であることを認識し，遊具や用具，素材など，物が豊かな環境をどう設定するか考えていくことが重要である。

オ　教師は自分と幼児との関係の中で一人一人の幼児を理解している。しかし，同じ幼児について別の教師は違う場面を見ていたり，同じ場でも異なって捉えていたりすることもある。また，幼児自身がそれぞれの教師によって違った関わりの姿を見せていることもある。したがって，日々の保育を共に振り返ることで，教師が一人では気付かなかったことや自分とは違う捉え方に触れながら，幼稚園の教職員全員で一人一人の幼児を育てるという視点に立つことが重要である。

	ア	イ	ウ	エ	オ
1	○	○	×	×	×
2	×	×	○	○	○
3	○	×	○	×	○
4	×	○	×	○	×
5	○	○	×	×	○

【5】次のア～エの各文は，幼稚園教育要領解説(平成30年2月　文部科学省)「第1章第2節　幼稚園教育において育みたい資質・能力及び『幼児期の終わりまでに育ってほしい姿』」に関する記述の一部である。〔　　〕内に示される幼児期の終わりまでに育ってほしい姿と記述の組合せについて，正しいもののみをすべてあげているものはどれか。1～5から一つ選べ。

ア〔協同性〕

5歳児の後半には，いざこざなどうまくいかないことを乗り越える体験を重ねることを通して人間関係が深まり，友達や周囲の人の気持ちに触れて，相手の気持ちに共感したり，相手の視点から自分の行動を振り返ったりして，考えながら行動する姿が見られるようになる。また，友達と様々な体験を重ねることを通して人間関係が深まる中で，きまりを守る必要性が分かり，友達と一緒に心地よく生活したり，より遊びを楽しくしたりするために，自分の気持ちを調整し，友達と折り合いを付けながら，きまりをつくったり，守ったりするようにもなる。

イ〔言葉による伝え合い〕

5歳児の後半には，好奇心や探究心をもって考えたことをその幼児なりの言葉などで素直に表現しながら，身近な事象への関心を高めていく。幼児が身近な自然や偶然出会った自然の変化を遊びに取り入れたり，皆で集まったときに教師がそれらについて話題として取り上げ，継続して関心をもって見たりすることなどを通して，新たな気付きが生まれ，更に関心が高まり，次第に自然への愛情や畏敬の念をもつようになっていく。

ウ〔数量や図形，標識や文字などへの関心・感覚〕

5歳児の後半になると，それまでの体験を基に，自分たちの遊びや生活の中で必要感をもって，多い少ないを比べるために物を数えたり，長さや広さなどの量を比べたり，様々な形を組み合わせて遊んだりすることなどを通して，数量や図形への興味や関心を深め，感覚が磨かれていく。また，遊びや生活の中で関係の深い標識や文字などに関心をもちながらその役割に気付いたり使ってみたりすることで，興味や関心を深め，感覚が磨かれていく。

エ〔思考力の芽生え〕

5歳児の後半になると，遊びや生活の中で，物の性質や仕組みなどを生かして，考えたり，予想したり，工夫したりするなど，身近な環境との多様な関わりを楽しむようになる。また，友達の様々な考えに触れる中で，自分と異なる考えがあることに気付き，自ら判断したり，考え直したりするなど，新しい考えを生み出す喜びを味わいながら，自分の考えをよりよいものにしようとする姿が見られるようにもなる。

1　ア　イ

2　イ　ウ

3　ウ　エ

4　ア　イ　エ

5　ア　ウ　エ

【6】次のア～オの各文は，幼稚園教育要領解説(平成30年2月　文部科学省)「第1章第4節　指導計画の作成と幼児理解に基づいた評価」に関する記述の一部である。正しいものを○，誤っているものを×とした場合，正しい組合せはどれか。1～5から一つ選べ。

ア　幼稚園生活を通して，個々の幼児が学校教育法における幼稚園教育の目標を達成していくためには，まず，教師が，あらかじめ幼児の発達に必要な経験を見通し，各時期の発達の特性を踏まえつつ，教育課程に沿った指導計画を立てて継続的な指導を行うことが必要である。

イ　幼児理解に基づき，遊びや生活の中で幼児の姿がどのように変容しているかを捉えながら，そのような姿が生み出されてきた様々な状況について適切かどうかを検討して，指導をよりよいものに改善するための手掛かりを求めることが評価である。

ウ　指導計画は，一人一人の幼児が幼児期にふさわしい生活を展開する中で，その年齢に必要な知識や技能を確実に身に付けられるように，あらかじめ考えた仮説であることに留意して，教師はそれを実現させるように指導を行うことが大切である。

エ　幼稚園における指導は，幼児理解に基づく指導計画の作成，環境の構成と活動の展開，幼児の活動に沿った必要な援助，評価に基づいた新たな指導計画の作成といった循環の中で行われるものである。

オ　評価の妥当性や信頼性が高められるよう，例えば，幼児一人一人のよさや可能性などを把握するために，日々の記録やエピソード，写真などの幼児の評価の参考となる情報を生かしながら評価を行ったり，他の幼児との比較や一定の基準に対する達成度についての評定によって捉えたりして，より多面的に幼児を捉える工夫をするとともに，評価に関する園内研修を通じて，幼稚園全体で組織的かつ計画的に取り組むことが大切である。

	ア	イ	ウ	エ	オ
1	○	○	×	○	×
2	×	○	○	○	×
3	○	×	×	○	×
4	×	○	○	×	○
5	×	×	○	×	○

【7】次の文章は，幼稚園教育要領解説(平成30年2月　文部科学省)「第1章　第6節　幼稚園運営上の留意事項」に関する記述の一部である。下線部(ア)～(エ)の記述について，正しいもののみをすべてあげているものはどれか。1～5から一つ選べ。

学校評価の実施方法は，学校教育法において，自己評価・学校関係者評価の実施・公表，(ア)評価結果の文部科学省への報告について定めるとともに，文部科学省では法令上の規定等を踏まえて「幼稚園における学校評価ガイドライン［平成23年改訂］」(平成23年11月15日文部科学省)を作成している。その中で，(イ)各幼稚園において重点的に取り組むことが必要な目標を設定し，その評価項目の達成・取組状況を把握するための指標を設定することが示されている。具体的にどのような評価項目・指標などを設定するかは(ウ)各幼稚園が判断すべきことではあるが，その設定に当たっては，教育課程・指導，保健管理，安全管理，特別支援教育，組織運営，研修などの分野から検討することが考えられる。幼稚園は，(エ)例示された項目を網羅的に取り入れて設定することが期待され，教育課程もその重要な評価対象になり得るものである。

1 (ア) (イ)
2 (ア) (エ)
3 (イ) (ウ)
4 (ア) (ウ) (エ)
5 (イ) (ウ) (エ)

【8】次のア～エの各文は，発達障害を含む障害のある幼児児童生徒に対する教育支援体制整備ガイドライン(平成29年3月　文部科学省)「第3部　学校用」の個別の教育支援計画及び個別の指導計画の作成と活用・管理に関する記述の一部である。正しいもののみをすべてあげているものはどれか。1～5から一つ選べ。

ア　教育上特別の支援を必要とする児童等については，学校生活だけでなく家庭生活や地域での生活も含め，長期的な視点に立って幼児期から学校卒業後までの一貫した支援を行うことが重要であり，その際，家庭や医療・保健・福祉・労働等の関係機関と連携し，様々な側面からの取組を示した個別の教育支援計画を作成・活用しつつ，必要な支援を行うことが有効です。

　また，特別な支援を必要とする子供に対して提供されている「合理的配慮」の内容については，「個別の教育支援計画」に明記し，引き継ぐことが重要です。

イ　個別の指導計画の作成は通常の学級の担任が中心となって行うこととなりますが，学校と家庭が一貫した支援を行えるよう，記載された指導・

支援内容等について，保護者と共有することで，支援の効果を高めることが期待されます。

また，個別の指導計画に記された学校全体に関わる課題や具体的な支援については，当該児童に関わる一部の教職員に留めて共有する必要があります。

ウ　個別の教育支援計画や個別の指導計画はあくまで児童等の教育的ニーズに対する支援や指導に関する関係機関との連携のためのツールであり，作成すること自体が目的ではありません。

計画と実施，評価，改善を繰り返すことが最も重要です。

支援の実施状況については，校内委員会において，定期的に見直しを図り，変更があった場合は随時加筆，修正を行うことが大切です。

エ　個別の教育支援計画は，関係機関と共有したり，進学先の学校へ引き継いだりすることでその目的を果たすことができます。

一方で，その内容には多くの個人情報を含むため，本人や保護者の同意なく，第三者に提供することはできません。このため，計画を作成する際に，本人や保護者に対し，その趣旨や目的をしっかりと説明して理解を得，第三者に引き継ぐ旨についてあらかじめ同意を得ておくことが必要です。また，あらかじめ同意を得ているとしても，実際に第三者に提供する際には，本人や保護者とともに引き継ぐ内容を確認することで，互いの考えや思いを共有することができ，よりよい引継ぎができます。

1　ア　ウ

2　イ　ウ

3　イ　エ

4　ア　イ　エ

5　ア　ウ　エ

【9】次のア～エの各文のうち，学校において予防すべき感染症の解説(平成30(2018)年3月発行　日本学校保健会)「Ⅲ　感染症各論」に関する記述の内容として，正しいものを○，誤っているものを×とした場合，正しい組合せはどれか。1～5から一つ選べ。

〔手足口病〕

ア　口腔(くう)粘膜と四肢末端に水疱(ほう)性発しんを生じる疾患である。毎年のように流行するが，時に大流行がみられる。流行のピークは夏季であり，乳幼児に好発する。原因となる病原ウイルスが複数あるため，再感染することもある。本人の全身状態が安定している場合は登校(園)可能。

〔咽頭結膜熱〕

イ　耳下腺などの唾液腺が急に腫れてくることを特徴とする疾患である。春から夏にかけて発生が多い。幼児から学童に好発し，保育所，幼稚園，小学校での流行が多い。主要症状が消退した後2日を経過するまで出席停止とする。

〔RSウイルス感染症〕

ウ　発熱，結膜炎，咽頭炎を主症状とする疾患である。プール熱ともいわれるが，プールのみで感染するものではなく，飛沫・接触で感染する。夏期に多く，幼児から学童に好発する。発熱，咳などの症状が安定し，全身状態の良い者は登校(園)可能だが，手洗いを励行する。

〔伝染性膿痂疹(とびひ)〕

エ　黄色ブドウ球菌などの皮膚感染によって，紅斑，水疱，びらん及び厚い痂皮ができる疾患。夏期に多く，乳幼児に好発する。出席停止の必要はないが，炎症症状の強い場合や，化膿した部位が広い場合は，傷に直接触らないように指導する。

	ア	イ	ウ	エ
1	○	○	×	×
2	○	×	×	○
3	×	○	○	×
4	×	×	○	○
5	○	×	○	○

【10】次のア～オの各文のうち，学校における熱中症対策ガイドライン作成の手引き(令和3年5月　環境省・文部科学省)に関する記述の内容として，正しいもののみをすべてあげているものはどれか。1～5から一つ選べ。

ア　運動強度が高いほど熱の産生が多くなり，熱中症の危険性は高くなります。環境条件・体調に応じた運動量(強度と時間)にしましょう。暑い時期の運動はなるべく涼しい時間帯にするようにし，休憩を頻繁に入れるようにしましょう。激しい運動では休憩は30分に1回以上とることが望ましいとされています。

イ　熱中症事故は，急に暑くなったときに多く発生しています。急に暑くなった時は運動を軽くし，暑さに慣れるまでの数日間は，休憩を多くとりながら，軽い短時間の運動から徐々に運動強度や運量を増やしていくようにしましょう。週間予報等の気象情報を活用して気温の変化を考慮した1週間の活動計画等を作成するとよいでしょう。

ウ　体調が悪いと体温調節能力も低下し，熱中症につながります。疲労，睡眠不足，発熱，風邪，下痢など，体調の悪いときには，暑さに体を慣らしながら，運動を継続させていくとよいでしょう。運動前，運動中，運動後の健康観察が重要です。体力の低い人，暑さに慣れていない人，「筋肉のこむら返り」など軽症でも一度熱中症を起こしたことがある人などは暑さに弱いので注意が必要です。

エ　暑い日が続くと，体がしだいに暑さに慣れて暑さに強くなります。これを暑熱順化といいます。日頃からウォーキングなどで汗をかく習慣を身につけて暑熱順化していれば，夏の暑さにも対抗しやすくなり，熱中症にもかかりにくくなります。じっとしていれば，汗をかかないような季節からでも，少し早足でウォーキングし，汗をかく機会を増やしていれば，夏の暑さに負けない体をより早く準備できることになります。

オ　体育・スポーツ活動など学校生活の中で，具合が悪くなった場合には，風通しのよい日陰や，できればクーラーが効いている室内等に避難させます。水分を摂取できる状態であれば，体温程度の白湯の補給が最適です。応答が鈍い，言動がおかしいなど重症の熱中症が疑われるような症状がみられる場合には，直ちに医療機関に連絡します。

1　ア　イ　エ
2　ア　イ　オ
3　ア　ウ　エ
4　イ　ウ　オ
5　ウ　エ　オ

【11】次の文章は，幼児の思いをつなぐ指導計画の作成と保育の展開(令和3年2月　文部科学省)「第2章　指導計画の作成の具体的な手順とポイント」に関する記述の一部である。空欄A～Cにあてはまるものをア～エから選んだ場合，最も適するものの組合せはどれか。1～5から一つ選べ。

幼児にとって魅力のある環境の構成をすることで，幼児は主体的に環境に関わり，そこから多くのことを学んでいきます。幼児にとって魅力のある環境を構成する視点として，次の3点が挙げられます。

1点目は，幼児の興味や欲求に応じた環境です。幼児が，今何に興味があるのか，夢中になっているのかを捉え，それが十分にできる環境を構成することが大切です。

A

2点目は，幼児の発達の時期に即した環境です。幼児は発達に応じて環境への関わり方が異なります。

B

3点目は，幼児にとって新しい出会いがある環境です。生活経験の少ない幼児にとって，今まで向き合ったことのない新たなものとの出会いは大切です。

C

ア　例えば，幼児は，色水遊びをするときに，「感性が育つように色水遊びをしよう」と考えているのではありません。「楽しいから色水遊びをする」中で，花の名前を覚えたり，色の美しさや微妙な色の違いに気付く等の感性が育ったり，どのようにしたら色が出やすいかなどの道具の使い方に気付いたりします。そのために，教師は，すりこぎやすり鉢，色が見えるような透明の空き容器を用意しておいたり，園庭に摘んでもよい様々な色の花を植えておいたりなど，幼児が自ら取り組みたくなるように周囲の環境を整えることが大切です。

イ　シャボン玉での遊びを例に考えてみると，3歳児の興味や関心は，自分でシャボン玉を膨らませる楽しさやシャボン玉の美しさを感じたりすることにあるかもしれません。この時期には，膨らみやすいシャボン玉液や吹き棒，持ちやすいカップなどを用意し，やってみたいと思う幼児がすぐにできるようにします。しかし，4歳児，5歳児と発達するにしたがって，「どうしたら大きなシャボン玉ができるかな」，「吹き棒の先を変えたらたくさんシャボン玉ができるかな」など，いろいろな予想を立てたり確かめたりしながら遊ぶようになります。この時期には，幼児が工夫したり試したりしながらシャボン玉液や吹き棒等を作ったり吹いたりできるように様々な素材を用意したり，気付いたことや考えたことなどを友達と伝え合い，共感し合ったり認めたりできるように援助することが必要になってきます。

ウ　例えば，幼児が，今電車に興味をもっていたら，電車が作れるような素材を用意しておきます。手に持ち動かせるミニチュアの電車を作って走らせたいのか，自分たちが乗れるような電車を作って電車ごっこをしたいのかによって，用意する素材や遊びに必要なスペースも違ってきます。また，遊びの発展にともなって，幼児自身の気付きや発想も発展していくので，必要な遊具，用具や素材も変わってきます。教師はいくつかの状況の変化の可能性も視野に入れながら環境の構成をしていく必要があります。

エ　例えば，園庭の草陰やプランターの下にはダンゴムシがたくさんいますが，そのことに気付いて興味をもつ幼児，気になっていても関われない幼児，全く気付かない幼児，様々な幼児がいます。教師がダンゴムシに興味がある幼児と一緒にダンゴムシを捕まえ保育室で見ることができるように飼育ケースにダンゴムシハウスを作ったり，飼育ケースの近くに図鑑を置き調べることができるようにしたりすることで，今まで関心のなかった幼児も興味をもち始めます。興味や関心が広がっていく中での新たな出会いには，発見があり，驚きがあり，わくわくした感動があります。幼児は，心が揺さぶられる体験を積み重ねることで発達していきます。

	A	B	C
1	イ	ア	エ
2	イ	ウ	ア
3	ウ	イ	エ
4	エ	ア	ウ
5	エ	イ	ア

【12】次のア～オの各文は，幼稚園教育要領解説(平成30年2月　文部科学省)「第2章第2節　各領域に示す事項『環境』」に関する記述の一部である。正しいものを○，誤っているものを×とした場合，正しい組合せはどれか。1～5から一つ選べ。

ア　生活の中で，幼児が正月の餅つきや七夕の飾りつけなど四季折々に行われる我が国の伝統的な行事に参加したり，国歌を聞いたりして自然に親しみを感じるようになったり，古くから親しまれてきた唱歌，わらべうたの楽しさを味わったり，こま回しや凧揚げなど我が国の伝統的な遊びをしたり，様々な国や地域の食に触れるなど異なる文化に触れたりすることを通じて，文化や伝統に親しみをもつようになる。

イ　幼児は，大人と違って，自然を目の前にすれば，おのずと自然の姿に目を留め，心を動かされるとは限らない。教師自らが感性を豊かに保ち，自然とその変化のすばらしさに感動することや幼児がちょっとした折に示すささやかな自然への関わりに共鳴していくことが大切になる。

ウ　幼児は初めからどう扱ったらよいか分かっていたり，必ず面白くなると分かっていたりするものだけでなく，どうすれば面白くなるのかよく分からないものにも積極的に関わっていく。つまり，幼児にとっては，周りにあるあらゆるものが好奇心の対象となっていくのである。このため，幼児が扱いやすい遊具や用具，物を用意することだけでなく，幼児の能動性を引き出す自由な空間や物を配置し，あるいは幼児がどうしてよいか分からないときなどに教師が援助することが大切になる。

エ　身近な環境にある様々なものに対して積極的に関わろうとする態度は，身近な事物や出来事，自然などに対して幼児が思わず感動を覚え，もっと関わりたいと思う経験をすることから生まれる。このような感動を周りの友達や教師にも伝えたいと思い，共感してもらえることによってますます関わりたくなる。

オ　幼児期に数量や文字の働きを理解し，十分に活用することは意外と易しい。なぜなら，数字や文字などに親しんだり，物を数えたり，長さや重さに興味をもったり，絵本や保育室にある文字表現に関心を抱いたりすることは，幼児にとって日常的なことだからである。教師は，幼児の興味や関心に個人差があることに配慮しながら，このような経験を積み重ねることができるよう環境を構成し，習熟の指導に努めることが大切である。

	ア	イ	ウ	エ	オ
1	○	×	○	×	×
2	×	○	○	×	○
3	○	○	○	○	×
4	×	×	×	○	○
5	○	×	×	○	×

【13】次のア～オの各文は，幼稚園教育要領解説(平成30年2月　文部科学省)「第2章第2節　各領域に示す事項『健康』」に関する記述の一部である。正しいものを○，誤っているものを×とした場合，正しい組合せはどれか。1～5から一つ選べ。

ア　幼児期は，周囲の行動を模倣しながら自分でやろうとする気持ちが芽生えてくる時期である。教師は，幼児が自分でやろうとする行動を温かく見守り，励ましたり，手を添えたりしながら，自分でやり遂げたという満足感を味わわせるようにして，自立心を育てることが大切である。

イ　幼児は様々な環境に取り組んで活動を展開することを通して，様々な場面に対応できるしなやかな心の働きや体の動きを体得していく。さらに，自己の存在感や充実感を味わうことなどを基盤として，しなやかな心と体を育てることは，困難な状況において，その幼児なりにやってみようとする気持ちをもつことにつながる。

ウ　教師や友達と食べるとより一層楽しくなることを感じるためには，和やかな雰囲気づくりをすることが大切である。例えば，幼稚園では遊びと同じ場で食事をとり，同じ机を使うことが多い。机を食卓らしくしたり，幼児が楽しく食べられるような雰囲気づくりをしたりなど，落ち着いた環境を整えて食事の場面が和やかになるようにすることが大切である。

エ　幼児自身が自分の体に関心をもち，大切にしようという気持ちをもつためには，幼児が自分から十分に体を動かす心地よさを味わえるようにし，活動欲求を満たす体験を重ねる中で，適当な休息をとる，汗をかいたら着替えるなど，自分の体を大切にしようとする気持ちをもつような働き掛けが必要である。

オ　自然に触れ，その自然を感じながら伸び伸びと体を動かすことにより，体の諸機能の発達が促されるように留意する。ただし，幼児が安定して自分たちの活動を展開できるよう，戸外の環境は年間を通して同じ遊具を配置し，空間を固定的なものにしておくことが必要である。

	ア	イ	ウ	エ	オ
1	×	○	○	×	×
2	○	○	×	×	○
3	○	×	○	○	×
4	○	×	×	○	○
5	○	○	○	○	×

【14】次の文章は，幼稚園教育要領解説(平成30年2月　文部科学省)「第2章 第3節　環境の構成と保育の展開」に関する記述の一部である。空欄A～Cにあてはまるものをア～エから選んだ場合，最も適するものの組合せはどれか。1～5から一つ選べ。

幼児の活動への意欲や主体的な活動の展開はどのような環境においても自然に生じるというわけではない。まず，環境全体が緊張や不安を感じさせるような雰囲気では，活動意欲は抑制されてしまう。幼児が安心して周囲の環境に関われるような雰囲気が大切である。その上で，幼児の中に興味や関心がわいてきて，関わらずにはいられないように，そして，自ら次々と活動を展開していくことができるように，配慮され，構成された環境が必要である。

A

実際の保育の場面では，幼児の心を揺り動かす環境は多種多様にあり，幼児の活動は教師の予想やそれに基づく環境の構成をこえて様々に展開し，新たに幼児が自ら発達に必要な経験を得られる状況をつくり直すことが必要となる。また，教師が必要と考えて構成した環境が幼児に受け入れられないこともある。このようなときには，教師は活動に取り組む幼児の言動に注意し，幼児の活動が充実するよう援助を重ねながら柔軟に対応していくことが求められる。

B

教師は，幼児の生活する姿の中から発達の実情を理解し，適切な環境を幼児の生活に沿って構成し，幼児の活動が充実するように援助することが大切である。そのためには，教師は，幼児理解とともに，幼児の身の回りの環境がもつ特性や特質について日頃から研究し，その教育的価値について理解し，実際の指導場面で必要に応じて活用できるようにしておくことも大切である。その際には，それぞれの環境を大人の視点から捉えるのではなく，自由な発想をする幼児の視点に立って捉え，幼児がその対象との関わりを通して，どのような潜在的な学びの価値を引き出していくのかを予想し，その可能性を幅広く捉えておくことが大切である。

C

ア　例えば，保育室の空き段ボール箱に入って遊び始めた幼児がいたとする。友達の始めた面白そうな遊びであれば，その遊びに関わる幼児が増えていくだろう。そのような場合，教師は幼児の求めや反応を見ながら，別の段ボール箱や製作に使える道具を用意するなど，遊びに主体的に取り組みやすいように環境をつくり直していく必要があるだろう。また，段ボール箱という素材との関わりから，お家ごっこや乗り物遊びなど新たに遊びが展開する様子が見えたら，遊びに必要なものを作ることができるように，イメージが実現しやすいような素材を多様に用意することも重要である。

イ　例えば，粘土は造形遊びをするもの，縄跳びは縄を跳ぶものという固定化したものの見方では，幼児の活動も広がらない。粘土はパラシュートごっこの重りとして用いることもでき，縄跳びは跳ぶのではなくくぐることもできる。教師は，環境を見る目を磨いておくことにより，実際の指導場面において，幼児の活動の広がりや深まりに応じて環境を構成することができる。

ウ　例えば，色水遊びに関心をもったからといって，教師があらかじめ何種類もの色水を作っておいたのでは，色水遊びの楽しさを半減させてしまうであろう。幼児が自分たちでいろいろな素材を集め，工夫しながら，どんな色ができるか期待しながら遊ぶところに楽しさがあり，そのことにより充実感や満足感も高まるのである。

エ　例えば，製作活動をしようと思っても，それに必要な素材や用具が容易に使えるように用意されていなければ，十分に活動を展開することはできない。また，いかにものが豊富にあったとしても，幼児がものとものの間に何のつながりも見いだせなかったり，これまでの自分の生活経験の中に位置付けられなかったりすれば，やはり，主体的な活動を展開することはできない。

	A	B	C
1	ア	イ	ウ
2	ア	エ	イ
3	ウ	エ	ア
4	エ	ア	イ
5	エ	イ	ウ

【15】次のア～エの各文は，幼稚園教育要領解説(平成30年2月　文部科学省)「第2章第2節　各領域に示す事項『表現』」に関する記述の一部である。正しいもののみをすべてあげているものはどれか。1～5から一つ選べ。

ア　どのようなものを幼児の周りに配置するかは，明確な見立てやイメージを引き出すことと密接な関わりをもっており，幼児が本物らしくなりきることができるものが必要である。明確なイメージを引き出す道具や用具，素材を工夫し，それらに幼児が日常的に触れていく環境を工夫することが，表現する楽しさを味わうことにつながるのである。

イ　様々な出来事と出会い，心を動かされる体験をすると，幼児はその感動を教師や友達に伝えようとする。その感動を相手と共有できることで，更に感動が深まる。しかし，その感動が教師や友達などに受け止められないと，次第に薄れてしまうことが多い。感動体験が幼児の中にイメージとして蓄えられ，表現されるためには，日常生活の中で教師や友達と感動を共有し，伝え合うことを十分に行えるようにすることが大切である。

ウ　自分なりの素材の使い方を見付ける体験が創造的な活動の源泉である。このため，音を出したり，形を作ったり，身振りを考えたりして表現を楽しむ上で，幼児がイメージを広げたり，そのイメージを表現したりできるような魅力ある素材が豊かにある環境を準備することが大切である。

エ　幼児が思いのままに歌ったり，簡単なリズム楽器を使って遊んだりしてその心地よさを十分に味わうことが，自分の気持ちを込めて表現する楽しさとなり，生活の中で音楽に親しむ態度を育てる。ここで大切なことは，正しい発声や音程で歌うことや楽器を正しく上手に演奏することではなく，幼児自らが音や音楽で十分遊び，表現する楽しさを味わうことである。

1　ア　イ
2　ア　ウ
3　イ　エ
4　ア　ウ　エ
5　イ　ウ　エ

【16】次のA～Cの各文は，幼稚園教育要領解説(平成30年2月　文部科学省)「第2章第2節　各領域に示す事項『人間関係』」に関する記述の一部である。A～Cの各文とア～オの記述の組合せとして最も適するものはどれか。1～5から一つ選べ。

A　先生や友達と共に過ごすことの喜びを味わう。

B　自分で考え，自分で行動する。

C　自分の思ったことを相手に伝え，相手の思っていることに気付く。

ア　教師は一人一人の幼児と関わりながら，幼児がどのようにして安定感をもつようになっていくのかを捉え，幼児の心のよりどころとなるようしっかりと幼児を受け止めなければならない。

イ　教師は，幼児の行動や思いをありのままに認め，期待をもって見守りながら，幼児の心の動きに沿って，幼児に伝わるように教師の気持ちや考えを素直に言葉や行動，表情などで表現していくことが必要である。

ウ　教師は，幼児がお互いの活動を見たり聞いたりして相手の表現を感じ取れるように，場や物の配置に配慮したり，教師も一緒にやってみたりして，相互に響き合う環境を工夫することが大切である。

エ　教師は，幼児が友達と一緒に生活する中で，自分の思っていることを相手に伝えることができるように，また，徐々に相手にも思っていることや言いたいことがあることに気付いていくことができるようにすることが大切である。

オ　教師は，一人一人の幼児に思いを寄せ，幼児の生活の仕方や生活のリズムを共にすることによって，幼児の気持ちや欲求などの目に見えない心の声を聴き，その幼児の内面を理解しようとすることが必要である。

	A	B	C
1	ア	イ	ウ
2	ア	オ	エ
3	ウ	ア	エ
4	オ	ア	ウ
5	オ	イ	エ

【17】次のア～エの各文のうち，農林水産省公表資料「身近な作物」に関する内容として，正しいものを○，誤っているものを×とした場合，正しい組合せはどれか。1～5から一つ選べ。

ア　にんじんは，1か所に数粒ずつタネをまきます。株と株の間は10cmぐらいあけておきます。にんじんのタネは日の光を嫌うので，土は厚めにかけます。

イ　トマトは，わき芽の成長が早いので，わき芽をこまめにつみます。わき芽に栄養を取られて，実が小さくなるからです。

ウ　ブロッコリーは，葉が大きくなったあとに気温が上がってくると，株の中央に蕾の塊が成長します。この部分がブロッコリーの食用部分です。

エ　じゃがいもは，タネいもに光を当てて，芽を育てます。芽が出たタネいもを，必ず芽をふくむように2～4個(1個が30～40gぐらい)に切り分けて畑に植えます。

	ア	イ	ウ	エ
1	○	×	○	○
2	×	○	×	○
3	○	×	○	×
4	×	○	×	×
5	×	○	○	○

【18】次に示す譜例について演奏する順序として最も適するものはどれか。1～5から一つ選べ。

譜例

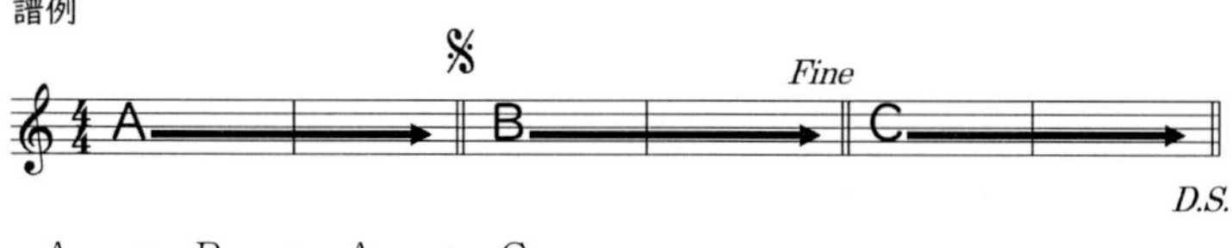

1　A → B → A → C
2　A → B → C → B
3　A → B → A → B → C
4　A → B → C → A → B
5　A → B → C → B → C

【19】次の［α 群］に示す技法の説明と［β 群］に示す用語の組合せとして最も適するものはどれか。1～5から一つ選べ。

［α 群］

A　毛のかたい筆や歯ブラシにふくませた絵の具を紙に飛ばして，しずくや霧を吹きつけたような模様をつくる。霧吹きという意味がある。あらい模様は歯ブラシを指でしごいて絵の具を飛ばし，細かい模様は毛先の細かい歯ブラシに絵の具をつけ，金網の上でこすってつくる。

B　木片，石，布など，でこぼこのあるものの上に紙をあて，木炭や鉛筆などでこすって表面の模様や材質感を紙にうつしとる絵画の技法。フランス語で「こする」ということばに由来。

C　ガラス板や紙などに絵の具をぬり，かわかないうちに別の紙を重ね合わせてうつし取る方法。または，絵の具をぬった紙を2つ折りにして，それをひらくことで左右対称のさまざまな形をつくる方法。

D　画面をひっかく技法をつかった絵。あらかじめぬった色の上にちがう色をぬり，その上の色をひっかいてけずりとり，下の色をだす。下の色には主に黒以外のクレヨン，上の色には黒のクレヨンや絵の具，パステルなどをつかう。

［β 群］

ア　フロッタージュ

イ　スクラッチ

ウ　スパッタリング

エ　デカルコマニー

オ　コラージュ

	A	B	C	D
1	ア	オ	ウ	イ
2	ア	イ	エ	ウ
3	イ	エ	オ	ウ
4	ウ	ア	エ	イ
5	ウ	イ	オ	ア

【20】次のア～オの各文のうち，幼稚園教育要領解説(平成30年2月　文部科学省)「第3章　教育課程に係る教育時間の終了後等に行う教育活動などの留意事項」に関する記述の一部として正しいものを○，誤っているものを×とした場合，正しい組合せはどれか。1～5から一つ選べ。

ア　幼稚園の子育ての支援活動の実施に当たっては，園内研修や幼稚園全体の教師間の協力体制の整備などの園内の体制整備を整えるとともに，他の幼稚園・小学校や保育所・児童相談所などの教育・児童福祉機関，子育ての支援に取り組んでいるNPO法人，地域のボランティア団体，カウンセラーや保健師等の専門家，地域の子育て経験者等との連携及び協力も大切である。

イ　子供への関わり方や自分の子育てについて悩みや不安を感じている保護者に対しては，その思いを十分に受け止めながら，保護者自身が自分の子育てを振り返るきっかけをつくったり，子育てについて学ぶ場面をつくったりするなどして，家庭の教育力の向上につなげていくことが大切である。

このような子育ての支援は，幼稚園の園児の関係者に限らず，広く地域の人々を対象として行うことが大切である。

ウ　幼児の家庭や地域での生活を含め，生活全体を豊かにし，健やかな成長を確保していくためには，幼稚園が家庭や地域社会との連携を深め，地域の実態や保護者及び地域の人々の要請などを踏まえ，地域における幼児期の教育のセンターとしてその施設や機能を開放し，積極的に子育てを支援していく必要がある。

エ　子育ての支援活動は多様であるが，まずは保護者のニーズに応じ，できることから着実に実施していくことが必要である。その際，子育ての支援に求められることを優先して，教育課程を見直していくことが大切である。

オ　保護者の養育が不適切である場合や家庭での育ちの状況が気になる子供がいた場合の保護者支援については，子供の最善の利益を重視しつつ，幼稚園のみで抱え込むことなく，カウンセラーや保健師等の専門家や，市町村などの関係機関と連携して，適切な支援を行っていくことも大切である。

	ア	イ	ウ	エ	オ
1	○	○	×	○	○
2	○	×	○	×	○
3	×	○	○	○	×
4	○	○	○	×	○
5	×	○	×	○	○

解答・解説

【1】3

〈解説〉学校教育法第23条は幼稚園教育の目標を具体的に5つ定めている。その中で，アは「一　健康，安全で幸福な生活のために必要な基本的な習慣を養い，身体諸機能の調和的発達を図ること」，ウは「三　身近な社会生活，生命及び自然に対する興味を養い，それらに対する正しい理解と態度及び思考力の芽生えを養うこと」，エは「四　日常の会話や，絵本，童話等に親しむことを通じて，言葉の使い方を正しく導くとともに，相手の話を理解しようとする態度を養うこと」である。

【2】4

〈解説〉アの教育基本法第10条は「父母その他の保護者は，子の教育について第一義的責任を有するものであって，生活のために必要な習慣を身に付けさせるとともに，自立心を育成し，心身の調和のとれた発達を図るよう努めるものとする」，イの学校教育法施行規則第36条は「幼稚園の設備，編制その他設置に関する事項は，この章に定めるもののほか，幼稚園設置基準の定めるところによる」が正しい。エの学校教育法第1条は「この法律で，学校とは，幼稚園，小学校，中学校，義務教育学校，高等学校，中等教育学校，特別支援学校，大学及び高等専門学校とする」が正しく，保育所は含まれていない。

【3】1

〈解説〉幼稚園教育要領(平成30年2月　文部科学省)において，イは「教育課程の編成に当たっては，幼稚園教育要領に示されている『ねらい』や『内容』をそのまま教育課程における具体的な指導のねらいや内容とするのではなく，『幼児期の終わりまでに育ってほしい姿』との関連を考慮しながら，幼児の発達の各時期に展開される生活に応じて適切に具体化したねらいや内容を設定する必要がある」，エは「しかし，それは，小学校教育の先取りをすることではなく，就学前までの幼児期にふさわしい教育を行うことが最も肝心なことである」とされている。

【4】5

〈解説〉幼稚園教育要領解説(平成30年2月　文部科学省)において，ウは「集団の生活にはきまりがあることに気付き，そのきまりをなぜ守らなければならないかを体験を通して考える機会を与えていくことが重要である」，エは「教材を工夫し，物的・空間的環境を構成する際には，様々な遊具や用具，素材などを多く用意すれば遊びが豊かになるとは限らないことをまず自覚することである。重要なのは，幼児が遊びに没頭し充実感を味わうことである。そのためには，特に幼児とものとの関わりが重要であることを認識し，幼児の関わり方を予想して物の質や量をどう選択し，空間をどう設定するか考えていくことが重要である。」とされている。

【5】3

〈解説〉幼稚園教育要領(平成29年3月　文部科学省)では，教師が指導を行う際に考慮する「幼児期の終わりまでに育ってほしい姿」は10の項目に分けて示されている。幼稚園教育要領解説(平成30年2月　文部科学省)ではその項目について解説されており，その中でアは「道徳性・規範意識の芽生え」，イは「自然との関わり・生命尊重」についての記述である。

【6】1

〈解説〉幼稚園教育要領解説(平成30年2月　文部科学省)において，ウは「指導計画は，一人一人の幼児が幼児期にふさわしい生活を展開して必要な経験を得ていくように，あらかじめ考えた仮説であることに留意して指導を行うことが大切である。幼稚園教育の基本は環境を通して行うものであり，環境に幼児が関わって生まれる活動は一様ではない。ときには，教師の予想とは異なった展開も見られる。実際に指導を行う場合には，幼児の発想や活動の展開の仕方を大切にしながら，あらかじめ設定したねらいや内容を修正したり，それに向けて環境を再構成したり，必要な援助をしたりするなど，教師が適切に指導していく必要がある」，オは「評価の妥当性や信頼性が高められるよう，例えば，幼児一人一人のよさや可能性などを把握するために，日々の記録やエピソード，写真など幼児の評価の参考となる情報を生かしながら評価を行ったり，複数の教職員で，それぞれの判断の根拠となっている考え方を突き合わせながら同じ幼児のよさを捉えたりして，より多面的に幼児を捉える工夫をするとともに，評価に関する園内研修を通じて，幼稚園全体で組織的かつ計画的に取り組むことが大切である」とされている。

【7】3

〈解説〉幼稚園教育要領解説(平成30年2月　文部科学省)において，(ア)は「評価結果の設置者への報告」，(エ)は「例示された項目を網羅的に取り入れるのではなく，重点目標を達成するために必要な項目・指標などを精選して設定する」とされている。学校教育法第42条は学校評価を各学校に義務付け，同法第28条でその規定が幼稚園にも準用されている。学校評価については文部科学省作成の「学校評価ガイドライン」(最新のものは平成28年改訂)において詳しく説明されているので学習しておきたい。

【8】5

〈解説〉「発達障害を含む障害のある幼児児童生徒に対する教育支援体制整備ガイドライン」(平成29年3月　文部科学省)は，これまでの間に培ってきた発達障害を含む障害のある児童等に対する教育支援体制の整備状況を踏まえ，平成16年のガイドラインが見直されて平成29年3月策定されたもの。その中ではイは「個別の指導計画に記された学校全体に関わる課題や具体的な支援については，全ての教職員で共有できるよう努めます」とされている。

【9】2

〈解説〉登校(園)基準はいずれも正しいが，イの症状は流行性耳下腺炎(おたふくかぜ)，ウの症状は咽頭結膜熱についての記述である。RSウイルス感染症は，秋から冬にかけて主に流行する感染症で，再感染を繰り返すが，初感染時の症状が重く，細気管支炎，肺炎を合併して呼吸困難に陥ることもある呼吸器感染症である。また乳児で重症化することがある。なお，出題の資料は令和6年3月に改訂されており，〈令和5年度改訂〉が出されている。

【10】1

〈解説〉「学校における熱中症対策ガイドライン作成の手引き」(令和3年5月　環境省・文部科学省)は，各県教育委員会作成の熱中症対策のためのマニュアルやガイドラインの内容の充実度には大きな差があることを課題と考えた環境省と文部科学省が有識者による「学校現場における熱中症対策の推進に関する検討会」を共同開催し，学校における実際の熱中症対策等の参考となる事項について検討し作成したもの。その中でウは「体調が悪いと体温調節能力も低下し，熱中症につながります。疲労，睡眠不足，発熱，風邪，下痢など，体調の悪いときには無理に運動をしないことです。運動前，運動中，運動後の健康観察が重要です」，オは「水分を摂取できる状態であれば，冷やした水分と塩分を補給するようにします。飲料としては，水分と塩分を適切に補給できる経口補水液やスポーツドリンクなどが最適です。ただし，水を飲むことができない，症状が重い，休んでも回復しない場合には，病院での治療が必要ですので，医療機関に搬送します」とされている。なお，本資料は令和6年4月に追補版が出されている。

【11】3

〈解説〉幼児の思いをつなぐ指導計画の作成と保育の展開(令和3年2月　文部科学省)は，平成29年3月の幼稚園教育要領の改訂を踏まえ，文部科学省が令和3年3月に作成したもの。この資料については今後も出題の可能性が極めて高いので十分な学習が必要であるが，Aについては「興味」，Bについては「発達」，Cについては「新しい出会い」という言葉に注目すれば，正答を導ける。なおアは幼児の主体性を大切にする観点についての説明である。

【12】3

〈解説〉幼稚園教育要領解説(平成30年2月　文部科学省)で，オは「数量や文字は，記号として表すだけに，その働きを幼児期に十分に活用することは難しい。しかし，例えば，数字や文字などに親しんだり，物を数えたり，長さや重さに興味をもったり，絵本や保育室にある文字表現に関心を抱いたりすることは，幼児にとって日常的なことである。数量や文字に関する指導は，幼児の興味や関心から出発することが基本となる。その上で，幼児の遊びや生活の中で文字を使ったり，数量を扱ったりする活動が生まれることがあり，このような活動を積み重ねることにより，ごく自然に数量や文字に関わる力は伸びていくものである」とされている。

【13】5

〈解説〉幼稚園教育要領解説(平成30年2月　文部科学省)において，オは領域「健康」の内容の取扱い「自然の中で伸び伸びと体を動かして遊ぶことにより，体の諸機能の発達が促されることに留意し，幼児の興味や関心が戸外にも向くようにすること。その際，幼児の動線に配慮した園庭や遊具の配置などを工夫すること」についての解説で，「室内環境に比して，戸外の環境は年間を通して同じ遊具が配置され，空間が固定的になっている傾向がある。幼児の興味や関心に即したものになるように配慮しなければならない」と解説している。

【14】4

〈解説〉Aについては「幼児が安心して」，Bについては「幼児の言動に注意し」，Cについては「発達の実情を理解し」を手掛かりに正答を導きたい。なおウは，幼稚園教育要領解説(平成30年2月　文部科学省)の「幼児の活動に沿って環境を構成することは，教師が環境を全て準備し，お膳立てをしてしまうことではない。このような状況で幼児が活動をした場合，やり遂げたという充実感や満足感を必ずしも十分に感じられないこともあるであろう。また，困難な状況を自分で考え，切り開く力が育たなくなってしまうこともあるであろう」の記述についての例示である。

【15】5

〈解説〉幼稚園教育要領解説(平成30年2月　文部科学省)で，アは「どのようなものを幼児の周りに配置するかは，多様な見立てや豊かなイメージを引き出すことと密接な関わりをもつ。それは必ずしも本物らしくなりきることができるものが必要ということではない。むしろ，幼児は，1枚の布を身にまといながらいろいろなものになりきって遊ぶ。さらに，幼児は，ものに触れてイメージを浮かべ，そのものをいろいろに使うことからイメージの世界を広げるといったように，ものと対話しながら遊んでいる。この意味で，多様なイメージを引き出す道具や用具，素材を工夫し，それらに幼児が日常的に触れていく環境を工夫することが，表現する楽しさを味わうことにつながるのである」とされている。

【16】5

〈解説〉Aは「共に過ごす」，Bは「自分で考え」，Cは「自分の思ったことを相手に伝え」をキーワードとして着目すると正答が導ける。なおアは心身の健康に関する領域「健康」，ウは感性と表現に関する領域「表現」に関する幼稚園教育要領解説(平成30年2月　文部科学省)の記述である。

【17】2

〈解説〉農林水産省公表資料「身近な作物」において，アは「1か所に数粒ずつタネをまきます。株と株の間は10cmぐらいあけておきます。にんじんのタネは日の光がすきなので，土は浅くかけます」，ウは「葉が大きくなったあとに気温が下がってくると，株の中央に蕾の塊が成長します」とされている。

【18】2

〈解説〉反復記号に関する問題である。A→B→Cまで演奏したら「D.S.」(ダルセーニョ)に従い,「𝄋」(セーニョ)に戻る。続いてBを演奏し「Fine」(フィーネ)に従い演奏が終わる。

【19】 4

〈解説〉アのフロッタージュは仏語の「フロッテー(frotter・こする)」に由来し,凹凸のあるものに紙をあて,上から鉛筆やコンテなどでこすることで紙の下の凹凸をうつし取る技法。イのスクラッチは色を層状に塗り重ね,鋭利なものでひっかくことで下層の色を露出させる技法。ウのスパッタリングは目の細かい網などを,絵の具をつけたブラシなどでこすることにより絵の具を小さな粒にして飛ばす技法。エのデカルコマニーは「転写法」の意で,紙に絵の具をぬり,2つ折りにする,またはガラス板や吸水性の低い紙などの上に絵の具を出し,上から用紙をあててこすり,うつし取ったときに生じる偶然の形態の効果に注目した技法。紙を2つ折りにした場合は対称性を持つ図柄になる。オのコラージュは写真や絵,紐などのさまざまな素材をはり合わせ,それらを組み合わせてつくる技法。

【20】 4

〈解説〉幼稚園教育要領解説(平成30年2月　文部科学省)において,エは「子育ての支援活動は多様であるが,幼稚園の実態に応じ,できることから着実に実施していくことが必要である。その際,教育課程に基づく活動の支障となることのないように配慮する必要がある」とされている。

令和４年度

【1】次のア～エの各文は，学校教育法施行規則(昭和22年　文部省令第11号)から抜粋したものである。正しいものを○，誤っているものを×とした場合，正しい組合せはどれか。1～5から一つ選べ。

第3章　幼稚園

第39条　第48条，第49条，第54条，第59条から第68条までの規定は，幼稚園に準用する。

ア　第48条　小学校には，設置者の定めるところにより，校長の職務の円滑な執行に資するため，職員会議を置くことができる。

2　職員会議は，校長が主宰する。

イ　第59条　小学校の学年は，4月8日に始まり，翌年3月24日に終わる。

ウ　第60条　授業終始の時刻は，教育委員会が定める。

エ　第63条　非常変災その他急迫の事情があるときは，校長は，臨時に授業を行わないことができる。この場合において，公立小学校についてはこの旨を当該学校を設置する地方公共団体の教育委員会（公立大学法人の設置する小学校にあつては，当該公立大学法人の理事長)に報告しなければならない。

	ア	イ	ウ	エ
1	○	○	×	×
2	○	×	×	○
3	×	×	○	○
4	○	×	○	×
5	×	○	×	×

【2】次のア～オの各文は，〔　〕内に示される幼稚園について定めた関係法規等を抜粋したものである。正しいもののみをすべてあげているものはどれか。1～5から一つ選べ。

〔教育基本法〕

ア　幼児期の教育は，生涯にわたる人格形成の基礎を培う重要なものであることにかんがみ，国及び地方公共団体は，幼児の健やかな成長に資する良好な環境の整備その他適当な方法によって，その振興に努めなければならない。

〔幼稚園設置基準〕

イ　学級は，学年の初めの日において同じ年齢にある幼児で編成することを原則とする。

〔幼稚園設置基準〕

ウ　幼稚園には，学級数及び幼児数に応じ，教育上，保健衛生上及び安全上必要な種類及び数の園具及び教具を備えなければならない。

〔学校保健安全法〕

エ　学校においては，児童生徒等の安全の確保を図るため，児童生徒等の保護者との連携を図るとともに，当該学校が所在する地域の実情に応じて，当該地域を管轄する警察署その他の関係機関，地域の安全を確保するための活動を行う団体その他の関係団体，当該地域の住民その他の関係者との連携を図るよう努めるものとする。

〔学校教育法〕

オ　幼稚園は，義務教育及びその後の教育の基礎を培うものとして，幼児を指導し，幼児の健やかな成長のために適当な援助を与えて，その心身の発達を助長することを目的とする。

1　ア　エ

2　イ　ウ

3　ウ　エ　オ

4　ア　ウ　エ

5　イ　エ　オ

【3】次の(1)～(3)の各文は，幼稚園教育要領(平成29年3月告示)「第2章　ねらい及び内容　健康　1　ねらい」に関する記述である。空欄(　A　)～(　C　)にあてはまる語句を〔　〕内に示されるア～ケの語群から選ぶとき，正しい組合せはどれか。1～5から一つ選べ。

(1)　明るく伸び伸びと行動し，(　A　)を味わう。

(2)　自分の体を十分に動かし，(　B　)運動しようとする。

(3)　健康，安全な生活に必要な習慣や態度を身に付け，(　C　)をもって行動する。

〔語群〕

ア　意欲	イ　開放感	ウ　興味や関心
エ　工夫して	オ　充実感	カ　進んで
キ　楽しさ	ク　友達と関わりながら	ケ　見通し

	A	B	C
1	イ	エ	ア
2	イ	カ	ウ
3	オ	カ	ケ
4	オ	ク	ウ
5	キ	エ	ケ

【4】次のア～エの各文のうち，幼稚園教育要領(平成29年3月告示)「第2章　ねらい及び内容　人間関係　3　内容の取扱い」に関する記述として，正しいもののみをすべてあげているものはどれか。1～5から一つ選べ。

ア　集団の生活を通して，幼児が人との関わりを深め，規範意識の芽生えが培われることを考慮し，幼児が教師との信頼関係に支えられて自己を発揮する中で，互いに思いを主張し，折り合いを付ける体験をし，きまりの必要性などに気付き，自分の気持ちを調整する力が育つようにすること。

イ　身近な事象や動植物に対する感動を伝え合い，共感し合うことなどを通して自分から関わろうとする意欲を育てるとともに，様々な関わり方を通してそれらに対する親しみや畏敬の念，生命を大切にする気持ち，公共心，探究心などが養われるようにすること。

ウ　幼児が互いに関わりを深め，協同して遊ぶようになるため，自ら行動する力を育てるようにするとともに，他の幼児と試行錯誤しながら活動を展開する楽しさや共通の目的が実現する喜びを味わうことができるようにすること。

エ　一人一人を生かした集団を形成しながら人と関わる力を育てていくようにすること。その際，集団の生活の中で，幼児が自己を発揮し，教師や他の幼児に認められる体験をし，自分のよさや特徴に気付き，自信をもって行動できるようにすること。

1　ア　イ
2　ア　ウ
3　イ　エ
4　ア　ウ　エ
5　イ　ウ　エ

【5】次のア～オの各文のうち，幼稚園教育要領(平成29年3月告示)「第2章　ねらい及び内容　環境　2　内容」に関する記述として，正しいもののみをすべてあげているものはどれか。1～5から一つ選べ。

ア　自然などの身近な事象に関心をもち，取り入れて遊ぶ。
イ　日常生活の中で，我が国や地域社会における様々な文化や伝統に親しむ。
ウ　共同の遊具や用具を大切にし，皆で使う。
エ　いろいろな素材に親しみ，工夫して遊ぶ。
オ　生活の中で様々な音，形，色，手触り，動きなどに気付いたり，感じたりするなどして楽しむ。

1　ア　イ
2　イ　ウ
3　ウ　エ
4　ア　イ　エ
5　イ　エ　オ

【6】次のア～エの各文は，幼稚園教育要領解説(平成30年2月　文部科学省)「第1章第1節　幼稚園教育の基本」に関する記述の一部である。正しいものを○，誤っているものを×とした場合，正しい組合せはどれか。1～5から一つ選べ。

ア　環境を通して行う教育において，幼児が自ら心身を用いて対象に関わっていくことで，対象，対象との関わり方，さらに，対象と関わる自分自身について学んでいく。幼児の関わりたいという意欲から発してこそ，環境との深い関わりが成り立つ。この意味では，幼児の主体性が何よりも大切にされなければならない。

イ　幼児が自分から興味をもって，遊具や用具，素材についてふさわしい関わりができるように，遊具や用具，素材の種類，数量及び配置を考えることが必要である。このような環境の構成への取組により，幼児は積極性をもつようになり，活動の充実感や満足感が得られるようになる。遊具や用具，素材だけを配置して，後は幼児の動くままに任せることにより，その対象の潜在的な学びの価値を引き出すことができる。その意味においては，テーブルや整理棚など生活に必要なものや遊具，自然環境，教師間の協力体制など幼稚園全体の教育環境が，幼児にふさわしいものとなっているかどうかも検討されなければならない。

ウ　環境との関わりを深め，幼児の学びを可能にするものが，教師の幼児との関わりである。教師の関わりは，基本的には間接的なものとしつつ，環境に含まれている教育的価値を教師が取り出して直接幼児に教え込んでいくことが重要である。また，幼児の意欲を大事にするには，幼児の遊びを大切にして，やってみたいと思えるようにするとともに，試行錯誤を認め，時間を掛けて取り組めるようにすることも大切である。

エ　教師自身も環境の一部である。教師の動きや態度は幼児の安心感の源であり，幼児の視線は，教師の意図する，しないに関わらず，教師の姿に注がれていることが少なくない。物的環境の構成に取り組んでいる教師の姿や同じ仲間の姿があってこそ，その物的環境への幼児の興味や関心が生み出される。教師がモデルとして物的環境への関わりを示すことで，充実した環境との関わりが生まれてくる。

	ア	イ	ウ	エ
1	○	○	×	×
2	×	○	○	○
3	○	×	×	○
4	×	○	○	×
5	○	×	×	×

【7】次のア～オの各文は，幼稚園教育要領解説(平成30年2月　文部科学省)「第1章第3節　教育課程の役割と編成等」に関する記述の一部である。正しいものを○，誤っているものを×とした場合，正しい組合せはどれか。1～5から一つ選べ。

ア　幼稚園においては，幼児はそれぞれの興味や関心に応じ，直接的・具体的な体験などを通じて幼児なりのやり方で学んでいくものであるが，小学校以降の学習のように教師があらかじめ立てた目的に沿って，順序立てて言葉で教えられ学習することも必要である。

イ　幼稚園規模，教職員の状況，施設設備の状況などの人的・物的条件の実態は幼稚園によって異なっているが，教育課程の編成に当たっては，このような幼稚園の条件を考慮せず，編成しなければならない。

ウ　幼稚園においては，編成，実施した教育課程が教育目標を効果的に実現する働きをするよう，教育課程の実施状況を評価し，改善を図ることが求められている。

エ　具体的なねらいと内容を組織するに当たっては，まず，それぞれの幼稚園で入園から修了までの教育期間において，幼児がどのような発達をしていくかという発達の過程を捉える必要がある。それぞれの発達の時期において幼児は主にどのような経験をしていくのか，また，教育目標の達成を図るには，入園から修了までを通してどのような指導をしなければならないかを，各領域に示す事項に基づいて明らかにしていく必要がある。

オ　幼稚園教育は法令や幼稚園教育要領に基づいて行われるものであるので，全教職員がそれぞれに示されていることについての理解を十分にもつと同時に，実践を通してそれぞれの幼稚園の実態に即した教育課程となるようにすることが大切である。

	ア	イ	ウ	エ	オ
1	○	○	○	×	×
2	○	○	×	×	○
3	×	×	○	○	○
4	×	○	×	○	×
5	×	×	○	×	○

【8】次のア～オの各文のうち，幼稚園教育要領解説(平成30年2月　文部科学省)「第1章第4節指導計画の作成と幼児理解に基づいた評価」に関する記述の一部として，正しいものを○，誤っているものを×とした場合，正しい組合せはどれか。1～5から一つ選べ。

ア　指導計画は，教育課程を具体化したものであり，具体化する際には，一般に長期的な見通しをもった年，学期，月あるいは発達の時期などの長期の指導計画（年間指導計画等）とそれと関連してより具体的な幼児の生活に即して作成する週の指導計画（週案）や日の指導計画（日案）等の短期の指導計画の両方を考えることになる。

イ　具体的な指導は指導計画によって方向性を明確にもち，その確実な実現のために行うものであり，指導計画は幼児の生活に応じて変えていくものでないことに留意する必要がある。

ウ　具体的なねらいや内容を設定する際には，その幼稚園の幼児たちの発達の過程を参考にして，その時期の幼児の発達する姿に見通しをもつことやその前の時期の指導計画のねらいや内容がどのように達成されつつあるかその実態を捉えること，さらに，その次の時期の幼稚園生活の流れや遊びの展開を見通すことなどが大切である。

エ　指導計画においては，幼児が主体的に活動できる場や空間，適切な物や友達との出会い，さらに，幼児が十分に活動できる時間やその流れなどを考えることが必要となるが，その際，常に教師が主導して環境をつくり出し，幼児がその中で活動することを踏まえることが大切である。

オ　幼児理解に基づいた評価を行う際には，他の幼児との比較や一定の基準に対する達成度についての評定によって捉えるものではないことに留意する必要がある。

	ア	イ	ウ	エ	オ
1	○	○	×	×	○
2	○	×	○	×	○
3	×	×	○	×	○
4	×	○	×	○	×
5	○	×	×	○	×

【9】次のア～エの各文は，幼稚園教育要領解説(平成30年2月　文部科学省)「第1章第6節　幼稚園運営上の留意事項」に関する記述の一部である。正しいもののみをすべてあげているものはどれか。1～5から一つ選べ。

ア　保育参加などを通じて，保護者が幼稚園生活そのものを体験することは，幼稚園教育を具体的に理解することができるとともに，保護者が幼児と体験や感動を共有することで，幼児の気持ちや言動の意味に気付いたり，幼児の発達の姿を見通したりすることにつながる。

イ　幼稚園の教育課程は，教育委員会の責任において編成するものである。その際，幼稚園や地域の実態を把握して，特色を生かし，創意のある教育課程を編成しなければならない。

ウ　幼稚園教育と小学校教育の円滑な接続のためには，保育参観や授業参観を通じて，教師同士がお互いの教育内容等について相互に理解できるよう，幼稚園と小学校が組織的に連携することが大切である。

エ　指導計画を作成し，指導を行う際には，家庭や地域社会を含め，幼児の生活全体を視野に入れ，幼児の興味や関心の方向や必要な経験などを捉え，適切な環境を構成して，その生活が充実したものとなるようにすることが重要である。

1 ア エ
2 イ ウ
3 イ エ
4 ア イ ウ
5 ア ウ エ

【10】次の文章は，学校のアレルギー疾患に対する取り組みガイドライン(令和元年度改訂　日本学校保健会)に示されているアナフィラキシーに関する記述の一部である。下線部(ア)～(エ)の記述について，正しいもののみをすべてあげているものはどれか。1～5から一つ選べ。

〔定義〕

アレルギー反応により，じんましんなどの皮膚症状，腹痛や嘔吐などの消化器症状，ゼーゼー，呼吸困難などの呼吸器症状が，複数同時にかつ急激に出現した状態をアナフィラキシーと言います。その中でも，(ア)血圧が上昇し，意識の低下や脱力を来すような場合を，特にアナフィラキシーショックと呼び，直ちに対応しないと生命にかかわる重篤な状態であることを意味します。

また，アナフィラキシーには，アレルギー反応によらず(イ)運動や身体的な要因(低温/高温など)によって起こる場合があることも知られています。

〔治療〕

具体的な治療は重症度によって異なりますが，意識の障害などが見られる重症の場合には，(ウ)まず適切な場所に頭を足より高く上げた体位で寝かせ，仰向けにします。そして，意識状態や呼吸，心拍の状態，皮膚色の状態を確認しながら必要に応じ一次救命措置を行い，救急車で医療機関への搬送を急ぎます。

アドレナリン自己注射薬である「エピペン®」を携行している場合には，(エ)緊急性が高いアレルギー症状があると判断したタイミングでショックに陥る前に注射することが効果的です。

1 ア イ
2 イ エ
3 ウ エ
4 ア イ ウ
5 イ ウ エ

【11】次のア～オの各文は，学校の危機管理マニュアル作成の手引(平成30年2月　文部科学省)「幼稚園等における留意点」に関する記述の一部である。正しいものを○，誤っているものを×とした場合，正しい組合せはどれか。1～5から一つ選べ。

ア〔引渡し等の理解と協力〕

事故等が発生した場合の連絡の仕方・幼児の引渡しの方法については，1学期の終わりまでに保護者と確認しておく。

保護者の勤務場所やきょうだいの有無及び在籍校，緊急時の連絡先を事前に確認し，迎えが遅くなる幼児を把握しておく。

イ〔登降園時の約束の理解〕

日々の登降園や家庭生活の中で，保護者が歩行・横断・自転車のルールやマナーのモデルであることを繰り返し伝える。

ウ〔特別な配慮の必要な幼児への対応〕

幼児の特徴や，いつもと違う状況での配慮点，介助者等がいない場合に誰がどのように避難に付き添うか等について，園内で共通理解を図る。

エ〔避難誘導〕

不審者侵入時は，幼児誘導の時間を稼ぐため，複数の教職員で不審者を捕えることを最優先にする。

オ〔人員の確認・報告〕

保育中は園内の様々な場所に年齢の異なる幼児がいるため，どの部屋にどの組が何人避難しているか，教職員はどの幼児がいるかを確認して内線などで対策本部に報告し，園の全人員の安否を確認する。

	ア	イ	ウ	エ	オ
1	×	○	×	×	○
2	○	○	×	○	×
3	×	×	×	○	○
4	×	○	○	×	○
5	○	×	○	○	×

【12】次のア～エの各文は，学校安全資料「生きる力」をはぐくむ学校での安全教育(平成31年3月　文部科学省)に関する記述の一部である。正しいものを○，誤っているものを×とした場合，正しい組合せはどれか。1～5から一つ選べ。

ア　学校安全の領域は,「生活安全」「交通安全」「災害安全」などがあるが,従来想定されなかった新たな危機事象の出現などにも柔軟に対応し,学校保健や生徒指導など様々な関連領域と連携して取り組むことが重要である。

イ　学校安全計画は,学校保健安全法第27条により,その学校の実情により策定・実施に努めなければならないものであり,安全教育の各種計画に盛り込まれる内容と安全管理の内容とを関連させ,統合し,全体的な立場から,年間を見通した安全に関する諸活動の総合的な基本計画である。

ウ　幼児の自発的な活動としての遊びは,心身の調和のとれた発達の基礎を培う重要な学習であることを考慮して,遊びを通しての安全指導を中心とし,幼稚園教育のねらいが総合的に達成されるようにすることが大切である。したがって,幼稚園における安全に関する指導は,遊びや園生活を通して,幼児一人一人の実態に即して日常的,重点的に行われるものである。

エ　園外で活動する場合,活動場所,活動状況等が極めて多岐にわたるため,幼児の発達や活動場所などの特性に応じた安全管理が必要となる。

	ア	イ	ウ	エ
1	○	○	×	○
2	○	○	×	×
3	○	×	○	○
4	×	○	○	×
5	×	×	○	○

【13】次のア～エの各文は,農林水産省公表資料「子どものための農業教室」の一部である。野菜の栽培や収穫等の内容として,正しいものを○,誤っているものを×とした場合,正しい組合せはどれか。1～5から一つ選べ。

ア　ジャガイモは,植えてから60日くらいたって,花がさくころに収穫です。土をほりおこして,ジャガイモをほりあげます。日かげの風通しのよい場所に広げて十分に表面をかわかしてから貯蔵します。

イ　ジャガイモの種いもは,桜がさくころに芽が出るように植えつけます。本州中部では,3月始めから中ごろ。

ウ　サツマイモは,苗と苗の間が10cmくらいになるように,浅く植えます。鉢やプランターに植える場合は,1～2本をななめや,まっすぐに植えます。

エ　サツマイモは，植えつけてから120日くらいで収穫できます。一度試しにほってみて，大きさを確かめておくのもよいでしょう。皮はやわらかくて傷つきやすいのでていねいにほり上げます。

	ア	イ	ウ	エ
1	○	×	○	○
2	○	×	×	○
3	○	×	○	×
4	×	○	×	○
5	×	○	○	×

【14】次の文章は，幼児の思いをつなぐ指導計画の作成と保育の展開(令和3年2月　文部科学省)の幼稚園と小学校の交流活動の事例の一部である。この活動を，幼稚園教育要領解説(平成30年2月　文部科学省)「第1章第2節　幼児期の終わりまでに育みたい資質・能力及び『幼児期の終わりまでに育ってほしい姿』」の〔幼児期の終わりまでに育ってほしい姿〕から子供たちの学びを捉えて振り返ったときに空欄(　A　)～(　C　)にふさわしいものをア～エから選んだ場合，最も適するものの組合せはどれか。1～5から一つ選べ。

2学級ずつある幼稚園の5歳児と小学校の1年生の交流なので，活動日を変えて2回交流を行いました。1回目の活動の振り返りを踏まえて2回目の活動を行いました。

> 2学級目の空組の幼児と1年2組の交流活動を行った。幼児たちは，月組のときと同様，期待と緊張から，何となく落ち着かない。交流活動の流れは1回目と同じだが，幼稚園と小学校の教師は，1回目の振り返りを踏まえて，子供同士が自ら関わり，活動を考えて行動できるようにという意識をもって臨んだ。
>
> 自己紹介は各グループの声が重ならないように多目的室も使い，聞き取りやすいようにした。教師もなるべく散って，それぞれの自己紹介が行われているか，見守るようにした。
>
> その後，小学校の教師から活動について簡潔に「1年生と幼稚園生で，一緒に七夕飾りを作りましょう」，「幼稚園のお友達は，トイレに行きたいときは小学生に場所を教えてもらってください」という話があった。

活動の始まりでは，1学級目の交流会と同じように，児童が丁寧に教えてくれる姿が多く見られた。自己紹介を丁寧にしたとしても，初めて会った子供たちも多く，「1年生」「幼稚園の幼児」という社会的な立場を優先して接することは当たり前かもしれないと思った。

しかし，しばらくすると児童から「ね，ね，輪飾りをたくさんつなげよう！」という提案があるグループから聞こえてきた。幼児も「いいね」と応じ，グループのメンバー全員で輪飾りを作り，長くつなげ始めた。長くなってくると「見て！見て！皆でつなげたらこんなに長くなったよ！」という声が聞こえてきた。それに触発されたのか，他のグループからも「ぼくたちもつなげようよ」という声があがり，いくつかのグループが輪飾りをつなげ長くし始めた。グループ同士で競い合う気持ちが出てきて「ぼくたち，いくつあるか数えてみたら110個もあったよ！」「私たちはもっとあるよ。あのね，歩幅で数えるといいよ。1歩が20個ぐらいだよ」「手を広げてみるとどのくらいか分かるよ」などと長さに関心をもち始め，どのくらいの長さになったか測る活動も見られ始めた。

願い事は，児童が書いてあげるのではなく，幼児が自分で書くができないところは児童が手伝っていた。

幼稚園の教師は，必要なときには援助しつつも，あまり活動に入り込んだり，児童を認めたりする言葉は控え，子供たちがその活動から自分たち自身で振り返る余地を残すように心掛けた。

後日，小学校の教師から，この活動を振り返った児童の絵日記に「最初は幼稚園生と遊んであげようと思っていましたが，今度は一緒に遊びたいと思いました」と書いてあったとの報告をもらった。

交流活動終了後に，幼稚園の教師と小学校の教師と一緒に振り返りを行いました。

1回目と同様，児童や幼児が，交流活動を通していろいろな人と親しみをもって関わる姿やどのように関わったらよいかということを考える姿（社会生活との関わり），相手に作り方を教える，話をしっかり聞くなどの姿（言葉による伝え合い），見通しをもって活動する姿（　A　）などが見られたことを確認しました。

さらに，今回，「1年生は教えてあげる側，幼児は教えてもらう側」ではなく，子供たち自身でグループ内の関係づくりができるようにし，活動も各グループに任せた結果，「『皆で』とか『私たち』という言葉が多く聞かれ，教える，教えてもらうという関係から，一つのめあてに向かって，児童も幼児も一緒になって取り組む姿が見られた（　B　）」，「そのことによって，達成感も見られた（　C　）」，「輪飾りの数を数えたり，長さを測ったりする活動にも広がったり，幼児にとっては文字を書く機会もできた（数量や図形，標識や文字などへの関心・感覚）」など，1回目の交流会では見られなかった姿が見られたことを確認しました。

〔幼児期の終わりまでに育ってほしい姿〕

ア　協同性

イ　自立心

ウ　道徳心・規範意識の芽生え

エ　健康な心と体

	A	B	C
1	ア	ウ	エ
2	イ	エ	ア
3	イ	ア	ウ
4	ウ	エ	イ
5	エ	ア	イ

【15】次のア～オの各文は，幼稚園教育要領解説(平成30年2月　文部科学省)「第2章第1節　ねらい及び内容の考え方と領域の編成」に関する記述の一部である。正しいものを○，誤っているものを×とした場合，正しい組合せはどれか。1～5から一つ選べ。

ア　幼稚園教育要領の第2章「ねらい及び内容」において，各領域に示されている事項は，幼稚園教育が何を意図して行われるかを明確にしたものである。

イ　「ねらい」と「内容」を幼児の発達の側面からまとめて以下の五つの領域を編成している。

・心身の健康に関する領域「健康」

・人との関わりに関する領域「人間関係」

・身近な環境との関わりに関する領域「環境」

・言葉の獲得に関する領域「言葉」

・感性と表現に関する領域「表現」

ウ　「特に必要な場合には，各領域に示す「ねらい」の趣旨に基づいて適切な，具体的な内容を工夫し，それを加えても差し支えない」としつつも，「その場合には，それが第1章の第1に示す幼稚園教育の基本を逸脱しないよう慎重に配慮する必要がある。」としている。

エ　教師が幼児の発達の実情を踏まえながら指導し，幼児が身に付けていくことが望まれるものを「ねらい」とし，幼稚園教育において育みたい資質・能力を達成するために幼児の生活する姿から捉えたものを「内容」としたものである。

オ　幼稚園教育における領域は，それぞれが独立した授業として展開される小学校の教科と同じであるため，領域別に教育課程を編成したり，特定の活動と結び付けて指導したりするなどの取扱いをしなければならない。

	ア	イ	ウ	エ	オ
1	○	○	○	×	×
2	×	×	×	○	○
3	○	×	○	○	○
4	×	○	×	×	×
5	○	×	○	○	×

【16】次のア～エの各文のうち，幼稚園教育要領解説(平成30年2月　文部科学省)「第2章第2節　各領域に示す事項『言葉』」に関する内容として，正しいものを○，誤っているものを×とした場合，正しい組合せはどれか。1～5から一つ選べ。

ア　教師は，幼児の，話したい，表現したい，伝えたいという気持ちを受け止めながらも生活と切り離した形で文字のもつ意味や正しい文字の書き方などについて覚え込ませ，幼児が文字を用いて伝えようとする場面を積極的に設けることが大切である。

イ　教師が心を傾けて幼児の話やその背後にある思いを聞きとり，友達同士で自由に話せる環境を構成したり，幼児同士の心の交流が図られるように工夫したりすることで，幼児の伝えたいという思いや相手の話を理解したいという気持ちを育てることが大切である。

ウ　絵本が幼児の目に触れやすい場に置かれ，落ち着いてじっくり見ることができる環境があることで，一人一人の幼児と絵本との出会いは一層充実したものとなっていく。そのために，保育室における幼児の動線などを考えて絵本のコーナーを作っていくようにすることが求められる。

エ　教師は，幼児の言葉の発達や人との関わりを捉えそれに応じながら，正しく分かりやすく，美しい言葉を使って幼児に語り掛け，言葉を交わす喜びや豊かな表現などを伝えるモデルとしての役割を果たしていくことが大切である。

	ア	イ	ウ	エ
1	○	○	○	○
2	○	○	○	×
3	×	○	×	○
4	×	×	○	×
5	×	○	○	○

【17】次の各文は，幼稚園教育要領解説(平成30年2月　文部科学省)「第2章　第2節　各領域に示す事項『表現』」に関する記述の一部である。A～Dの各文の内容とア～エの3歳児に関する記述の組合せとして最も適するものはどれか。1～5から一つ選べ。

A　様々な出来事の中で，感動したことを伝え合う楽しさを味わう。

B　感じたこと，考えたことなどを音や動きなどで表現したり，自由にかいたり，つくったりなどする。

C　かいたり，つくったりすることを楽しみ，遊びに使ったり，飾ったりなどする。

D　自分のイメージを動きや言葉などで表現したり，演じて遊んだりするなどの楽しさを味わう。

ア　特に，3歳児は一人一人の世界を楽しんでいることが多く，何かのつもりになってごっこ遊びをするというよりは，1本の棒を持っただけで何かになりきることさえできる。

イ　特に3歳児では，例えば，単に広告紙を巻いて棒をつくり，それを手に持って遊んでいるという姿は，その幼児なりの見立てやイメージの世界を楽しんでいる姿である。

ウ　特に3歳児は，手近にある物を仲立ちにしたり，声や動作など様々な手段で補ったりしながら自分の気持ちを表したり，伝えたりしようとする。

エ　特に3歳児では，じっと見る，歓声を上げる，身振りで伝えようとするなど言葉以外の様々な方法で感動したことを表現しているので，教師はそれを受容し，共感をもって受け止めることが大切である。

	A	B	C	D
1	ウ	ア	イ	エ
2	ウ	エ	イ	ア
3	エ	ア	ウ	イ
4	エ	ウ	ア	イ
5	エ	ウ	イ	ア

【18】次の文章は，幼児理解に基づいた評価(平成31年3月　文部科学省)「第2章　幼児理解に基づいた評価の基本的な考え方」の幼稚園幼児指導要録「指導の重点等」の欄に関する記述の一部である。下線部(ア)～(エ)の記述について，正しいもののみをすべてあげているものはどれか。1～5から一つ選べ。

(ア)幼稚園における評価とは，よりよい指導を生み出すためのものですから，幼児の発達する姿を捉えると同時に，その姿の背景となっている指導に対して，評価を行うことに重要な意味があります。そのため，(イ)「指導の重点等」の欄には，その年度にどのような方向に向けて指導を行ってきたかを明確にするために，二つの点を記入することとしています。

その一つは，幼稚園教育要領のねらいや内容に沿って，各幼稚園の教育課程や年間の指導計画などの中で，(ウ)学年のどの幼児に対しても指導の重点として目指してきたものです。この重点は，年度の初めに長期の見通しとして設定されたもので，どの幼児にも同じものを記入することになるでしょう。

もう一点は，(エ)年度の初めに個々の幼児の指導について特に重視したい点を記入するものです。日頃から累積してきた記録などを活用して，その幼児に対しての指導の重点を探ってみることは，その指導が適切であったかどうかを評価することにもなるでしょう。

1　イ
2　ウ　エ
3　ア　イ　ウ
4　ア　ウ　エ
5　ア　イ　ウ　エ

【19】次の文章は，幼稚園教育要領解説(平成30年2月　文部科学省)「第2章第3節　環境の構成と保育の展開」に関する記述の一部である。空欄A～Cにあてはまるものをア～ウから選んだ場合，最も適するものの組合せはどれか。1～5から一つ選べ。

環境を通して教育を行うためには，幼児が興味や関心をもって関わることができる環境条件を整えることが必要であるが，それだけでは十分ではない。幼児が環境に関わることにより，その発達に必要な経験をし，望ましい発達を実現していくようになることが必要である。ただ単に幼児が好き勝手に遊んでいるだけでは，必ずしも発達にとって重要な価値ある体験をするとは限らない。例えば，幼児が楽しんでいるからといって，いたずらに生き物を痛め付けたり，殺したりすることがよい体験だとはいえない。

A

環境を考えるに当たって，遊具や用具，素材など物的環境をどうするかは大切な問題である。しかし，幼児の活動に影響を与えている環境の要素は物だけではない。その場にいる友達や教師，そのときの自然事象や社会事象，空間的条件や時間的条件，さらには，その場の雰囲気なども幼児の主体的活動や体験の質に影響を与えている。

例えば，幼児数人が園庭で探検ごっこをし，小道具を作って「明日続きをしよう」と約束して今日になったとしよう。今日の保育室での製作は，昨日友達とした約束，この後仲間と探検ごっこをするという期待，天気がよくて早く外に行きたいという気持ちの高まり，先に作った友達が待っている状況などの条件の下で行われることになる。

このような様々な事柄が相互に関連して，幼児にとって意味のある一つの状況を形成しており，その状況の下で，主体的な活動が展開するのである。

B

1日の保育が終わった後，教師は幼児の活動の姿を振り返りながら翌日の環境を考える。

C

ア　すなわち，今日から明日への流れを踏まえた上で，幼児の活動が充実し，一人一人が発達に必要な経験を得られるために指導計画を

作成し，ものや空間などの環境を構成し，次の日に幼児を迎える。
イ　すなわち，幼稚園は幼児が発達に必要な経験をすることができるように配慮された環境でなければならないのである。
ウ　すなわち，環境を構成するということは，物的，人的，自然的，社会的など，様々な環境条件を相互に関連させながら，幼児が主体的に活動を行い，発達に必要な経験を積んでいくことができるような状況をつくり出すことなのである。

	A	B	C
1	ア	イ	ウ
2	イ	ア	ウ
3	イ	ウ	ア
4	ウ	ア	イ
5	ウ	イ	ア

【20】次のア～エの各文のうち，幼稚園教育要領解説(平成30年2月　文部科学省)「第3章　教育課程に係る教育時間の終了後等に行う教育活動などの留意事項」に関する記述の内容として正しいもののみをすべてあげているものはどれか。1～5から一つ選べ。

ア　教育課程に係る教育時間の終了後等の教育活動を行うに当たっては，教育課程に係る教育時間中の活動を考慮する必要がある。教育課程に基づく活動を考慮するということは，必ずしも活動を連続させることではない。教育課程に係る教育時間中における幼児の遊びや生活など幼児の過ごし方に配慮して，教育課程に係る教育時間の終了後等の教育活動を考えることを意味するものである。

イ　教育課程に係る教育時間の終了後等に行う教育活動は，幼稚園の行う教育活動であり，その計画を作成する必要がある。その際，幼稚園の教育目標や教育課程との関連を考慮して作成する必要はない。

ウ　教育課程に係る教育時間の終了後等に行う教育活動は幼稚園が行うものであることを踏まえ，教育活動として安全で適切な活動となるよう教育活動の内容を確認したり，緊急時の連絡体制を整える等，責任体制を整えておくことも大切である。

エ　教育課程に係る教育時間の終了後等に行う教育活動の対象となる幼児については，幼稚園で過ごす時間が比較的長時間となるので，家庭における教育が充実するよう家庭への働き掛けを十分に行うことも大切である。

1　ア　ウ
2　イ　ウ
3　イ　エ
4　ア　イ　ウ
5　ア　ウ　エ

【21】次の文章は，小学生用食育教材「たのしい食事つながる食育」(平成28年2月　文部科学省）の食べ物の旬に関する記述の一部である。ア～エの［　］内に示される季節とそれに関する食べ物について，正しいもののみをすべてあげているものはどれか。1～5から一つ選べ。

今は一年中，食べたいものを手に入れることができるようになりました。しかし，食べ物には，それぞれの地域でよくそだち，たくさんとれるきせつがあります。それぞれの食べ物が一番よくとれて，おいしくなった時期を食べ物の「旬」といいます。

ア　［春］　キャベツ　たまねぎ
イ　［夏］　きゅうり　ブロッコリー
ウ　［秋］　さつまいも　そらまめ
エ　［冬］　だいこん　みかん

1　ア　イ
2　イ　ウ
3　ア　エ
4　イ　ウ　エ
5　ア　イ　ウ

【22】次の［A群］に示す音楽用語・記号と［B群］に示す意味の組合せとして，最も適切なものを，1～5から一つ選べ。

［A群］
A　dim.
B　*pp*
C　<（クレシェンド記号）
D　*mf*

［B群］
ア　少し強く
イ　だんだん強く
ウ　少し弱く
エ　だんだん弱く
オ　とても弱く

	A	B	C	D
1	ア	エ	イ	ウ
2	イ	ウ	エ	ア
3	ウ	エ	ア	イ
4	エ	オ	イ	ア
5	オ	ウ	ア	イ

【23】次のア～オの各文は，幼児期運動指針（平成24年3月　文部科学省　幼児期運動指針策定委員会）「4　幼児期の運動の在り方」に関する記述の一部である。正しいもののみをすべてあげているのはどれか。1～5から一つ選べ。

ア　発達の特性に応じた遊びを提供することは，自発的に体を動かして遊ぶ幼児を育成することになり，結果として無理なく基本的な動きを身に付けることになる。

イ　発達の特性に応じた遊びをすることは，その機能を無理なく十分に使うことによってさらに発達が促進され，自然に動きを獲得することができ，けがの予防にもつながるものである。

ウ　同じ年齢であってもその成長の個人差は大きいが，幼児期は発達が著しいので，幼児の年齢における一般的な発達の特性に見合った援助のみをすればよい。

エ　幼児にとって体を動かすことは遊びが中心であるので，散歩や手伝いなどの生活の中での様々な動きを除いてとらえておくことが大切である。

オ　幼児の身体諸機能を十分に動かし活動意欲を満足させることは，幼児の有能感を育むことにもなり，体を使った遊びに意欲的に取り組むことにも結び付く。

1　ア　イ　エ
2　ア　イ　オ
3　ア　ウ
4　イ　エ
5　ウ　オ

【24】次のア～ウの各文は，環境教育指導資料［幼稚園・小学校編］（平成26年10月　国立教育政策研究所教育課程研究センター）「第1章　今求められる環境教育」及び「第2章　幼稚園における環境教育」に関する記述の一部であ

る。正しいもののみをすべてあげているのはどれか。1～5から一つ選べ。

ア　幼稚園は，生活や遊びの中で，子供の興味や関心に基づいた直接的・具体的な体験を通して，自らを取り巻く環境と関わり，人やものとの関わりを深めつつ，豊かな心情，物事に自分から関わろうとする意欲，健全な生活を営むために必要な態度等を養うことを目指している。このような具体的な体験を通して学習を進めることは，幼児教育特有のものであり，小学校教育と異なる。

イ　幼児期の子供の生活のほとんどは興味や関心に基づいた自発的な活動としての遊びから成り立っている。子供は，興味や関心に沿って遊ぶ中で，自らを取り巻く環境に様々に働き掛ける体験を重ねながら，自分が生きている世界を学んでいる。この意味で，子供にとって，自発的活動としての遊びは学習であると言える。

ウ　子供は自然に触れて遊ぶ中で，その大きさ，不思議さや美しさを感じ，心を揺れ動かす。自然との関わりの中で生まれる体験こそが，子供が本来もっている環境に対する感性を磨いていくことにつながる。特に自然は多様であり，子供の発達や興味・関心等に応じて，多様な関わりをもつことができる。幼児期においては，自然の中で諸感覚を働かせることを通して，自然に身を置くことの心地よさを体感させ，自然を感じる心を育てることが大切である。

1　イ
2　ウ
3　ア　イ
4　イ　ウ
5　ア　イ　ウ

解答・解説

【1】2

〈解説〉学校教育法施行規則第59条は「小学校の学年は，4月1日に始まり，翌年3月31日に終わる」，同規則第60条は「授業終始の時刻は，校長が定める」とされている。学校教育法施行規則は文部科学省令であり，法律である学校教育法，政令である学校教育法施行令に基づき文部科学大臣が制定する。

【2】4

〈解説〉イについて幼稚園設置基準第4条は「学級は，学年の初めの日の前日において同じ年齢にある幼児で編制することを原則とする」，オについて学校教育法第22条は「幼稚園は，義務教育及びその後の教育の基礎を培うものとして，幼児を保育し，幼児の健やかな成長のために適当な環境を与えて，その心身の発達を助長することを目的とする」とされている。なおアは教育基本法第11条，ウは幼稚園設置基準第10条第1項，エは学校保健安全法第30条の規定である。

【3】3

〈解説〉幼稚園の教育課程は5領域で構成され，「幼稚園教育要領」にはそれぞれにねらいと内容が示されている。領域「健康」の観点は「健康な心と体を育て，自ら健康で安全な生活をつくり出す力を養う」，領域「人間関係」の観点は「他の人々と親しみ，支え合って生活するために，自立心を育て，人と関わる力を養う」，領域「環境」の観点は「周囲の様々な環境に好奇心や探究心をもって関わり，それらを生活に取り入れていこうとする力を養う」，領域「言葉」の観点は「経験したことや考えたことなどを自分なりの言葉で表現し，相手の話す言葉を聞こうとする意欲や態度を育て，言葉に対する感覚や言葉で表現する力を養う」，領域「表現」の観点は「感じたことや考えたことを自分なりに表現することを通して，豊かな感性や表現する力を養い，創造性を豊かにする」である。これらの観点を押さえておくと，簡単にねらいや内容を選ぶことができるようになる。

【4】4

〈解説〉イは，周囲の様々な環境に好奇心や探究心をもって関わり，それらを生活に取り入れていこうとする力を養う領域「環境」の内容の取扱いである。幼稚園教育要領(2017年3月)では，他の人々と親しみ，支え合って生活するために，自立心を育て，人と関わる力を養う領域「人間関係」において，3つのねらい，13の内容に加え，「教師との信頼関係に支えられて自分自身の生活を確立していくことが人と関わる基盤となることを考慮し，幼児が自ら周囲に働き掛けることにより多様な感情を体験し，試行錯誤しながら諦めずにやり遂げることの達成感や，前向きな見通しをもって自分の力で行うことの充実感を味わうことができるよう，幼児の行動を見守りながら適切な援助を行うようにすること」等の6つの留意事項が示されている。

【5】1

〈解説〉幼稚園教育要領(2017年3月告示)では，ウは他の人々と親しみ，支え合って生活するために，自立心を育て，人と関わる力を養う領域「人間関係」，エとオは感じたことや考えたことを自分なりに表現することを通して，豊かな感性や表現する力を養い，創造性を豊かにする領域「表現」の内容とされている。

【6】3

〈解説〉幼稚園教育要領解説(2018年2月　文部科学省)では，イは「幼児が自分から興味をもって，遊具や用具，素材についてふさわしい関わりができるように，遊具や用具，素材の種類，数量及び配置を考えることが必要である。このような環境の構成への取組により，幼児は積極性をもつようになり，活動の充実感や満足感が得られるようになる。幼児の周りに意味のある体験ができるような対象を配置することにより，幼児の関わりを通して，その対象の潜在的な学びの価値を引き出すことができる。その意味においては，テーブルや整理棚など生活に必要なものや遊具，自然環境，教師間の協力体制など幼稚園全体の教育環境が，幼児にふさわしいものとなっているかどうかも検討されなければならない」，ウは「環境との関わりを深め，幼児の学びを可能にするものが，教師の幼児との関わりである。教師の関わりは，基本的には間接的なものとしつつ，長い目では幼児期に幼児が学ぶべきことを学ぶことができるように援助していくことが重要である。また，幼児の意欲を大事にするには，幼児の遊びを大切にして，やってみたいと思えるようにするとともに，試行錯誤を認め，時間を掛けて取り組めるようにすることも大切である」とされている。

【7】3

〈解説〉幼稚園教育要領解説(2018年2月　文部科学省)では，アは「幼稚園においては，幼児はそれぞれの興味や関心に応じ，直接的・具体的な体験などを通じて幼児なりのやり方で学んでいくものであって，小学校以降の学習と異なり，教師があらかじめ立てた目的に沿って，順序立てて言葉で教えられ学習するのではない」，イは「幼稚園規模，教職員の状況，施設設備の状況などの人的・物的条件の実態は幼稚園によって異なっているため，教育課程の編成に当たっては，このような幼稚園の条件が密接に関連してくる。幼稚園の実態に応じて，効果的な教育活動を実施するためには，これらの条件を客観的に把握した上で，特に，教職員の構成，遊具や用具の整備状況などについて分析し，教育課程の編成に生かすことが必要である」とされている。

【8】2

〈解説〉幼稚園教育要領解説(2018年2月　文部科学省)では，イは「具体的な指導は指導計画によって方向性を明確にもちながらも，幼児の生活に応じて柔軟に行うものであり，指導計画は幼児の生活に応じて常に変えていくものである」，エは「指導計画においては，幼児が主体的に活動できる場や空間，適切な物や友達との出会い，さらに，幼児が十分に活動できる時間やその流れなどを考えることが必要となるが，その際，いつも教師が環境をつくり出すのではなく，幼児もその中にあって必要な状況を生み出すことを踏まえることが大切である」とされている。

【9】5

〈解説〉幼稚園教育要領解説(2018年2月　文部科学省)では，イは「教育課程はそれぞれの幼稚園において，全教職員の協力の下に園長の責任において編成するものである。その際，幼稚園や地域の実態を把握して，特色を生かし，創意のある教育課程を編成しなければならない」とされている。

【10】2

〈解説〉学校におけるアレルギー疾患の対応は，文部科学省監修の下，2008年に作成され，2020年に改訂された「学校のアレルギー疾患に対する取り組みガイドライン」に基づき対応をすることとされている。その中ではアナフィラキシーについて，「アレルギー反応により，じんましんなどの皮膚症状，腹痛や嘔吐などの消化器症状，ゼーゼー，呼吸困難などの呼吸器症状が，複数同時にかつ急激に出現した状態をアナフィラキシーと言います。その中でも，血圧が低下して意識の低下や脱力を来すような場合を，特にアナフィラキシーショックと呼び，直ちに対応しないと生命にかかわる重篤な状態であることを意味します」，「具体的な治療は重症度によって異なりますが，意識の障害などが見られる重症の場合には，まず適切な場所に足を頭より高く上げた体位で寝かせ，嘔吐に備え，顔を横向きにします。そして，意識状態や呼吸，心拍の状態，皮膚色の状態を確認しながら必要に応じ一次救命措置を行い，救急車で医療機関への搬送を急ぎます」とされている。

【11】2

〈解説〉「学校の危機管理マニュアル作成の手引」(2018年2月　文部科学省)は学校や児童生徒等を取り巻く様々な安全上の課題や，「学校事故対応に関する指針」(2016年3月)，「第2次学校安全の推進に関する計画」(2017年3月閣議決定)等を踏まえ，2002年の「学校への不審者侵入時の危機管理マニュアル」，2007年の「学校の危機管理マニュアル～子どもを犯罪から守るために～」を作成するとともに，2012年の「学校防災マニュアル(地震・津波災害)作成の手引き」を大幅に追記して改訂し，作成したものである。その「幼稚園等における留意点」において，引渡し等の理解と協力については「事故等が発生した場合の連絡の仕方・幼児の引渡しの方法については，年度当初に保護者と確認しておく。保護者の勤務場所やきょうだいの有無及び在籍校，緊急時の連絡先を事前に確認し，迎えが遅くなる幼児を把握しておく。バスや自転車通園の場合は，平常時の所要時間を把握しておき，迎えに時間がかかることを想定しておく」，避難誘導については「不審者侵入時は，複数の教職員で対応し幼児誘導の時間を稼ぐ必要があるが，不審者を捕えることよりも，複数の教職員で幼児を素早く避難させることを最優先にする」とされている。

【12】 3

〈解説〉安全教育資料「学校安全資料『生きる力』をはぐくむ学校での安全教育」(2019年3月　文部科学省)は，安全教育，安全管理，組織活動の各内容を網羅して解説した総合的な資料として，2001年11月に作成されたが，学校保健法の改正，学習指導要領の改訂を踏まえて2010年3月に改訂され，2016年度に閣議決定された「第2次学校安全の推進に関する計画」で，国は，安全教育に関する各種参考資料の作成等に当たって，学校安全に関する変化や新たな状況などの現代的課題を踏まえる必要があるとされており，児童生徒等を取り巻く安全に関する状況が変化してきていることや，「学校事故対応に関する指針」(2016年3月)の策定や学習指導要領の改訂等を踏まえ，2019年3月に改訂2版が発行されている。その中の「第1章総説」「第3節　学校安全計画」で選択肢イは，「学校安全計画は，学校保健安全法第27条により，全ての学校で策定・実施が義務付けられているものであり，安全教育の各種計画に盛り込まれる内容と安全管理の内容とを関連させ，統合し，全体的な立場から，年間を見通した安全に関する諸活動の総合的な基本計画である」とされている。

【13】 4

〈解説〉農林水産省のホームページにある「子どもたちのための農業教室」「農産物たんけん隊」「そだててみよう」からの引用出題。それによると，選択肢アは「植えてから100日くらいたって，葉や茎（くき）が黄色く色づいてきたら，収穫です。土をほりおこして，ジャガイモをほりあげます」日かげの風通しのよい場所に広げて十分に表面をかわかしてから貯蔵します」，ウは「苗と苗の間が35cmぐらいになるように，やや深めに植えます。鉢（はち）やプランターに植える場合は，1～2本をななめや，まっすぐに植えます」

とされている。

【14】5

〈解説〉「幼児の思いをつなぐ指導計画の作成と保育の展開」(2021年2月　文部科学省)は，指導計画作成にあたっての基本的な考え方や方法などを解説するもので，2017年3月に告示の幼稚園教育要領において，幼稚園教育において育みたい資質・能力と「幼児期の終わりまでに育ってほしい姿」が新たに示されたことや，カリキュラム・マネジメントの充実，幼児の発達に即した主体的・対話的で深い学びの実現，幼稚園教育と小学校教育との円滑な接続等の観点から改訂が行われたことを踏まえ，記述内容が見直されている。幼稚園教育要領「幼児期の終わりまでに育ってほしい姿」を踏まえ，「見通しをもって」から「健康な心と体」，「一つのめあて」から「協同性」，「達成感」から「自立心」を選択したい。

【15】1

〈解説〉幼稚園教育要領解説(2018年2月　文部科学省)では，エは「幼児が生活を通して発達していく姿を踏まえ，幼稚園教育において育みたい資質・能力を幼児の生活する姿から捉えたものを『ねらい』とし，それを達成するために教師が幼児の発達の実情を踏まえながら指導し，幼児が身に付けていくことが望まれるものを『内容』としたものである」，オは「幼稚園教育における領域は，それぞれが独立した授業として展開される小学校の教科とは異なるので，領域別に教育課程を編成したり，特定の活動と結び付けて指導したりするなどの取扱いをしないようにしなければならない」とされている。

【16】5

〈解説〉幼稚園教育要領解説(2018年2月　文部科学省)では，領域「言葉」について，「教師は，文字について直接指導するのではなく，幼児の，話したい，表現したい，伝えたいという気持ちを受け止めつつ，幼児が日常生活の中で触れてきた文字を使うことで，文字を通して何らかの意味が伝わっていく面白さや楽しさが感じられるように，日頃の保育の中で伝える喜びや楽しさを味わえるようにすることが大切である」と解説している。

【17】5

〈解説〉Aについては「表現」，Bについては「伝えたり」，Cについては「イメージの世界を楽しんで」，Dについては「何かになりきる」を手掛かりに選択したい。なお3歳児については，自我の芽生え始める時期であること，家庭での生活経験などの差による個人差が大きい時期であることなどの発達の特性から，一人一人に応じたきめ細かな指導が一層必要であることを踏まえ，幼稚園教育要領解説（2018年2月　文部科学省）では「特に3歳児は」という記述が多いため，注意して読むようにしたい。

【18】3

〈解説〉幼児理解に基づいた評価(2019年3月　文部科学省)は，幼稚園教育要領において，幼稚園教育において幼児一人一人の特性に応じ，発達の課題に即した指導を重視しなければならないとされ，そのためには，教師が指導の過程を振り返りながら幼児の理解を進め，幼児一人一人のよさや可能性などを把握し，指導の改善に生かすようにすることが求められていることを踏まえ作成された資料で，その際の基本的な考え方や方法などについて解説している。その中で，エは「もう一点は，一年間の指導の過程を振り返って，その個々の幼児の指導に当たって，実際に何を重視してきたかを記入するものです」とされている。

【19】3

〈解説〉幼稚園教育の基本は環境を通して行うことであり，環境は，具体的なねらいを達成するために適切なものとなるように構成し，幼児が自らその環境に関わることにより様々な活動を展開しつつ必要な体験を得られるようにすることが大切である。そのために教師は環境を意図的かつ計画的に構成することが必要である。具体的には状況をつくること，幼児の活動に沿って環境を構成することが必要である。また，やりっぱなしではなく，PDCAサイクルを意識し，1日の保育・指導の過程を振り返りながら幼児の理解を進め，幼児一人一人のよさや可能性などを把握し，指導の改善，環境の再構築に生かすよう努めたい。

【20】5

〈解説〉幼稚園教育要領解説(2018年2月　文部科学省)では，選択肢イは「教育課程に係る教育時間の終了後等に行う教育活動は，幼稚園の行う教育活動であり，その計画を作成する必要がある。その際，幼稚園の教育目標を共有し，教育課程との関連を考慮して作成する必要がある」とされている。

【21】3

〈解説〉小学生用食育教材「たのしい食事つながる食育」(2016年2月　文部科学省)は，児童が毎日元気に過ごすために，食事の重要性や望ましい生活習慣の必要性などについて，各教科・領域や給食の時間の中で学習することを目的に作成されたものである。その中では，それぞれの食べ物が一番よくとれて，おいしくなった時期について，ブロッコリーは冬，そらまめは春とされている。

【22】3

〈解説〉音の強さを表す記号に関する問題である。強弱記号は，弱い音から*pp*（とても弱く），*p*，*mp*，*mf*（やや強く），*f*，*ff*がある。「*m*」は意味を持つ。強弱を変化させる記号としては，選択肢の2つに加え，選択肢Cのデクレッシェンド記号を理解しておけば十分である。

【23】2

〈解説〉「幼児期運動指針」(2012年3月　文部科学省)は文部科学省が2007年度から2009年度に「体力向上の基礎を培うための幼児期における実践活動の在り方に関する調査研究」において，幼児期に獲得しておくことが望ましい基本的な動き，生活習慣及び運動習慣を身に付けるための効果的な取組などについての実践研究を行い，その成果を踏まえ，「幼児期運動指針策定委員会」を設置し，幼児期における運動の在り方についての指針の策定作業を行い，取りまとめたもの。その中では，ウは「幼児期は発達が著しいが，同じ年齢であってもその成長は個人差が大きいので，一人一人の発達に応じた援助をすること」，エは「幼児にとって体を動かすことは遊びが中心となるが，散歩や手伝いなど生活の中での様々な動きを含めてとらえておくことが大切である」とされている。

【24】4

〈解説〉環境教育資料［幼稚園・小学校編］(2014年10月　国立教育政策研究所)は，「環境の保全のための意欲の増進及び環境教育の推進に関する法律の一部を改正する法律」の公布・施行や，国連「持続可能な開発のための教育(ESD)の10年」の動き，学習指導要領改訂による環境教育に関する学習内容についての一層の充実など，様々な施策及び取組を受け，学校教育において環境教育の取組の一層の充実が図られるよう作成したものであり，指導のポイントや留意点などを実践事例とともに具体的に紹介されている。その中でアは「幼稚園は，生活や遊びの中で，子供の興味や関心に基づいた直接的・具体的な体験を通して，自らを取り巻く環境と関わり，人やものとの関わりを深めつつ，豊かな心情，物事に自分から関わろうとする意欲，健全な生活を営むために必要な態度等を養うことを目指している。このような具体的な体験を通して学習を進めることは，小学校においても共通であり，特に低学年では大切にされる必要がある」とされている。

令和３年度

【1】次のア～エの各文は，幼稚園教育要領(平成29年3月告示)「第1章　総則」に関する記述の一部である。正しいものを○，誤っているものを×とした場合，正しい組合せはどれか。1～5から一つ選べ。

ア　第1　幼稚園教育の基本

幼児期の教育は，生涯にわたる人格形成の基礎を培う重要なものであり，幼稚園教育は，教育基本法に規定する目的及び目標を達成するため，幼児期の特性を踏まえ，環境を通して行うものであることを基本とする。

イ　第2　幼稚園教育において育みたい資質・能力及び「幼児期の終わりまでに育ってほしい姿」

1　幼稚園においては，生きる力を育むため，この章の第1に示す幼稚園教育の基本を踏まえ，次に掲げる資質・能力を一体的に育むよう努めるものとする。

ウ　第3　教育課程の役割と編成等

5　小学校教育との接続に当たっての留意事項

(2)　幼稚園教育において育まれた資質・能力を踏まえ，小学校教育が円滑に行われるよう，小学校の教師との意見交換や合同の研究の機会などを設け，「幼児期の終わりまでに育ってほしい姿」を共有するなど連携を図り，幼稚園教育と小学校教育との円滑な接続を図るよう努めるものとする。

エ　第4　指導計画の作成と幼児理解に基づいた評価

3　指導計画の作成上の留意事項

指導計画の作成に当たっては，次の事項に留意するものとする。

(3)　言語に関する能力の発達と思考力等の発達が関連していることを踏まえ，幼稚園生活全体を通して，幼児の発達を踏まえた言語環境を整え，言語活動の充実を図ること。

	ア	イ	ウ	エ
1	×	×	○	○
2	○	×	×	×
3	×	○	○	○
4	○	○	○	×
5	○	×	×	○

【2】次のア～エの各文は，幼稚園教育要領（平成29年3月告示）「第2章　ねらい及び内容　言葉3　内容の取扱い」に関する記述の一部である。正しいもののみをすべてあげているものはどれか。1～5から一つ選べ。

ア　言葉は，身近な人に親しみをもって接し，自分の感情や意志などを伝え，それに相手が応答し，その言葉を聞くことを通して次第に獲得されていくものであることを考慮して，幼児が教師や他の幼児と関わることにより心を動かされるような体験をし，言葉を交わす喜びを味わえるようにすること。

イ　感動体験が幼児の中にイメージとして蓄えられ，表現されるためには，日常生活の中で教師や友達と感動を共有し，伝え合うことを十分に行えるようにすること。

ウ　幼児が自分の思いを言葉で伝えるとともに，教師や他の幼児などの話を興味をもって注意して聞くことを通して次第に話を理解するようになっていき，言葉による伝え合いができるようにすること。

エ　幼児が日常生活の中で，文字などを使いながら思ったことや考えたことを伝える喜びや楽しさを味わい，文字に対する興味や関心をもつようにすること。

1　ア　エ
2　イ　ウ
3　イ　エ
4　ア　イ　ウ
5　ア　ウ　エ

【3】次のア～エの各文は，教育基本法（平成18年12月施行）「第二章　教育の実施に関する基本」に関する記述の一部である。正しいものを○，誤っているものを×とした場合，正しい組合せはどれか。1～5から一つ選べ。

ア　法律に定める学校は，公の性質を有するものであって，国，地方公共団体及び法律に定める法人等が，これを設置することができる。

イ　法律に定める学校の教員は，自己の崇高な使命を深く自覚し，絶えず研究と修養に励み，その職責の遂行に努めなければならない。

ウ　学校，家庭及び地域住民その他の関係者は，教育におけるそれぞれの役割と責任を自覚するとともに，相互の連携及び協力に努めるものとする。

エ　法律に定める学校は，特定の宗教のための宗教教育その他宗教的活動をしてはならない。

	ア	イ	ウ	エ
1	×	○	○	×
2	○	×	×	○
3	○	×	○	○
4	×	×	○	○
5	×	○	×	×

【4】次のア～カのうち，幼稚園教育要領（平成29年3月告示）「第2章　ねらい及び内容　健康　2 内容」に関する記述として，正しいもののみをすべてあげているものはどれか。1～5から一つ選べ。

ア　先生や友達と触れ合い，安定感をもって行動する。

イ　自分でできることは自分でする。

ウ　いろいろな遊びを楽しみながら物事をやり遂げようとする気持ちをもつ。

エ　身の回りを清潔にし，衣服の着脱，食事，排泄（せつ）などの生活に必要な活動を自分でする。

オ　様々な活動に親しみ，楽しんで取り組む。

カ　よいことや悪いことがあることに気付き，考えながら行動する。

1　イ　オ
2　エ　オ
3　ア　ウ　カ
4　ア　エ　オ
5　イ　ウ　カ

【5】次の文章は，幼稚園教育要領解説（平成30年2月　文部科学省）「第2章第2節　1　心身の健康に関する領域『健康』［内容の取扱い］」に関する記述の一部である。空欄A～Cにあてはまるものをあとのア～ウから選んだ場合，正しい組合せはどれか。1～5から一つ選べ。

幼児は一般に意欲的に活動する存在であり，魅力的な環境に出会えば，生き生きとそれに関わる。室内の活動に偏り，戸外に関心を示さない傾向があるとすれば，戸外の環境の見直しをしなければならない。自然に触れ，その自然を感じながら伸び伸びと体を動かすことにより，体の諸機能の発達が促されることに留意し，幼児の興味や関心が戸外にも向くように，次の点から幼児の動線に配慮するようにすることが大切である。

第一に，幼児の遊びのイメージ，興味や関心の広がりに応じて行動範囲が広がることを考慮することである。

A

第二に，園庭全体の空間や遊具の配置を幼児の自然な活動の流れに合わせるということである。

B

第三に，園庭は年齢の異なる幼児など多くの幼児が同じ場所で活動したり，交流したりする場であり，それぞれの幼児が安定して自分たちの活動を展開できるように園庭の使い方や遊具の配置の仕方を必要に応じて見直すことである。

C

ア　戸外の活動に必要な環境としては，イメージを実現する面白さを味わおうとする幼児には遊びの拠点となるような空間や遊具が，友達とルールのある運動的な遊びを展開しようとする幼児には比較的広い空間が，木の葉や虫に触れて遊ぼうとする幼児にはその季節に応じた自然環境が必要である。教師は，幼児が実現したいと思っていることを理解し，空間の在り方やそれに応じた遊具の配置を考えなければならない。

イ　例えば，ルールのある活動に取り組む活発な5歳児の動線が，3歳児の砂場の水くみの動線と交差するような場合には危険を伴うので，幼稚園全体で園庭の使い方について話し合い，見直す必要があるだろう。室内環境に比して，戸外の環境は年間を通して同じ遊具が配置され，空間が固定的になっている傾向がある。幼児の興味や関心に即したものになるように配慮しなければならない。

ウ　例えば，室内でままごとをしている幼児がイメージの広がりとともに,「ピクニックに行こう」と戸外に出ていくことがある。この場合，戸外にもままごとのイメージを実現できるような空間や遊具が必要になろう。また，逆に，戸外での刺激を室内の活動に反映させることもある。室内と戸外が分断された活動の場としてではなく，幼児の中でつながる可能性があることに留意する必要がある。

	A	B	C
1	ア	イ	ウ
2	ア	ウ	イ
3	イ	ウ	ア
4	ウ	ア	イ
5	ウ	イ	ア

【6】次の文章は，日本学校保健会「学校のアレルギー疾患に対する取り組みガイドライン（令和元年度改訂）」に示されているアドレナリン自己注射薬（「エピペン®」）に関する記述の一部である。下線部(ア)～(ウ)の記述について正しいものを○，誤っているものを×とした場合，正しい組合せはどれか。1～5から一つ選べ。

アドレナリンはもともと人の副腎から分泌されるホルモンで，主に心臓の働きを強めたり，末梢の血管を収縮させたりして(ア)血圧を上げる作用があります。「エピペン®」はこのアドレナリンを注射の形で投与できるようにしたものです。

投与のタイミングとしては，アナフィラキシーショック症状が進行する前の初期症状（呼吸困難などの呼吸器の症状が出現したとき）のうちに注射するのが効果的であるとされています。(イ)アナフィラキシーの進行は一般的に緩やかですが，「エピペン®」が手元にありながら症状によっては児童生徒等が自己注射できない場合も考えられます。

アナフィラキシーの救命の現場に居合わせた教職員が，「エピペン®」を自ら注射できない状況にある児童生徒等に代わって注射することは，(ウ)緊急やむを得ない措置として行われるものであり，医師法違反にならないと考えられます。また，医師法以外の刑事・民事の責任についても，人命救助の観点からやむを得ず行った行為であると認められる場合には，関係法令の規定によりその責任が問われないと考えられます。

	ア	イ	ウ
1	○	○	×
2	○	×	○
3	×	○	×
4	×	×	○
5	○	○	○

【7】次のア～エの各文のうち，幼稚園教育要領解説（平成30年2月　文部科学省）「第1章　第5節　特別な配慮を必要とする幼児への指導」に関する記述として正しいもののみをすべてあげているものはどれか。1～5から一つ選べ。

ア　個別の教育支援計画の活用に当たっては，例えば，適切な支援の目的や教育的支援の内容を設定したり，就学先である小学校に在園中の支援の目的や教育的支援の内容を伝えたりするなど，切れ目ない支援に生かすことが大切である。その際，個別の教育支援計画には，多くの関係者が関与することから，保護者の同意を事前に得るなど個人情報の適切な取扱いと保護に十分留意することが必要である。

イ　園長は，特別支援教育実施の責任者として，特別支援学校等から特別支援教育コーディネーターを招き，園全体の特別支援教育の体制を充実させ，効果的な園運営に努める必要がある。その際，各幼稚園において，幼児の障害の状態等に応じた指導を充実させるためには，特別支援学校等に対し専門的な助言又は援助を要請するなどして，計画的，組織的に取り組むことが重要である。

ウ　特別支援教育において大切な視点は，一人一人の障害の状態等により，生活上などの困難が異なることに十分留意し，個々の幼児の障害の状態等に応じた指導内容や指導方法の工夫を検討し，適切な指導を行うことであると言える。

エ　個別の指導計画は，個々の幼児の実態に応じて適切な指導を行うために学校で作成されるものである。個別の指導計画は，教育課程を具体化し，障害のある幼児など一人一人の指導目標，指導内容及び指導方法を明確にして，きめ細やかに指導するために作成するものである。

1　ア　エ

2　イ　ウ

3　イ　エ
4　ア　イ　ウ
5　ア　ウ　エ

【8】次のア～エの各文のうち，幼稚園教育要領解説（平成30年2月　文部科学省）「第2章　第3節　環境の構成と保育の展開」に関する記述の一部として，正しいものを○，誤っているものを×とした場合，正しい組合せはどれか。1～5から一つ選べ。

ア　発達の時期に即した環境を構成するためには，幼児の長期的な生活の視点に立つことが必要である。幼児が生活する姿は，発達のそれぞれの時期によって特徴のある様相が見られる。

イ　環境を考えるに当たって，遊具や用具，素材など物的環境をどうするかは大切な問題である。しかし，幼児の活動に影響を与えている環境の要素は物だけではない。その場にいる友達や教師，そのときの自然事象や社会事象，空間的条件や時間的条件，さらには，その場の雰囲気なども幼児の主体的活動や体験の質に影響を与えている。

ウ　幼児の活動は，教師の適切な援助の下で，幼児が環境と関わることを通して生み出され，展開されるものである。教師は幼児が環境に関わって展開する具体的な活動を通して発達に必要な経験が得られるよう，援助することが重要である。

エ　教師は幼児の活動の流れに即して，教師が実現させたいことに基づいて，教師の思いやイメージを生かしながら教師が環境を全て準備することが大切である。このようにして，幼児自身が自ら学び，自ら考える力の基礎を育むことができ，主体性を育てることができるのである。

	ア	イ	ウ	エ
1	○	○	○	×
2	×	○	×	○
3	○	×	○	×
4	×	×	○	○
5	○	×	×	○

【9】あとのア～オの各文は，幼児の思いをつなぐ指導計画の作成と保育の展開（令和3年2月　文部科学省）「第1章　指導計画作成に当たっての基本的

な考え方」に関する記述の一部である。正しいもののみをすべてあげているものはどれか。1～5から選べ。

ア　指導計画は，あくまでも計画であり仮説であるため，実際に展開される生活や一人一人の幼児の実態に応じて指導の過程が適切であったのかどうか評価し，改善していかなくてはなりません。

イ　評価をする際には，幼児の発達する姿を必ず年齢ごとの平均的な発達像と比較してその差異から捉えることと，それに照らして教師の指導が適切であったのかを振り返ることの幼児と教師の指導の両面から行うことが大切です。

ウ　幼児の活動と教師の意図とのすれ違いが生じることが問題ではなく，そのすれ違いからよりよい指導をつくり出すことが重要であり，それが教師に求められていることなのです。そのためには，教師自身が幼児との関わりを振り返りながら指導の過程を見直し，それらを次の指導計画の作成に生かしていくことが必要です。

エ　日々の保育の記録を工夫しそれを累積していくことや，教師間で幼児理解や指導について話し合い，一人一人の幼児を多面的に捉える機会を設けることなど，園全体で計画的かつ組織的に取り組んでいくことが重要です。

オ　「幼児期の終わりまでに育ってほしい姿」は明らかな姿として特に5歳児前半に見られるようになる姿です。そのため，幼児の行動を「記録」し，幼児の生活する姿を捉えるという全体的・総合的な視点に加え，「幼児期の終わりまでに育ってほしい姿」も踏まえて，発達の諸側面から分析的に捉えることで，発達の姿や課題が明確になり，次の指導計画の改善につながっていきます。

1　イ　ウ
2　イ　オ
3　ア　イ　オ
4　ア　ウ　エ
5　ウ　エ　オ

【10】あとのア～ウの各文は，環境教育指導資料［幼稚園・小学校編］(平成26年10月　国立教育政策研究所教育課程研究センター)「第2章　幼稚園における環境教育」に関する記述の一部である。正しいもののみをすべてあげて

いるものはどれか。1～5から一つ選べ。

ア　幼児期の子供にとって，身近な環境と関わる体験は，幼児期にふさわしい発達を紡ぎ出す土壌であり，この意味で，環境がいかにあるかは重要である。すなわち，子供は，直接的・具体的な体験から，環境について多くのことを学び，生きるために必要なことを獲得していく。この意味で，まさに，生活の場が，環境を学ぶ場であり，学習の場である。

もちろん，幼児期の子供は，環境について言葉で理解したり表現したりすることはうまくできないし，そのことをうまくさせようとして一方的に働き掛けても，あまり意味がない。

イ　幼児期の子供は，常に自分を取り巻く環境に興味をもち，それらに親しみをもって関わり，働き掛けていく。面白そうなものを見付けると，じっと見入ったり，触れたり，試したり確かめたりして，「それは，何か」あるいは「それは，なぜなのか」などについて，子供なりに探り，理解しようとする。それは，あくまでも子供なりの論理であり理解であるので，正しい知識が効率よく身に付くように活動を展開させ，指導することが大切である。

ウ　幼児期の子供の生活は，家庭を基盤として，地域社会を通じて次第に広がりをもつものである。家庭や地域での生活経験が，幼稚園において教師や友達と一緒に生活する中で更に豊かになったり，幼稚園生活で培われたものが家庭や地域社会での生活に生かされたりする循環の過程で，体験は豊かになっていく。このため，幼児期からの環境教育を進める際には，保護者の理解と協力は欠かせない。また，保育参観や園便り等を通して，幼稚園での取組の様子を知らせ，幼児期からの環境教育の趣旨を発信することも必要である。

1　ア
2　イ
3　ア　ウ
4　イ　ウ
5　ア　イ　ウ

【11】あとの文章は，幼児の思いをつなぐ指導計画の作成と保育の展開(令和3年2月　文部科学省)5歳児6月の事例「皆で生活グループの名前を考えよう」の一部である。幼稚園教育要領(平成29年3月告示)領域「人間関係」，「言葉」

のそれぞれの面からこの事例のねらいにふさわしいものをあとのア～オから選択したとき，最も適するものの組合せはどれか。1～5から一つ選べ。

生活グループでは，いつも一緒に遊ぶ気の合う友達ばかりではなく，様々な友達と関わる機会をもつことができるように，また，友達のよさを発見したり，友達と協力して何かを成し遂げたりする経験ができるようにすることを目的としています。新しいグループになって初めての活動が，「皆で生活グループの名前を考えよう」という活動でした。

6月14日（木）

1週間後に動物公園への遠足を予定している。そのこともあり，生活グループを新しくした際に「動物の名前をつけたい」という声が上がり，グループ名を決めることになる。

H児・N児・T児・R児・S児

N児・R児 「ハリネズミにしない？」「かわいいよ」

S児 「うーん，私はウサギがいいけど，でもハリネズミもかわいいからいいよ」

T児 「ぼくもハリネズミでいい」

S児 「でも，ハリネズミは針をだすから痛いよ。痛いからいやかな」

S児 「先生，ハリネズミは針を出す？」

教師 「どうかな？敵には出すかもしれないけど，慣れると針は出さないと思うよ」

S児 「じゃあハリネズミがいい」

H児 「ぼくはクジャクがいい。ハリネズミはなんだかしっくりこない」と何度もつぶやく。

R児 「ねえ，多い方にしない？」

ハリネズミがいい人は4人，クジャクがいい人は1人。

H児 「いやあ，しっくりこない」

教師 「それぞれにいいところを言ってみたら？」

H児 「クジャクは豪華だよ」

S児・N児・R児 「ハリネズミはかわいいじゃない」

話合いの時間が終わっても結局決まらない。

教師 「どんぐり文庫（図書室）でハリネズミとかクジャクとか調べられないかな？」

N児・R児，図鑑を借りてくる。H児も鳥の本を借りて，皆で本を見合う。
H児 「ほら，こんなに豪華だよ」
他の4人 「でもハリネズミがかわいい」
この日，このグループの名前は決まらなかった。 (中略)

6月20日（水）
決まらない毎日が続く。
H児は，すぐに決まったグループのJ児に聞く。
H児 「どうやってぞうグループってすぐに決まったの？」
J児 「ぞうってかっこいいし，皆『いいねえ』ってなったよ」
H児 「へえ」 (中略)

6月21日（木)。とうとう遠足当日になり，グループ名が決まらないまま遠足に行く。H児はカピバラが気に入り，「カピバラがいい」と言い出す。T児も同意。しかし結局決まらない。

7月4日（水）
教師は「名前はもうなくてもいいのかな」とつぶやき，この5人にゆさぶりをかける。
すると，誕生会のおやつ後，幼児たちで話合いを始める。
H児・T児 「カピバラがいい」
N児・S児・R児 「ハリネズミ」
R児 「多い方ってことは？」
H児 「えー，それはー」
教師 「じゃあどうする？」
H児 「にらめっこは？」
R児 「にらめっこは決まらないよ。誰も笑わないよ」
H児 「前やったとき，おじいちゃんとか，げらげら笑ったよ」
そしてにらめっこ。ずっとやっても誰も笑わない。
S児 「顔痛いよ」 決まらない。
教師 「ジャンケンは？」
皆 「んー」
教師 「このまま名前なし？」

皆　「それはいやだ」
教師「ハリネズミカピバラは？これなら2つ入っている」
皆　「それいいかも」「いいね」　　　　　　　　　(後略)

ア　生活の中でイメージを豊かにし，様々な表現を楽しむ。

イ　明るく伸び伸びと行動し，充実感を味わう。

ウ　人の言葉や話などをよく聞き，自分の経験したことや考えたことを話し，伝え合う喜びを味わう。

エ　感じたことや考えたことを自分なりに表現して楽しむ。

オ　身近な人と親しみ，関わりを深め，工夫したり，協力したりして一緒に活動する楽しさを味わい，愛情や信頼感をもつ。

	「人間関係」	「言葉」
1	イ	ア
2	ウ	エ
3	ウ	オ
4	オ	ウ
5	オ	エ

【12】次のア～エは，幼稚園教育要領解説（平成30年2月　文部科学省）「第2章　ねらい及び内容第2節　各領域に示す事項」に関する記述の一部である。示されている領域とその内容の一部の組合せとして，正しいものを○，誤っているものを×とした場合，正しいものの組合せはどれか。1～5から一つ選べ。

ア　人との関わりに関する領域「人間関係」

幼児は，人に対する優しさや愛情を人間関係の中で学んでいくので，幼児の中に家族を大切にする心を育んでいくためには，幼児自身が家族から愛されているということを実感することも大切である。このようなことについて，親や祖父母などの家族にも理解してもらうよう働き掛けることが必要である。

イ　身近な環境との関わりに関する領域「環境」

交通安全の習慣を身に付けさせるために，教師は日常の生活を通して，交通上のきまりに関心をもたせるとともに，家庭と連携を図りながら適切な指導を具体的な体験を通して繰り返し行うことが必要である。

ウ　人との関わりに関する領域「人間関係」

身近な地域社会の文化や伝統に触れる際には，異なる文化にも触れるようにすることで，より豊かな体験にしていくことも考えられる。さらに，幼稚園生活で親しんだ伝統的な遊びを家族や地域の人々と一緒に楽しむことなどにより幼児が豊かな体験をすることも大切である。

エ　心身の健康に関する領域「健康」

片付けなどの基本的な生活行動は，まず家庭の中で獲得されるものであり，幼児一人一人の家庭での生活経験を捉えて指導を考えるなど家庭との連携を図ることが大切である。

	ア	イ	ウ	エ
1	×	○	×	○
2	○	×	×	○
3	×	○	○	×
4	○	×	○	×
5	×	×	×	○

【13】次の(1)～(4)は，幼稚園教育要領(平成29年3月告示)「第1章　総則　第2　幼稚園教育において育みたい資質・能力及び『幼児期の終わりまでに育ってほしい姿』」に関する記述の一部である。空欄A～Cにあてはまるものをあとのア～ウから選んだ場合，正しい組合せはどれか。1～5から一つ選べ。

(1)　健康な心と体

幼稚園生活の中で，充実感をもって自分のやりたいことに向かって心と体を十分に働かせ，見通しをもって行動し，自ら健康で安全な生活をつくり出すようになる。

(2)　自立心

A

(3)　協同性

B

(4)　道徳性・規範意識の芽生え

C

ア　友達と様々な体験を重ねる中で，してよいことや悪いことが分かり，自分の行動を振り返ったり，友達の気持ちに共感したりし，相手の立場に立って行動するようになる。また，きまりを守る必要性が分かり，自分の気持ちを調整し，友達と折り合いを付けながら，きまりをつくったり，守ったりするようになる。

イ　友達と関わる中で，互いの思いや考えなどを共有し，共通の目的の実現に向けて，考えたり，工夫したり，協力したりし，充実感をもってやり遂げるようになる。

ウ　身近な環境に主体的に関わり様々な活動を楽しむ中で，しなければならないことを自覚し，自分の力で行うために考えたり，工夫したりしながら，諦めずにやり遂げることで達成感を味わい，自信をもって行動するようになる。

	A	B	C
1	ア	イ	ウ
2	ア	ウ	イ
3	イ	ウ	ア
4	ウ	ア	イ
5	ウ	イ	ア

【14】次の文章は，学校安全資料「生きる力」をはぐくむ学校での安全教育（平成31年3月文部科学省）「第2章　学校における安全教育」の記述の一部である。下線部（ア）～（エ）の記述について，正しいものを○，誤っているものを×とした場合，正しい組合せはどれか。1～5から一つ選べ。

2　教育課程における安全教育

(1)　幼稚園

幼稚園教育要領（平成29年文部科学省告示第62号）の領域「健康」では，「健康な心と体を育て，自ら健康で安全な生活をつくり出す力を養う。」とし，「(ア)健康，安全な生活に必要な習慣や態度を身に付ける。」ことがねらいとして示されている。その内容としては，「(イ)危険な場所，危険な遊び方，災害時などの行動の仕方が分かり，安全に気を付けて行動する。」こと，内容の取扱いにおいては「(ウ)安全に関する指導に当たっては，厳しい指示や注意を行う必要はなく，遊びを通して安全についての構えを身に付け，危険な場所や事物などが分かり，安全についての理解を深めるようにすること。

また，交通安全の習慣を身に付けるようにするとともに，避難訓練などを通して，災害などの緊急時に適切な行動がとれるようにすること。」が挙げられている。

また，総則において，「幼稚園生活が幼児にとって安全なものとなるよう，教職員による協力体制の下，幼児の主体的な活動を大切にしつつ，園庭や園舎などの環境の配慮や指導の工夫を行うこと」としている。

このように，幼稚園における安全教育では，(エ) 幼稚園生活全体を通して安全な生活習慣や態度の育成に重点が置かれ，教師や保護者の支援を受けながら，自らが安全な生活を送ることができるようにすることを目指している。

	ア	イ	ウ	エ
1	○	○	×	○
2	×	×	○	○
3	○	×	○	×
4	○	×	×	×
5	×	○	×	○

【15】次のア～エの各文のうち，幼児期運動指針（平成24年3月　文部科学省幼児期運動指針策定委員会）「2　幼児期における運動の意義」に関する記述として正しいもののみをすべてあげているものはどれか。1～5から一つ選べ。

ア　幼児期は，神経機能の発達が著しいものの，タイミングよく動いたり，力の加減をコントロールしたりするなどの運動を調整する能力が顕著に向上するとはいえない。そのため，周りの状況の的確な判断や予測に基づいて行動する能力を身に付けることで，けがや事故を防止することにもつながる。

イ　幼児期に適切な運動をすると，丈夫でバランスのとれた体を育みやすくなる。特に運動習慣を身に付けると，身体の諸機能における発達が促されることにより，生涯にわたる健康的で活動的な生活習慣の形成にも役立つ可能性が高く，肥満や痩身を防ぐ効果もあり，幼児期だけでなく，成人後も生活習慣病になる危険性は低くなると考えられる。

ウ　幼児にとって体を動かす遊びなど，思い切り伸び伸びと動くことは，健やかな心の育ちも促す効果がある。また，遊びから得られる成功体験によって育まれる意欲や有能感は，体を活発に動かす機会を増大させるとともに，何事にも意欲的に取り組む態度を養う。

エ　運動を行うときは状況判断から運動の実行まで，脳の多くの領域を使用する。すばやい方向転換などの敏捷な身のこなしや状況判断・予測などの思考判断を要する全身運動は，脳の運動制御機能や知的機能の発達促進に有効であると考えられる。

1　ア　イ
2　ア　エ
3　イ　ウ
4　ア　ウ　エ
5　イ　ウ　エ

【16】次の文章は，幼稚園教育要領（平成29年3月告示）「第2章　ねらい及び内容　表現　3　内容の取扱い」に関する記述の一部である。下線部（ア）～（ウ）の記述について，正しいものを○，誤ったものを×とした場合，正しい組合せはどれか。1～5から一つ選べ。

幼児の自己表現は(ア)素朴な形で行われることが多いので，教師はそのような表現を(イ)受容し，幼児自身の表現しようとする意欲を受け止めて，幼児が生活の中で幼児らしい様々な表現を楽しむことができるようにすること。

生活経験や発達に応じ，自ら様々な表現を楽しみ，表現する意欲を十分に発揮させることができるように，遊具や用具などを整えたり，様々な素材や表現の仕方に親しんだり，(ウ)他の幼児の表現に触れられるよう配慮したりし，表現する過程を大切にして自己表現を楽しめるように工夫すること。

	ア	イ	ウ
1	×	○	○
2	○	×	×
3	○	○	×
4	○	○	○
5	×	×	×

【17】次のア～エの各文のうち,「外国人幼児等の受入れにおける配慮について」(文部科学省) に関する内容として, 正しいものを○, 誤っているものを×とした場合, 正しい組合せはどれか。1～5から一つ選べ。

ア　多くのことを一度に説明したり確認したりするのではなく, 状況に応じて徐々に確認していくことも大切です。また, 確認したつもりでも相手に伝わっていなかったり, 滞在年数等の状況が変わったりすることもありますので, 折に触れてコミュニケーションを図り, 幼稚園と保護者が徐々に相互理解を深めていくようにします。

イ　生活習慣や宗教に関わる行動などについて必ずしも日本の習慣に合わせさせるのではなく, 外国人幼児等の考え方や文化を受け止め, 学級の他の幼児にも文化の違いとして受け止められるような指導が求められます。

ウ　外国人幼児等の受入れは, 外国人幼児等にとっても日本人幼児にとっても, 異なる習慣や行動様式をもった他の幼児と関わり, それを認め合う貴重な経験につながることを踏まえ, 日本人幼児, 外国人幼児等を問わず, 日々の遊びや生活の中で様々な幼児と関わり合いながら自己を発揮できるように支援をしていくことが大切です。

エ　外国人幼児等が来日した理由や滞在期間等も踏まえつつ, 外国人幼児等をありのままに受け入れ,「日本社会への同化を強要するのではなく, 外国人幼児等の気持ちを受け止め, 文化的な違いを理解する姿勢を示した上で, どうしてほしいのか・どうしたらいいのかを外国人幼児等やその保護者とともに考える」,「外国人幼児等だけでなく多様な幼児一人一人が幼稚園での生活を十分に楽しむようにする」という基本姿勢を担任教師のみがもてるようにすることが大切です。

	ア	イ	ウ	エ
1	○	×	×	×
2	○	×	○	×
3	○	○	○	×
4	×	○	×	○
5	×	×	×	○

【18】次の[A群]に示す音楽用語と, [B群]に示す用語の意味の組合せとして, 最も適切なものを, 1～5から一つ選べ。

[A群]　A　a tempo　　B　moderato　　C　allegro

［B群］ ア 速く　　　　イ もとの速さで
　　　 ウ 今までより速く　エ 中ぐらいの速さで

	A	B	C
1	ア	イ	ウ
2	イ	ウ	エ
3	イ	エ	ア
4	ウ	イ	エ
5	ウ	エ	ア

【19】次のア～エのうち,〔　　　〕内に示されている法規名と，条文または条文の一部の組合せとして,正しいもののみをすべてあげているものはどれか。1～5から一つ選べ。

ア 〔教育基本法〕

幼稚園の教育課程その他の保育内容については，この章に定めるもののほか，教育課程その他の保育内容の基準として文部科学大臣が別に公示する幼稚園教育要領によるものとする。

イ 〔学校保健安全法〕

学校においては，児童生徒等の安全の確保を図るため，当該学校の施設及び設備の安全点検，児童生徒等に対する通学を含めた学校生活その他の日常生活における安全に関する指導，職員の研修その他学校における安全に関する事項について計画を策定し，これを実施しなければならない。

ウ 〔学校教育法〕

幼稚園，小学校，中学校，義務教育学校，高等学校及び中等教育学校においては，次項各号のいずれかに該当する幼児，児童及び生徒その他教育上特別の支援を必要とする幼児，児童及び生徒に対し，文部科学大臣の定めるところにより，障害による学習上又は生活上の困難を克服するための教育を行うものとする。

エ 〔教育基本法〕

この法律で，学校とは，幼稚園，小学校，中学校，義務教育学校，高等学校，中等教育学校，特別支援学校，大学及び高等専門学校とする。

1 ア エ
2 イ ウ
3 ア イ ウ

4 ア ウ エ
5 イ ウ エ

【20】次のア～エの各文は，幼稚園教育要領（平成29年3月告示）「第2章　ねらい及び内容　人間関係　2　内容」に関する記述の一部である。正しいものを○，誤っているものを×とした場合，正しい組合せはどれか。1～5から一つ選べ。

ア　自分の思ったことを相手に伝え，相手の思っていることに気付く。
イ　親しみをもって日常の挨拶をする。
ウ　先生や友達の言葉や話に興味や関心をもち，親しみをもって聞いたり，話したりする。
エ　高齢者をはじめ地域の人々などの自分の生活に関係の深いいろいろな人に親しみをもつ。

	ア	イ	ウ	エ
1	○	○	○	○
2	×	×	○	○
3	○	×	×	○
4	×	○	○	×
5	○	○	×	×

【21】次の（1）～（3）の各文は，幼稚園教育要領（平成29年3月告示）「第2章　ねらい及び内容　環境　1　ねらい」に関する記述の一部である。空欄（A）～（C）にあてはまる語句をあとの語群から選ぶとき，正しい組合せはどれか。1～5から一つ選べ。

（1）　身近な環境に親しみ，（　A　）と触れ合う中で様々な事象に興味や関心をもつ。
（2）　身近な環境に自分から関わり，（　B　）を楽しんだり，考えたりし，それを生活に取り入れようとする。
（3）　身近な事象を見たり，考えたり，扱ったりする中で，物の性質や数量，文字などに対する（　C　）を豊かにする。

語群
ア　友達　　イ　心情　　ウ　探求　　エ　発見　　オ　自然
カ　感性　　キ　感覚　　ク　事象　　ケ　動物

	A	B	C
1	ア	エ	カ
2	ア	ク	カ
3	オ	ウ	イ
4	オ	エ	キ
5	ケ	ク	キ

【22】次のア～エのうち，幼稚園教育要領解説（平成30年2月　文部科学省）「第3章　教育課程に係る教育時間の終了後等に行う教育活動などの留意事項」に関する記述として，正しいものを○，誤っているものを×とした場合，正しい組合せはどれか。1～5から一つ選べ。

ア　この活動に当たって，まず配慮しなければならないのは，幼児の活動への思いと，遊びを豊かにするための様々な遊具や用具が多く確保されるような環境である。

イ　教育課程に係る教育時間の終了後等に行う教育活動は幼稚園が行うものであることを踏まえ，教育活動として安全で適切な活動となるよう教育活動の内容を確認したり，緊急時の連絡体制を整える等，責任体制を整えておくことも大切である。

ウ　保護者と幼児の様子等について情報交換などを行う中で，教育課程に係る教育時間の終了後等に行う教育活動の趣旨や家庭における教育の重要性を保護者に十分に理解してもらい，保護者が，幼稚園と共に幼児を育てるという意識が高まるようにすることが大切である。

エ　教育課程に基づく活動を考慮するということは，活動を連続させるということである。教育課程に係る教育時間中における幼児の遊びや生活など幼児の過ごし方に配慮して，教育課程に係る教育時間の終了後等の教育活動を考えることを意味するものであり，幼児にとって充実し，無理のない1日の流れをつくり出すことが重要である。

	ア	イ	ウ	エ
1	×	×	×	○
2	×	○	○	×
3	○	○	×	×
4	×	×	○	×
5	○	○	×	○

【23】次のア～オは，幼児理解に基づいた評価(平成31年3月　文部科学省)「第2章　幼児理解に基づいた評価の基本的な考え方」に関する記述である。教師の姿勢として大切にしたい点についての記述として，誤っているもののみをすべてあげているものはどれか。1～5から一つ選べ。

ア　幼児との温かい関係を育てるためには，優しさなどの幼児への配慮，幼児に対する関心をもち続けるなどの気持ちが必要です。そして，その気持ちを幼児に具体的に伝えることが大切です。

イ　教師が一人の幼児と温かい関係を結ぶことは，それを見ている他の幼児にとっても教師への信頼感を寄せることにつながります。さらに，教師が一人一人の幼児を大切にする姿勢は，幼児同士が互いを大切にする姿勢にもつながっていき，それは学級全体の温かい関係をつくり出すことにもつながるのです。

ウ　現実には完全にその幼児の立場に立つことは不可能なことです。しかし，そのときの様々な状況を考え合わせて，その幼児の立場から物事を見てみようとする姿勢，言動をその幼児の立場で受け止めてみようとする姿勢が教師には求められています。

エ　内面を理解するといっても，何か特別の理論や方法を身に付けなければならないものではありません。幼児は，その時々の思いを生活の様々な場面で表現しています。一人一人が送っている幼児らしいサインを丁寧に受け止めていくことによって，幼児の内面に触れることができるでしょう。

オ　次々といろいろな面で変化を見せる幼児もいれば，長い間同じような姿に見える幼児もいます。そのような幼児も，あるときに急に変化を見せることがあるのです。幼児ができること，新たにできるようになった目に見える変化にこだわり，発達と捉えていきます。

1　ウ
2　オ
3　ア　ウ
4　イ　エ
5　ア　エ　オ

【24】あとのア～エは，日本学校保健会「学校において予防すべき感染症の解説」(平成30 (2018) 年3月発行) に関する記述である。「Ⅲ　感染症各論」に関する記述として正しいもののみをすべてあげているものはどれか。1～5

から一つ選べ。

ア　伝染性膿痂疹(とびひ)

黄色ブドウ球菌などの皮膚感染によって，紅斑，水疱，びらん及び厚い痂皮ができる疾患。夏期に多く，乳幼児に好発する。接触感染。かゆみを伴うことがあり，病巣は擦過部に広がる。皮膚を清潔に保つことが大切。集団生活の場では感染予防のため病巣を有効な方法で覆うなどの注意が必要。出席停止の必要はないが，炎症症状の強い場合や，化膿した部位が広い場合は，傷に直接触らないように指導する。

イ　感染性胃腸炎(ノロウイルス感染症，ロタウイルス感染症，アデノウイルス感染症など)

嘔吐と下痢が突然始まることが特徴の疾患である。便中に多数のウイルスが排出されており，感染源となる。嘔吐と下痢が主症状であり，ロタウイルス感染症にり患した乳幼児は時に下痢便が白くなることもある。脱水に対する予防や治療が最も大切である。下痢，嘔吐症状が軽減した後，全身状態の良い者は登校(園)可能だが，回復者であっても，排便後の始末，手洗いの励行は重要である。

ウ　伝染症軟属腫(水いぼ)

特に幼児期に好発する皮膚疾患である。接触感染。感染すると，自家接種で増加する。いぼが数個散財する場合や，広い範囲にわたって多発する場合もある。プールや水泳で直接肌が触れると感染するため，露出部の水いぼは覆ったり，処置したりしておく。タオル，ビート板，浮き輪などの共有を避ける。出席停止の必要はない。

エ　アタマジラミ症

頭皮に寄生し，頭皮の皮膚炎から，次第に全身に広がる疾患である。誤解されることが多いが，衛生不良の指標ではない。一般に無症状であるが，吸血部位にかゆみを訴えることがある。頭髪を丁寧に観察し，早期に虫卵を発見することが大切。発見したら一斉に駆除する。出席停止の必要はない。

1　ア　イ　ウ

2　ア　ウ　エ

3　イ　ウ　エ

4　ア　エ

5　イ　ウ

解答・解説

【1】1

〈解説〉幼稚園教育要領（平成29年3月告示）第1章　総則　からの出題である。その中で，アについては，「幼児期の教育は，生涯にわたる人格形成の基礎を培う重要なものであり，幼稚園教育は，学校教育法に規定する目的及び目標を達成するため，幼児期の特性を踏まえ，環境を通して行うものであることを基本とする」と記述されている。イについては，「幼稚園においては，生きる力の基礎を育むため，この章の第1に示す幼稚園教育の基本を踏まえ，次に掲げる資質・能力を一体的に育むよう努めるものとする」と記述されている。この部分は，平成29（2017）年の改訂で新設された部分である。今後も改訂項目からの出題が予想されるため，該当箇所をしっかりと押さえておきたい。

【2】5

〈解説〉幼稚園の教育課程は，「健康」「人間関係」「環境」「言葉」「表現」の5領域で構成されている。「第2章　ねらい及び内容　言葉　3　内容の取扱い」では5点示されており，選択肢ア，ウ，エ以外には「絵本や物語などで，その内容と自分の経験とを結び付けたり，想像を巡らせたりするなど，楽しみを十分に味わうことによって，次第に豊かなイメージをもち，言葉に対する感覚が養われるようにすること」，「幼児が生活の中で，言葉の響きやリズム，新しい言葉や表現などに触れ，これらを使う楽しさを味わえるようにすること。その際，絵本や物語に親しんだり，言葉遊びなどをしたりすることを通して，言葉が豊かになるようにすること」が示されている。

【3】1

〈解説〉アについては，学校教育について定めた教育基本法第6条第1項で，「法律に定める学校は，公の性質を有するものであって，国，地方公共団体及び法律に定める法人のみが，これを設置することができる」と記述されている。エについては，宗教教育について定めた教育基本法第15条第2項で，「国及び地方公共団体が設置する学校は，特定の宗教のための宗教教育その他宗教的活動をしてはならない」と記述されている。なお，イについては，教員について定めた教育基本法第9条第1項，ウについては学校，家庭及び地域住民等の相互の連携協力について定めた教育基本法第13条である。教育基本法は文字どおり，日本の教育の基本を示した法律で，法制定の由来と目的を明らかにし，法の基調をなしている主義と理想とを宣言する前文と

18の条文から構成されている。

【4】4

〈解説〉選択肢イ，ウ，カは人との関わりに関する領域「人間関係」の内容である。それぞれの領域について，10数項目の内容が示されている。その観点を十分理解しておくと，このような問題にスムーズに対応できる。領域「健康」の観点は「健康な心と体を育て，自ら健康で安全な生活をつくり出す力を養う」，領域「人間関係」の観点は「他の人々と親しみ，支え合って生活するために，自立心を育て，人と関わる力を養う」である。

【5】4

〈解説〉A　直前の文の「イメージ，興味や関心の広がり」から，「イメージの広がりのある」の記述がある選択肢ウが当てはまる。　B　直前の文の「配置を幼児の自然な活動の流れに合わせる」から，「幼児が実現したいと思っていることを理解し，空間の在り方やそれに応じた遊具の配置を考えなければならない」の記述がある選択肢アが当てはまる。　C　直前の文の「遊具の配置の仕方を必要に応じて見直す」から，「空間が固定的になっている傾向がある。幼児の興味や関心に則したものになるように配慮しなければならない」の記述がある選択肢イが当てはまる。

【6】2

〈解説〉「学校のアレルギー疾患に対する取り組みガイドライン」は日本学校保健会が作成した資料で，最新版は令和元(2019)年度改訂のものである。その中の「第2章　疾患各論　1. 食物アレルギー・アナフィラキシー」では，「アナフィラキシーの進行は一般的に急速であり」とされている。なお，アナフィラキシーとは薬や食物が身体に入ってから，短時間で起きることのあるアレルギー反応のことである。また，エピペン®はアナフィラキシーがあらわれたときに使用し，医師の治療を受けるまでの間，症状の進行を一時的に緩和し，ショックを防ぐための補助治療剤(アドレナリン自己注射薬)のことである。

【7】5

〈解説〉幼稚園教育要領解説(平成30年2月　文部科学省)第1章　第5節　特別な配慮を必要とする幼児への指導　からの出題である。その中で，選択肢イは「園長は，特別支援教育実施の責任者として，園内委員会を設置して，特別支援教育コーディネーターを指名し，園務分掌に明確に位置付けるなど，園全体の特別支援教育の体制を充実させ，効果的な幼稚園運営に努める必要がある」と記述されている。なお，特別支援教育コーディネーターとは，子どもの障害に対する教職員の理解を高め，一人ひとりの子どものニーズに応じた教育を実施するために，それぞれの園内を中心に校内研修の企画・運営や教育相談の窓口などの役割を担う者のことである。

【8】1

〈解説〉幼稚園教育要領解説（平成30年2月　文部科学省）第2章　第3節　環境の構成と保育の展開　からの出題である。その中で，選択肢エは「教師は幼児の活動の流れに即して，幼児が実現したいことを捉え，幼児の思いやイメージを生かしながら環境を構成していくことが大切である。このようにして，幼児自身が自ら学び，自ら考える力の基礎を育むことができ，主体性を育てることができるのである」と記述されている。

【9】4

〈解説〉幼児の思いをつなぐ指導計画の作成と保育の展開（令和3年2月　文部科学省）は，平成29（2017）年3月に告示された幼稚園教育要領において，幼稚園教育において育みたい資質・能力と「幼児期の終わりまでに育ってほしい姿」が新たに示されたことや，カリキュラム・マネジメントの充実，幼児の発達に即した主体的・対話的で深い学びの実現，幼稚園教育と小学校教育との円滑な接続等の観点から改訂が行われたことを踏まえ，今までの記述内容が見直されたものである。「第1章　指導計画作成にあたっての基本的な考え方」の中で，選択肢イは「評価をする際には，幼児の発達する姿を捉えることと，それに照らして教師の指導が適切であったのかを振り返ることの幼児と教師の指導の両面から行うことが大切です」と記述されている。選択肢オは「『幼児期の終わりまでに育ってほしい姿』は明らかな姿として幼児に現れるとは限りませんし，5歳のときに突然現れるものでもありません」と記述されている。

【10】3

〈解説〉環境教育指導資料【幼稚園・小学校編】（平成26年10月）は，学校教育における環境教育の推進に資するため，国立教育政策研究所教育課程研究センターが作成したものである。その「第2章　幼稚園における環境教育」からの出題である。その中で，選択肢イは「幼児期の子供は，常に自分を取り巻く環境に興味をもち，それらに親しみをもって関わり，働き掛けていく。面白そうなものを見付けると，じっと見入ったり，触れたり，試したり確かめたりして『それは，何か』あるいは『それは，なぜなのか』などについて，子供なりに探り，理解しようとする。それは，あくまでも子供なりの論理であり理解ではあるが，子供が心ゆくまで試したり確かめたりして最終的に自分なりに納得していく過程で満足感や充実感，達成感を味わうことが，更なる未知の世界に対する好奇心・探究心を培うことにつながっていく」と記述されている。

【11】4

〈解説〉選択肢アとエは感性と表現に関する領域「表現」，選択肢イは心身の健康に関する領域「健康」のねらいである。問題文をよく読み，領域「人間関係」の観点は「他の人々と親しみ，支え合って生活するために，自立心を育て，人と関わる力を養う」，領域「言葉」の観点は「経験したことや考えたことなどを自分なりの言葉で表現し，相手の話す言葉を聞こうとする意欲や態度を育て，言葉に対する感覚や言葉で表現する力を養う」であることから，選択肢を判断する。なお，この活動を指導した教師のねらいは「自分の考えを話したり友達の考えを聞いたりする楽しさを感じ，新しいグループの友達に親しみをもつ」，「グループの名前を決めることを共通の目的として，自分たちで話し合って決めた満足感を味わい，これからのグループでの生活に期待をもつ」ことであり，主に「人間関係」「言葉」が育つ活動であると考えられる。

【12】2

〈解説〉幼稚園教育要領解説（平成30年2月　文部科学省）第2章　ねらい及び内容　第2節　各領域に示す事項　において，選択肢イは心身の健康に関する領域「健康」に示されている領域とその内容，選択肢ウは身近な環境との関わりに関する領域「環境」に示されている領域とその内容である。なお，領域「環境」の観点は「周囲の様々な環境に好奇心や探究心をもって関わり，それらを生活に取り入れていこうとする力を養う」，領域「健康」の観点は「健康な心と体を育て，自ら健康で安全な生活をつくり出す力を養う」である。

【13】5

〈解説〉選択肢アは「してよいことや悪いことが分かり」に着目して，(4) 道徳性・規範意識の芽生えに該当する。選択肢イは「友達と関わる中で，お互いの思いや考えなどを共有し」に着目して，(3)協同性に該当する。選択肢ウは「しなければならないことを自覚し」に着目して，(1)自立心に該当する。「幼児期の終わりまでに育ってほしい姿」は，幼稚園教育要領の第2章に示すねらい及び内容に基づく活動全体を通して資質・能力が育まれている幼児の幼稚園修了時の具体的な姿で，教師が指導を行う際に考慮するものであり，出題の自立心，協同性，道徳性・規範意識の芽生え以外に，健康な心と体，社会生活との関わり，思考力の芽生え，自然との関わり・生命尊重，数量や図形，標識や文字などへの関心・感覚，言葉による伝え合い，豊かな感性と表現の計10点示されている。

【14】5

〈解説〉「学校安全資料『生きる力』をはぐくむ学校での安全教育」(平成31年3月　文部科学省）は，安全教育，安全管理，組織活動の各内容を網羅して解説した総合的な資料として，平成13 (2001) 年11月に作成された。その後，学校保健法の改正，学習指導要領の改訂を踏まえて平成22 (2010) 年3月に改訂された。また，平成28(2016)年度に閣議決定された「第2次学校安全の推進に関する計画」で，国は安全教育に関する各種参考資料の作成等に当たって，学校安全に関する変化や新たな状況などの現代的課題を踏まえる必要があるとされており，児童生徒等を取り巻く安全に関する状況が変化してきていることや，「学校事故対応に関する指針」(平成28年3月）の策定や学習指導要領の改訂等を踏まえ，平成31(2019)年3月に改訂2版が発刊された。その中の「第2章　学校における安全教育」では，下線部(ア)は「健康，安全な生活に必要な習慣や態度を身に付け，見通しをもって行動する」，下線部(ウ)は「安全に関する指導に当たっては，情緒の安定を図り，遊びを通して安全についての構えを身に付け，危険な場所や事物などが分かり，安全についての理解を深めるようにすること」と記述されている。

【15】5

〈解説〉「幼児期運動指針」(平成24年　文部科学省　幼児期運動指針策定委員会）は，子どもの体力の現状について「走る」,「跳ぶ」,「投げる」といった，基本的な運動能力の低下が指摘されている中，文部科学省が平成19 (2007) 年度から平成21(2009)年度に「体力向上の基礎を培うための幼児期における実践活動の在り方に関する調査研究」において，幼児期に獲得しておくことが望ましい基本的な動き，生活習慣及び運動習慣を身に付けるための効果的な取組などについての実践研究を行い，その成果を踏まえ，「幼児期運動指針策定委員会」を設置し，幼児期における運動の在り方についての指針の策定作業を行い，取りまとめたものである。出題はその中の「2　幼児期における運動の意義」からで，選択肢アは「幼児期は，神経機能の発達が著しく，タイミングよく動いたり，力の加減をコントロールしたりするなどの運動を調整する能力が顕著に向上する時期である」と記述されている。

【16】4

〈解説〉幼稚園教育要領（平成29年3月　文部科学省）第2章　ねらい及び内容　表現　3　内容の取扱い　からの出題である。その中では，「幼児の表現は，率直であり，直接的である。大人が考えるような形式を整えた表現にはならない場合や表現される内容が明快でない場合も多いが，教師は，そのような表現を幼児らしい表現として受け止めることが大切である。はっきりとした表現としては受け止められない幼児の言葉や行為でさえも，教師はそれを表現として受け止め共感することにより，幼児は様々な表現を楽しむことができるようになっていく。このように受け止めることによって，教師と幼児の間にコミュニケーションが図られ，信頼関係が一層確かなものになる」と記述されている。

【17】3

〈解説〉外国人の子供が増加している中，入国管理法の改正等により今後一層の増加が見込まれ，その受け入れは重要な課題であり，学校におけるきめ細かな指導を充実していく必要がある。文部科学省は「外国人児童生徒受入れの手引き 改訂版」（平成31年3月）を発行したが，幼児期は遊びを通した総合的な指導など，幼稚園教育の特性を踏まえた配慮も必要であるため，「外国人幼児等の受入れにおける配慮について」をさらに作成した。その中で，選択肢エは「外国人幼児等が来日した理由や滞在期間等も踏まえつつ，外国人幼児等をありのままに受け入れ，『日本社会への同化を強要するのではなく，外国人幼児等の気持ちを受け止め，文化的な違いを理解する姿勢を示した上で，どうしてほしいのか・どうしたらいいのかを外国人幼児等やその保護者とともに考える』，『外国人幼児等だけでなく多様な幼児一人一人が幼稚園での生活を十分に楽しむようにする』という基本姿勢を幼稚園全体でもてるようにすることが大切です」と記述されている。

【18】3

〈解説〉速度記号に関する問題である。Aの「a tempo」は「もとの速さで」，Bの「moderato」は「中ぐらいの速さで」，Cの「allegro」は「速く」を意味する。なお，ウの「今までより速く」は「più mosso」である。似ている用語に「次第に速く」を意味する「accelerando」がある。

【19】2

〈解説〉選択肢アは，学校教育法施行規則第38条で，幼稚園教育要領に法的根拠を与えている。選択肢エは学校教育法第1条で，学校について定義し，この部分で示される学校は「1条校」と呼ばれる。なお，選択肢イは学校安全計画の策定等を定めた学校保健安全法第27条，選択肢ウは特別支援学校の設置について定めた学校教育法第81条である。

【20】3

〈解説〉幼稚園教育要領（平成29年3月告示）第2章　ねらい及び内容　人間関係　2　内容　において，選択肢イ，ウは言葉の獲得に関する領域「言葉」である。なお，幼稚園教育要領解説（平成30年2月告示）において，選択肢アは「教師は，幼児が友達と一緒に生活する中で，自分の思っていることを相手に伝えることができるように，また，徐々に相手にも思っていることや言いたいことがあることに気付いていくことができるようにすることが大切である」，選択肢エは「地域の高齢者を幼稚園に招き，例えば，運動会や生活発表会を一緒に楽しんだり，昔の遊びを教えてもらったり，昔話や高齢者の豊かな体験に基づく話を聞いたりするとともに，高齢者福祉施設を訪問して交流したりするなど，高齢者と触れ合う活動を工夫していくことが大切である」と記述されている。

【21】4

〈解説〉幼稚園教育要領解説(平成30年2月告示)において，(1)については「教師は，幼児がこれらの環境に関わり，豊かな体験ができるよう，意図的，計画的に環境を構成することが大切である」，(2)については「幼児はこのような遊びを繰り返し，様々な事象に興味や関心をもつようになっていくことが大切である」，(3)については「数量や文字についても，幼児がそれらに触れ，理解する手掛かりが豊富に存在する。それについて単に正確な知識を獲得することのみを目的とするのではなく，環境の中でそれぞれがある働きをしていることについて実感できるようにすることが大切である」と記述されている。

【22】2

〈解説〉幼稚園教育要領解説（平成30年2月　文部科学省）第3章　教育課程に係る教育時間の終了後等に行う教育活動などの留意事項　からの出題である。選択肢アは「この活動に当たって，まず配慮しなければならないのは，幼児の健康と安全についてであり，これらが確保されるような環境をつくることが必要である」，選択肢エは「教育課程に基づく活動を考慮するということは，必ずしも活動を連続させることではない」と記述されている。

【23】 2

〈解説〉幼児理解に基づいた評価(平成31年3月　文部科学省)は, 平成29(2017)年3月の幼稚園教育要領の改訂を踏まえ刊行されたもので, 幼稚園の教師が一人一人の幼児を理解し, 適切な評価に基づいて保育を改善していくための基本的な考え方や方法などについて解説したものである。その「第2章　幼児理解に基づいた評価の基本的な考え方」の中で, 選択肢オは「次々といろいろな面で変化を見せる幼児もいれば, 長い間同じような姿に見える幼児もいます。そのような幼児も, あるときに急に変化を見せることがあるのです。大人は, ともすれば幼児ができること, 新たにできるようになったことにこだわりたくなりますが, 簡単に目に見えるものだけが発達ではありません」と記述されている。

【24】 1

〈解説〉「学校において予防すべき感染症の解説」(平成30年3月発行)は, 日本学校保健会作成の各種感染症に対する学校の管理体制の構築や, 医療機関等との連携の強化など, 学校における感染症の発生予防とまん延防止を図ることについて解説されたものである。その中の「Ⅲ　感染症各論」で,「頭皮に寄生し, 頭皮に皮膚炎を起こす疾患」と記述されており, 選択肢エのアタマジラミ症は全身に広がる疾患ではない。

令和２年度

【1】次のア～エの各文は，幼稚園教育指導資料第1集　指導計画の作成と保育の展開（平成25年7月改訂）の記述の一部である。小学校の教育課程との接続と指導計画についての記述として，正しいもののみを挙げているものはどれか。1～5から一つ選べ。

ア　小学校教育を含む義務教育は，生涯にわたって自ら学ぶ態度を培う上で重要なものですが，それは小学校から突然始まるものではなく，幼児期との連続性・一貫性ある教育の中で成立するものです。その意味で幼児期から児童期にかけての教育の目標を，生涯にわたる「学びの基礎力の育成」という一つのつながりとして捉えることが大切です。

イ　幼児期の終わりには学びの芽生えだけでなく自覚的な学びの芽も育ってきており，教科指導こそ行われないものの，気のあった仲間同士の活動だけでなく学級における共通の目標を意識したり，自分の役割を理解したりして，集団の一員としての自覚を育てる活動を重視したり，今までの遊びを通して学んできた知・徳・体の芽生えを総合化し，小学校につながる学びを高めていくための教育課程の編成・実施が必要となってきます。

ウ　幼児期の終わりにおいては，この時期にふさわしい「三つの自立」を養うことを目指すことが求められます。その際，幼児期の「三つの自立」の育成が，小学校における「三つの自立」や「学力の三つの要素」の育成につながっていくことを踏まえ，今の学びがどのように育っていくのかを見通すことが重要です。

エ　幼児期の教育と小学校の教育の円滑な接続のためには，その時期にある子どもの発達の段階を踏まえて互いの教育を充実させながらも，接続期には一方が他方に合わせていくことが大切である。

1　ア　イ　ウ　エ
2　ア　イ　ウ
3　イ　ウ　エ
4　ア　イ
5　ウ　エ

【2】次のア～ウの各文は，幼稚園教育要領解説（平成30年2月告示）第2章第1節　ねらい及び内容の考え方と領域の編成に関する記述の一部である。正

しいものを○，誤っているものを×とした場合，正しい組合せはどれか。1～5から一つ選べ。

ア　幼児期は，生活の中で自発的・主体的に環境と関わりながら直接的・具体的な体験を通して，生きる力の基礎が培われる時期である。したがって，幼稚園教育においては，このような幼児期の特性を考慮して，幼稚園教育において育みたい資質・能力が幼児の中に一体的に育まれていくようにする必要がある。

イ　幼児が生活を通して発達していく姿を踏まえ，教師が幼児の発達の実情を踏まえながら指導し，幼児が身に付けていくことが望まれるものを「ねらい」とし，幼稚園教育において育みたい資質・能力を達成するために幼児の生活する姿から捉えたものを「内容」としたものである。

ウ　幼稚園教育における領域は，それぞれが独立した授業として展開される小学校の教科とは異なるので，領域別に教育課程を編成したり，特定の活動と結び付けて指導したりするなどの取扱いをしても差し支えない。

	ア	イ	ウ
1	○	×	×
2	○	×	○
3	×	○	×
4	×	○	○
5	×	×	○

【3】次のア～エの各文のうち，学校安全資料「生きる力」をはぐくむ学校での安全教育（平成31年3月　文部科学省）についての記述として，正しいものを全て挙げているものはどれか。1～5から一つ選べ。

ア　幼児が自分で状況に応じ機敏に体を動かし，危険を回避するようになるためには，日常の生活の中で十分に体を動かし遊ぶことを通して，危険な場所，事物，状況などが分かり，そのときにとるべき最善の行動について体験を通して学び取っていくことが大切である。

イ　交通安全の習慣を身に付けるために，日常の生活を通して，交通上のきまりに関心をもたせるとともに，家庭と連携を図りながら適切な指導を具体的な体験を通して繰り返し行うことが必要である。

ウ　災害時の行動の仕方や不審者との遭遇など様々な犯罪から身を守る対処の仕方を身に付けるためには，幼児の年齢に応じた対処の方法を伝えることが大切である。

エ　事故等が発生した場合の連絡の仕方・幼児の引き渡しの方法については，年度当初に保護者と確認しておく。併せて，保護者の勤務場所や兄弟姉妹の有無及び在籍校，緊急時の連絡先を事前に確認し，迎えが遅くなる幼児を把握しておく。

1　ア　ウ
2　イ　エ
3　ア　イ　ウ
4　ア　イ　エ
5　イ　ウ　エ

【4】次のア～エの各文は，幼稚園教育要領（平成29年3月）領域「健康」の内容についての記述の一部である。正しいものを○，誤っているものを×とした場合，正しい組合せはどれか。1～5から一つ選べ。

ア　先生や友達と触れ合い，安定感をもって行動する。
イ　よいことや悪いことがあることに気付き，考えながら行動する。
ウ　自分でできることは自分でする。
エ　幼稚園における生活の仕方を知り，自分たちで生活の場を整えながら見通しをもって行動する。

	ア	イ	ウ	エ
1	○	○	×	○
2	×	×	○	○
3	×	○	○	×
4	○	×	×	○
5	○	×	○	×

【5】次のア～オの各文のうち，幼稚園教育要領解説（平成30年2月）第2章第2節　各領域に示す事項の3歳児に関する記述について，領域とその内容に関する記述の組合せが正しいものを全て選択した場合，正しいものの組合せはどれか。1～5から一つ選べ。

ア　領域「表現」

　特に，3歳児では，例えば，「まぶしいこと」を「目がチクチクする」と感じたことをそのままに表現することがある。このような感覚に基づく表現を通して幼児がそれぞれの言葉にもつイメージが豊かになり，言葉の感覚は磨かれていく。したがって，教師は，このような幼児らしい表現を受け止めていくことが大切である。

イ　領域「表現」

特に3歳児では，じっと見る，歓声を上げる，身振りで伝えようとするなど言葉以外の様々な方法で感動したことを表現しているので，教師はそれを受容し，共感をもって受け止めることが大切である。

ウ　領域「人間関係」

特に，3歳児では，大人から見ると一見やり遂げていないように見えても，幼児なりにやり遂げたと思っていることもある。そのような場合，教師は，幼児の心に寄り添って，そのやり遂げたという気持ちを受け止め，その喜びに共感するとともに，幼児がその達成感を味わうことができるようにすることが大切である。

エ　領域「言葉」

特に，3歳児では，生活に必要な言葉の意味や使い方が分からないことがよくある。「みんな」と言われたときに，自分も含まれているとはすぐには理解できないこともあったり，「順番」と言われても，まだどうすればよいのか分からなかったりすることもよくある。教師は，幼児の生活に沿いながらその意味や使い方をその都度具体的に分かるように伝えていくことにより，幼児も次第にそのような言葉の意味が分かり，自分でも使うようになっていくことから，一人一人の実情に沿ったきめ細かな関わりが大切である。

オ　領域「人間関係」

特に，3歳児は大人が予期しない行動をとる場合もあり，様々な状況を予測して安全の確保に配慮することが必要であるとともに，教師と一緒に行動しながら個々の状況の中で，幼児なりに安全について考え，安全に気を付けて行動することができるようにする必要がある。

1　イ　エ　オ

2　ア　イ　ウ　オ

3　イ　ウ　エ　オ

4　イ　ウ　エ

5　ア　ウ　エ　オ

【6】幼稚園教育要領解説（文部科学省　平成30年2月）第2章第3節　環境の構成と保育の展開に関する記述として，誤っているものはどれか。1～5から一つ選べ。

1　教師は，一人一人の幼児の中に今何を育みたいのか，一人一人の幼児がどのような体験を必要としているのかを明確にし，幼児がどのような活動の中でどのような体験をしているのかを考慮しながら，教師としての願いを環境の中に盛り込んでいかなければならない。幼児の主体的な活動を通しての発達は，教師が，幼児の周りにある様々なものの教育的価値を考慮しながら，綿密に配慮し，構成した環境の下で促されるのである。

2　幼児は遊ぶことによりその遊びの状況を変え，状況を変えつつ遊びを展開させていく。教師は幼児の遊びに関わるとき，幼児の遊びのイメージや意図が実現するようにアドバイスしたり，手助けしたりして幼児が発達に必要な経験を得られるような状況をつくり出すことが大切である。

3　幼児一人一人の活動の意味や取り組み方，環境への関わり方などを正しく把握するためには，ものの性質をよく知った上で，幼児の活動にいつでも参加しようとする姿勢をもち，幼児の内面の動きに目を向け続けていることが必要である。その上で，教師は，幼児の興味や欲求が満たされるような環境を常に構成しなければならない。

4　教師は，幼児が自ら環境に関わり，豊かな体験をしていくことができるように環境を構成するのであるが，その際，教師は，幼児の活動に沿って環境を構成する必要がある。このためには，教師は幼児の視点に立って環境の構成を考えなければならない。

5　幼児の活動への意欲や主体的な活動の展開はどのような環境においても自然に生じるというわけではない。まず，環境全体が緊張や不安を感じさせるような雰囲気では，活動意欲は抑制されてしまう。幼児が安心して周囲の環境に関われるような雰囲気が大切である。その上で，幼児の中に興味や関心がわいてきて，関わらずにはいられないように，そして，自ら次々と活動を展開していくことができるように，配慮され，構成された環境が必要である。

【7】次の文は，幼稚園設置基準の抜粋である。空欄ア～ウに入る言葉の組合せとして正しいものはどれか。1～5から一つ選べ。

第3条

一学級の幼児数は，[ア]人以下を原則とする。

第4条

学級は，[イ]において同じ年齢にある幼児で編成することを原則とする。

第9条

幼稚園には，次の施設及び設備を備えなければならない。ただし，特別の事情があるときは，[ウ]とは，それぞれ兼用することができる。

1　職員室
2　保育室
3　遊戯室
4　保健室
5　便所
6　飲料水用設備，手洗用設備，足洗用設備

	ア	イ	ウ
1	40	学年の初めの日	職員室と保育室及び遊戯室と保健室
2	40	学年の初めの日	保育室と遊戯室及び職員室と保健室
3	35	学年の初めの日	保育室と遊戯室及び職員室と保健室
4	35	学年の初めの日の前日	保育室と遊戯室及び職員室と保健室
5	35	学年の初めの日の前日	職員室と保育室及び遊戯室と保健室

【8】次のア～オの各文のうち，幼稚園教育要領(平成29年3月告示)総則　教育課程の役割と編成等に関する記述として正しいもののみを全て挙げているものはどれか。1～5から一つ選べ。

ア　幼稚園生活が幼児にとって安全なものとなるよう，教職員による協力体制の下，幼児の主体的な活動を大切にしつつ，園庭や園舎などの環境の配慮や指導の工夫を行うこと。

イ　幼稚園においては，幼稚園教育が，小学校以降の生活や学習の基盤の育成につながることに配慮し，小学校で学習する内容を一部取り入れることによって，創造的な思考や主体的な生活態度などの基礎を培うようにするものとする。

ウ　教育課程の編成に当たっては，幼稚園教育において育みたい資質・能力を踏まえつつ，各幼稚園の教育目標を明確にするとともに，教育課程

の編成についての基本的な方針が家庭や地域とも共有されるよう努めるものとする。

エ　幼稚園の1日の教育課程に係る教育時間は，4時間を標準とする。ただし，幼児の心身の発達の程度や季節などに適切に配慮するものとする。

1　ア　ウ　エ
2　ア　イ　ウ
3　ア　エ
4　ウ　エ
5　イ　エ

【9】幼稚園教育要領（平成29年3月）領域「人間関係」の「内容」についての記述として誤っているものを次の1～5から一つ選べ。

1　共同の遊具や用具を大切にし，皆で使う。
2　生活に関係の深い情報や施設などに興味や関心を持つ。
3　友達と積極的に関わりながら喜びや悲しみを共感し合う。
4　いろいろな遊びを楽しみながら物事をやり遂げようとする気持ちをもつ。
5　高齢者をはじめ地域の人々などの自分の生活に関係の深いいろいろな人に親しみをもつ。

【10】幼児理解に基づいた評価(文部科学省　平成31年3月)には，「日常の保育からどのように評価し，幼稚園幼児指導要録の『指導に関する記録』を記入するか」について書かれている。「指導に関する記録」の「指導上参考になる事項」の欄の記入についての記述として，正しいものを○，誤ったものを×とした場合，正しい組合せはどれか。1～5から一つ選べ。

ア　幼稚園教育要領第2章「ねらい及び内容」に示された各領域のねらいを視点として，当該幼児の発達の実情から他の幼児と比較し向上が著しいと思われるものを捉えていきます。

イ　実際の記入は年度末に行いますが，年度の初めから幼児の発達する姿を捉え続けながら保育を進め，その過程を記録として残しておくことが大切なのです。

ウ　最終年度の「指導上参考となる事項」欄の記入にあたっては，特に小学校等における児童の指導に生かされるよう，「幼児期の終わりまでに育ってほしい姿」を到達すべき目標として，項目別に幼児の育ちつつある姿を記入します。

エ　幼児の発達を促す観点から問題点を指摘するのではなく，年度当初の姿と比較してその幼児の伸びようとしている面，よさや可能性を捉えることを中心に記述することが大切です。

	ア	イ	ウ	エ
1	×	○	×	○
2	○	○	×	×
3	×	×	○	×
4	○	×	○	○
5	×	○	○	○

【11】次の文章は，「指導計画の作成と保育の展開」(文部科学省　平成25年7月改訂) 5歳児のリレー遊びに関する記録と振り返りから作成した事例である。次の文章をあとの①から③の視点で振り返り，ふさわしいものを選択したとき，正しいものの組合せはどれか。1～5から1つ選べ。

〈9月9日（水）(5歳児)〉

朝からリレーに参加する幼児が多い。チーム分けはジャンケンで行うが意識の薄い幼児は二度，ジャンケンしてしまったり，ジャンケンしないで並んでしまったりしている。

走ること，だんだんと速くなってきていることがうれしいようであり，エンドレスで走る。差が開きすぎたとき，「どっちが勝っているの？」という言葉が何度か聞かれ，友達と競い合っていることが楽しくなってきている様子である。相手チームとの人数が全然違っていてもゲームが続いており，人数調整して勝敗を競おうとする動きは出てこない。アンカーたすきも「やってみたい」という思いで走り終わった子が近くにいた友達に渡していき，誰がアンカーで走っているのかも分からなくなってしまった。

b児は，ぐっと走り方が変わってきた。c児は，自分がバトンをもらったときに前を走っていると「抜かした」と思っているらしく，誇らしげに報告してくれた。

d児とe児は，ゴールテープを持っているが，庭の中央を二人でぐ

るぐると回って，最後にはゴールテープは置き去りになっていた。…（後略）

4週間後に運動会を控えていることもあり，教師は，どうにかしてリレーの遊びが運動会へとつながっていくように支えたいと思っていました。しかし，リレーに参加する幼児は多いのに，遊びが続かず終わってしまう実態が悩みでもありました。そこで，この日の記録から，遊びの中で幼児が何を楽しんでいたのか，どのように人やものとかかわりながら遊んでいたのかを次の視点から振り返ってみることにしました。

① 走る楽しさを味わうことができたか。

A

② 友達の動きを感じながら自分も動いているか。

B

③ チーム対抗の勝負への意識はどうか。

C

ア チーム分けでのジャンケンの様子や，人数調整して勝敗を競おうとする動きは見られない様子などから，チーム対抗の勝負の意識はまだ芽生えていない。幼児が楽しんでいることは，運動会の競技としてのリレーそのものではなく，そこに向かう過程の，繰り返し自分が走るエンドレスリレーであることが分かる。

イ 朝からリレーに参加する幼児が多いことや，だんだんと速くなってきていることがうれしい様子から，体を動かして遊ぶこと，特に，走ることは，幼児の興味や関心と合っており，面白いと感じて自分から取り組む遊びとなっているようである。その結果，ぐっと走り方が変わってきたb児のように，走り方についての成長も見られる。

ウ アンカーたすきやゴールテープを扱う様子から，幼児にはそれらへの興味がないため，本来の扱い方を正しく理解させる必要があると言える。また，ジャンケンをしないで並んだり，人数調整をして勝敗を競うようにならないのは，リーダーとなって進められる幼児がいないためであり，チーム対抗の勝負の意識は芽生えていないと言える。

エ チーム分けの意識や必要性を感じていないものの，チーム分けでのジャンケンの様子のように周囲の友達と同じような動きをしながら遊びに参加しようとしたり，友達と競い合うことが楽しくなってきている様子や「抜かした」と誇らしげに報告する様子のように相手を意識して走ろうとしたりしていることから，友達を感じて自分も動いていることが分かる。

	A	B	C
1	ア	エ	ウ
2	ウ	ア	イ
3	イ	エ	ア
4	エ	イ	ア
5	イ	エ	ウ

【12】次の文は，幼稚園教育要領（平成29年3月告示）総則　幼稚園教育の基本についての記述である。下線部ア～エについて正しいものを○，誤っているものを×とした場合，正しい組合せはどれか。1～5から一つ選べ。

幼児期の教育は，生涯にわたる人格形成の基礎を培う重要なものであり，幼稚園教育は，学校教育法に規定する目的及び目標を達成するため，幼児期の特性を踏まえ，環境を通して行うものであることを基本とする。

このため教師は，幼児との信頼関係を十分に築き，幼児が身近な環境に主体的に関わり，環境との関わり方や意味に気付き，これらを取り込もうとして，試行錯誤したり，考えたりするようになる幼児期の教育における見方・考え方を生かし，ア教師が主体的に保育を展開するとともに，よりよい教育環境を創造するように努めるものとする。これらを踏まえ，次に示す事項を重視して教育を行わなければならない。

1　幼児は安定した情緒の下で自己を十分に発揮することにより発達に必要な体験を得ていくものであることを考慮して，幼児の主体的な活動を促し，幼児期にふさわしい生活が展開されるようにすること。

2　幼児の自発的な活動としての遊びは，イ心身の調和のとれた発達の基礎を培う重要な学習であることを考慮して，遊びを通しての指導を中心として第2章に示すねらいが総合的に達成されるようにすること。

3　幼児の発達は，ウ心身の諸側面はそれぞれに発達し，多様な経過をたどって成し遂げられていくものであること，また，幼児の生活経験がそれぞれ異なることなどを考慮して，幼児一人一人の特性に応じ，発達の課題に即した指導を行うようにすること。

その際，教師は，幼児の主体的な活動が確保されるよう幼児一人一人の行動の理解と予想に基づき，計画的に環境を構成しなければならない。この場合において，教師は，幼児と人やものとの関わりが重要であることを踏まえ，エ教材を工夫し，物的・空間的環境を構成しなければならない。また，幼児一人一人の活動の場面に応じて，様々な役割を果たし，その活動を豊かにしなければならない。

	ア	イ	ウ	エ
1	×	○	×	○
2	×	○	×	×
3	×	○	○	×
4	○	×	×	○
5	○	×	○	×

【13】次のア～オの各文のうち，幼稚園教育要領解説（平成30年2月）第2章第2節　領域「言葉」の内容についての記述として正しいもののみをすべて挙げているものはどれか。1～5から一つ選べ。

ア　親しみをもっていろいろな挨拶を交わすことができるようになるためには，何よりも教師と幼児，幼児同士の間で温かな雰囲気のつながりがつくられていることが大切である。

イ　絵本や物語，紙芝居などを読み聞かせることは，現実には自分の生活している世界しか知らない幼児にとって，様々なことを想像する楽しみと出会うことになる。登場人物になりきることなどにより，自分の未知の世界に出会うことができ，想像上の世界に思いを巡らすこともできる。

ウ　教師は，幼児の生活に沿いながらその意味や使い方をその都度具体的に分かるように伝えていくことにより，幼児も次第にそのような言葉の意味が分かり，自分でも使うようになっていくことから，一人一人の実情に沿ったきめ細かな関わりが大切である。

エ　幼児期においては，幼児が友達と関わる中で，自分を主張し，自分が受け入れられたり，あるいは拒否されたりしながら，自分や相手に気付いていくという体験が大切である。

オ　幼児は音楽を聴いたり，絵本を見たり，つくったり，かいたり，歌ったり，音楽や言葉などに合わせて身体を動かしたり，何かになったつもりになったりなどして，楽しんだりする。

1　ア　ウ
2　イ　エ
3　ア　イ　ウ
4　ア　イ　オ
5　イ　エ　オ

【14】次の各文のうち，幼児期運動指針（幼児期運動指針策定委員会　平成24年3月）「2幼児期における運動の意義」についての記述として，誤っているものの組合せはどれか。1～5から一つ選べ。

ア　遊びから得られる成功体験によって育まれる意欲や有能感は，体を活発に動かす機会を増大させるとともに，何事にも意欲的に取り組む態度を養う。

イ　体調不良を防ぎ，身体的にも精神的にも疲労感を残さない効果があると考えられる。

ウ　幼児期に運動を調整する能力を高めておくことは，児童期までの運動機能の基礎を形成するという重要な意味を持っている。

エ　敏捷な身のこなしや状況判断・予測などの思考判断を要する全身運動は，脳の認知的能力の発達には有効でないが，体力・運動能力の発達促進に有効である。

オ　ルールを守り，自己を抑制し，コミュニケーションを取り合いながら，協調する社会性を養うことができる。

1　ア　イ
2　イ　ウ
3　ウ　エ
4　エ　オ
5　ア　オ

【15】次のア～オの各文のうち，「外国人幼児等の受入れにおける配慮について」（文部科学省）に記載された内容として，正しいものを全て挙げているものはどれか。1～5から一つ選べ。

ア　名前は個人のアイデンティティの根源なので，呼び方などを確認しましょう。例えば，本名の表記と発音について確認した上で，普段の幼稚園生活における表記や呼び方（本名又は通り名等）について保護者に確認しましょう。

イ　教師は外国人幼児等に受容的な態度で臨み，そのことをその幼児自身が感じ取れるようにすることが大切です。母語で挨拶したり，興味のある遊びを一緒に楽しんだりする中で，信頼関係を築き，幼稚園生活を楽しめるようにしましょう。

ウ　幼稚園では日本語を話さなければならないと外国人幼児等が思い込むことで，自己発揮できなくなったり，幼稚園生活に不安を感じたりすることも考えられます。母語の使用が気持ちの安定に効果的な場合もあります。外国人幼児等の気持ちを受け止めながら，無理なく自然に日本語に親しんでいけるようにすることが大切です。

エ　外国人幼児等を受け入れることは，在籍している幼児にとっても異なる習慣や行動様式をもった外国人幼児等と関わり，それを認め合う貴重な経験につながります。グローバル化が進展する中，教師自身が，互いの文化を尊重し合い，共生していくといった広い視野をもつことが大切です。

1　ア　イ
2　ア　イ　ウ
3　ア　イ　エ
4　イ　ウ　エ
5　ア　イ　ウ　エ

【16】次の文は，幼稚園教育要領（平成29年3月告示）領域「環境」の内容の一部である。下線部ア～ウの記述について，内容が正しいものを○，誤っているものを×とした場合，正しい組合せはどれか。1～5から一つ選べ。

・　幼児がア生活の中で周囲の環境と関わり，次第に周囲の世界に好奇心を抱き，その意味や操作の仕方に関心をもち，物事のイ永続性に気付き，自分なりに考えることができるようになる過程を大切にすること。また，他の幼児の考えなどに触れて新しい考えを生み出す喜びや楽しさを味わい，自分の考えをよりよいものにしようとする気持ちが育つようにすること。

・　身近な事象や動植物に対する感動を伝え合い，共感し合うことなどを通して自分から関わろうとする意欲を育てるとともに，様々な関わり方を通してそれらに対する親しみや畏敬の念，ウ生命を大切にする気持ち，公共心，探究心などが養われるようにすること。

	ア	イ	ウ
1	×	○	○
2	○	×	×
3	○	○	×
4	×	○	×
5	×	×	○

【17】幼稚園教育要領解説（文部科学省　平成30年2月）第2章第3節　環境の構成と保育の展開に関する記述である。発達のそれぞれの時期によって見られる特徴のある様相と発達の時期に即した環境の構成について，正しいものの組合せはどれか。1～5から一つ選べ。

〈発達のそれぞれの時期によって見られる特徴のある様相〉

A　入園当初の不安や緊張が解けない時期には，幼児は，日頃家庭で親しんでいる遊具を使って遊ぼうとしたり，自分が安心できる居場所を求めたりする。

B　安定して遊ぶようになると，幼児は同じ場で遊ぶ他の幼児に関心を向けたり，行動の範囲や活動の場を広げるようになる。

C　幼児は，友達と一緒に遊ぶ楽しさや様々な物や人との関わりを広げ深めていくようになる。

〈発達の時期に即した環境の構成〉

ア　友達と力を合わせ，継続して取り組む活動ができる場の構成を工夫することが大切である。また，友達の刺激を受けながら自分の力を十分発揮していけるように，探究心や挑戦する意欲を高めるような環境の構成が重要である。

イ　一人一人の家庭での生活経験を考慮し，幼児が安心して自分の好きな遊びに取り組めるように，物や場を整えることが必要である。また，教師はできるだけ一人一人との触れ合いをもつようにし，その幼児なりに教師や友達と一緒に過ごす楽しさを感じていけるように穏やかな楽しい雰囲気をつくることが大切である。

ウ　幼児が友達との遊びを安定した状態で進めたり，広げたりできるような場を構成すること，活動の充実に向けて必要な遊具や用具，素材を準備すること，幼児の新たな発想を生み出す刺激となるような働き掛けをすることが大切となる。

	A	B	C
1	ア	ウ	イ
2	イ	ウ	ア
3	ウ	イ	ア
4	ア	イ	ウ
5	イ	ア	ウ

【18】次のア～エの各文は，幼稚園教育要領解説（文部科学省　平成30年2月）第3章　教育課程に係る教育時間の終了後等に行う教育活動などの留意事項に関する記述の一部である。教育課程に係る教育時間の終了後等に行う教育活動に関する記述として，正しいものを○，誤っているものを×とした場合，正しい組合せはどれか。1～5から一つ選べ。

ア　教育課程に係る教育時間外の教育活動は，通常の教育時間前後や長期休業中などに，地域の実態や保護者の要請に応じて，幼稚園が当該幼稚園の全園児一斉に行う教育活動である。

イ　教育課程に基づく活動を考慮して展開するためには，教育課程に基づく活動を担当する教師と教育課程に係る教育時間の終了後等に行う教育活動を担当する者が，幼児の活動内容や幼児の心と体の健康状態についてお互いに引き継ぎをするなど，緊密な連携を図るようにすることが大切である。

ウ　教育課程に係る教育時間の終了後等に行う教育活動については，地方自治体で決められている日数や時間に合わせた，計画を作成する必要がある。

エ　教育課程に基づく活動と教育課程に係る教育時間の終了後等に行う教育活動は，両方とも幼稚園の教育活動であることから，それぞれを担当する教師が日頃から合同で研修を行うなど緊密な連携を図るとともに，それぞれの担当者がそれぞれの教育活動を等しく担っているという共通理解をもち，幼稚園全体の教師間の協力体制を整備することなども大切である。

	ア	イ	ウ	エ
1	○	○	×	×

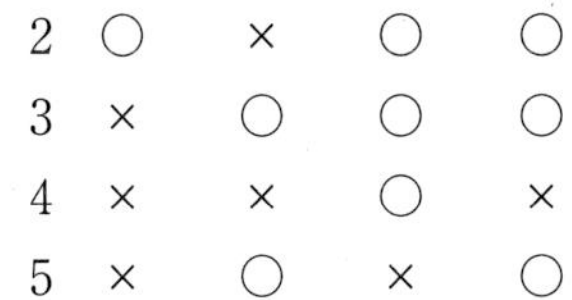

2	○	×	○	○
3	×	○	○	○
4	×	×	○	×
5	×	○	×	○

【19】次のア～エの各文は，幼稚園教育要領解説（平成30年2月）第2章第3節環境の構成と保育の展開に示された記述の一部であるが，記述に誤りが含まれているものがある。記述の内容として正しいものを○，誤っているものを×とした場合，正しい組合せはどれか。1～5から一つ選べ。

ア　教師は，常に幼児が具体的な活動を通して発達に必要な経験を積み重ねていくよう必要な援助を重ねていくことが大切であり，そのためには活動のきっかけを捉え，幼児の活動の理解を深めることが大切である。

イ　幼児の活動の理解に当たっては，活動にかかわっている幼児の表面的な動きや人数などの規模の大きさで理解することが大切である。

ウ　教師がねらいに基づいて構成した環境は幼児の発達に意味のあるものなので，環境を固定しておくことが大切である。

エ　教師は幼児が環境に関わって展開する具体的な活動を通して発達に必要な経験が得られるよう，援助することが重要である。

	ア	イ	ウ	エ
1	○	×	○	×
2	○	○	○	×
3	○	×	×	○
4	×	○	×	○
5	×	×	○	○

【20】次の文は，幼稚園教育要領（平成29年3月告示）「障害のある幼児などへの指導」についての記述である。下線部ア～オの記述の内容が正しいものを○，誤っているものを×とした場合，正しい組合せはどれか。1～5から一つ選べ。

障害のある幼児などへの指導に当たっては，集団の中で生活することを通してア諸能力の個別の発達を促していくことに配慮し，特別支援学校などの助言又は援助を活用しつつ，個々の幼児の障害の状態などに応じた指導内容や指導方法の工夫をイ組織的かつ画一的に行うものとする。また，家庭，地域及び医療や福祉，保健等の業務を行う関係機関との連携を図り，ウ長期的な視点で幼児への教育的支援を行うために，エ個別の教育支援計画を作成し活用することに努めるとともに，個々の幼児の実態を的確に把握し，オ個別の指導計画を作成し活用することに努めるものとする。

	ア	イ	ウ	エ	オ
1	×	×	×	○	○
2	○	×	○	×	○
3	×	○	×	○	○
4	○	○	×	○	×
5	×	×	○	○	○

【21】次のア～エの各文は，幼稚園教育要領解説（平成30年2月）第2章第2節領域「健康」の内容の取扱いについての記述の一部であるが，記述に誤りが含まれているものがある。内容の取扱いについての記述として誤っているものの組合せはどれか。1～5から一つ選べ。

ア　様々な遊びの中で，多様な動きに親しむことは幼児期に必要な基本的な動きを身に付ける上で大切である。そのために教師は特定の動きに特化した指導を行うことが必要である。

イ　食生活の基本は，まず家庭で育まれることから家庭との連携は大切である。特に，食物アレルギーなどをもつ幼児に対しては，家庭との連携を図り，医師の診断など必要な情報を得て，適切な対応を行うなど，十分な配慮をする必要がある。

ウ　基本的な生活習慣の形成に当たっては，幼児が一つ一つの生活行動を確実に身につけられるように，幼稚園の生活の流れの中で，行動様式を繰り返して行わせることによって習慣化させる指導を行うことが大切である。

エ　幼稚園生活の中では安全を確保するために，場合によっては，厳しく指示したり，注意したりすることも必要である。その際，幼児自身が何をしてはいけないか，なぜしてはいけないのかを考えるようにすることも大切である。

1　ア　イ
2　ア　ウ
3　ア　エ

4　イ　ウ
5　イ　エ

【22】次の各文のうち,〔　　〕内に示されている法規名と,条文または条文の一部の組合せとして誤っているものはどれか。1～5から一つ選べ。

1〔教育基本法〕
幼児期の教育は,生涯にわたる人格形成の基礎を培う重要なものであることにかんがみ,国及び地方公共団体は,幼児の健やかな成長に資する良好な環境の整備その他適当な方法によって,その振興に努めなければならない。

2〔学校教育法〕
幼稚園に入園することのできる者は,満三歳から,小学校就学の始期に達するまでの幼児とする。

3〔学校教育法施行規則〕
幼稚園の毎学年の教育週数は,特別の事情のある場合を除き,三十九週を下つてはならない。

4〔教育基本法〕
幼稚園は,義務教育及びその後の教育の基礎を培うものとして,幼児を保育し,幼児の健やかな成長のために適当な環境を与えて,その心身の発達を助長することを目的とする。

5〔教育基本法〕
父母その他の保護者は,子の教育について第一義的責任を有するものであって,生活のために必要な習慣を身に付けさせるとともに,自立心を育成し,心身の調和のとれた発達を図るよう努めるものとする。

【23】次の文は,幼稚園教育要領解説(平成29年3月告示)第2章第2節　領域「表現」に関する記述の一部である。空欄(　A　)～(　C　)に当てはまる語句をあとの語群から選ぶとき,語句の組合せとして正しいものを1～5から一つ選べ。

豊かな感性や自己を表現する(　A　)は,幼児期に自然や人々など身近な環境と関わる中で,自分の感情や体験を自分なりに表現する(　B　)を味わうことによって育てられる。したがって,幼稚園においては,日常生活の中で出会う様々な事物や事象,文化から感じ取るものやそのときの気持ちを友達や教師と共有し，表現し合うことを通して，豊かな（　C　）を養うようにすることが大切である。

語群

ア　習慣	イ　意欲	ウ　態度	エ　充実感	オ　達成感
カ　満足感	キ　感性	ク　心	ケ　創造性	

	A	B	C
1	ア	エ	ケ
2	ア	オ	ケ
3	イ	エ	キ
4	イ	カ	ク
5	ウ	オ	キ

【24】幼稚園教育指導資料第5集「指導と評価に生かす記録」（文部科学省　平成25年7月）では，保育記録の意義と生かし方の中で，記録への認識を深め保育に生かせるように，記録の意義を5つの視点から述べている。次の文は，その中の「幼児理解を基に次の保育を構想するために」という視点からの記述の抜粋である。下線部ア～エの記述について，正しいものを○，誤っているものを×とした場合，正しい組合せはどれか。1～5から一つ選べ。

保育実践の過程は循環しており，その起点となるのは幼児理解です。ア<u>幼児理解に基づいて教師は指導計画を立て保育を展開します。</u>では，どのような視点で幼児を理解すれば指導計画のねらいや内容の設定，環境の構成などの作成につながるのでしょうか。幼児の年齢や時期によって異なりますが，次のような点が挙げられます。

・イ<u>幼児の言動から，遊びの何に面白さを感じているのかを読み取る</u>
・そこでものや人とどのような関係を結んでいるのかを理解するとともに，課題も見いだす
・ウ<u>その課題を幼児が効率よく解決するためにどのような経験が必要なのかを考える</u>
・その経験を満たす可能性のある環境（遊び・活動を含む）は何かを考え，教師の場に応じた役割を考える（仲間になって動く，環境を提案・提示する等）
・結果としてエ<u>幼児一人一人の状態を，他の幼児との比較により捉える</u>

	ア	イ	ウ	エ
1	○	○	×	×
2	×	○	×	○
3	○	×	×	○
4	×	○	○	○
5	○	×	○	×

解答・解説

【1】2

〈解説〉文部科学省は幼稚園教育の近年の動向などを踏まえ，幼稚園教育の基本などについて理解を深めつつ創意工夫のある指導計画の作成に資するなど，一層の指導の充実の求めに応えるため，平成25（2013）年に幼稚園教育指導資料第1集「指導計画の作成と保育の展開」の改訂版を刊行した。その中で，選択肢エについては，「幼児期の教育と小学校の教育の円滑な接続のためには，一方が他方に合わせるのではなく，それぞれがその時期にある子どもの発達を踏まえてその教育をまず充実させることが大切です」と記述されている。

【2】1

〈解説〉イについては，「幼児が生活を通して発達していく姿を踏まえ，幼稚園教育において育みたい資質・能力を幼児の生活する姿から捉えたものを『ねらい』とし，それを達成するために教師が幼児の発達の実情を踏まえながら指導し，幼児が身に付けていくことが望まれるものを『内容』としたものである」と記述されている。ウについては，「幼稚園教育における領域は，それぞれが独立した授業として展開される小学校の教科とは異なるので，領域別に教育課程を編成したり，特定の活動と結び付けて指導したりするなどの取扱いをしないようにしなければならない」と記述されている。

【3】4

〈解説〉「学校安全資料『生きる力』をはぐくむ学校での安全教育（平成31年3月文部科学省）」は，安全教育，安全管理，組織活動の各内容を網羅して解説した総合的な資料として平成13（2001）年に作成され，平成22（2010）年に改訂された後，「学校事故対応に関する指針」（平成28年3月）の策定や学習指導要領の改訂等を踏まえ，平成31（2019）年3月に再度改訂されたものである。ウについては，「災害時の行動の仕方や不審者との遭遇など様々な犯罪から身を守る対処の仕方を身に付けるためには,幼児の発達の実情に応じて,基本的な対処の方法を確実に伝える」と記述されている。

【4】4

〈解説〉幼稚園教育要領(平成29年改訂)では,内容として,心身の健康に関する領域「健康」,人との関わりに関する領域「人間関係」,身近な環境との関わりに関する領域「環境」,言葉の獲得に関する領域「言葉」及び感性と表現に関する領域「表現」の5つの領域から構成されている。イとウは,領域「人間関係」の内容である。なお,領域「健康」の内容については,従前「先生や友達と食べることを楽しむ」が,今回の幼稚園教育要領改訂において,「先生や友達と食べることを楽しみ,食べ物への興味や関心をもつ」に改善されている。

【5】4

〈解説〉アについては,言葉の獲得に関する領域「言葉」の内容についての記述である。オについては,心身の健康に関する領域「健康」の内容についての記述である。5つの各領域の観点をしっかりと理解しておけば,正解にたどり着ける。

【6】3

〈解説〉幼稚園教育要領解説(平成30年2月)第2章　第3節の「1　環境の構成の意味」からの出題である。選択肢の文章は1,5が「(1)　状況をつくる」から,2,3,4が「(2)　幼児の活動に沿って環境を構成する」からそれぞれ抜粋されたものである。3については,示された文章において最後の文が,「その上で,教師は,幼児の発達や興味関心に応じつつ,発達に必要な経験を満たす可能性をもつ環境を構成しなければならない」と記述されている。

【7】4

〈解説〉幼稚園設置基準は,学校教育法第3条の「学校を設置しようとする者は,学校の種類に応じ,文部科学大臣の定める設備,編制その他に関する設置基準に従い,これを設置しなければならない」との規定に基づき,幼稚園を設置するのに必要な最低の基準を定めた文部科学省令で,13の条文と附則からなっている。幼稚園設置基準第3条は一学級の幼児数,同基準第4条は学級の編制,同基準第9条は施設及び設備等について定めている。

【8】1

〈解説〉幼稚園教育要領(平成29年告示)の総則の「第3　教育課程の役割と編成等」からの出題である。選択肢の文章はそれぞれ,アが「4　教育課程の編成上の留意事項」，イが「5　小学校教育との接続に当たっての留意事項」，ウが「2　各幼稚園の教育目標と教育課程の編成」，エが「3　教育課程の編成上の基本的事項」に関するものである。イについては，「幼稚園においては，幼稚園教育が，小学校以降の生活や学習の基盤の育成につながることに配慮し，幼児期にふさわしい生活を通して，創造的な思考や主体的な生活態度などの基礎を培うようにするものとする」と記述されている。

【9】2

〈解説〉選択肢の2は「情報」「施設」の言葉が入っており，領域「人間関係」ではなく，領域「環境」の内容である。領域「人間関係」の内容としてはほかに，「よいことや悪いことがあることに気付き，考えながら行動する」，「自分の思ったことを相手に伝え，相手の思っていることに気付く」など，全部で13項目が示されている。

【10】1

〈解説〉「幼児理解に基づいた評価（文部科学省　平成31年3月）」は平成29年3月の幼稚園教育要領の改訂を踏まえて刊行されたもので，幼稚園の教師が一人一人の幼児を理解し，適切な評価に基づいて保育を改善していくための基本的な考え方や方法などについて解説している。アについては，「幼稚園教育要領第2章「ねらい及び内容」に示された各領域のねらいを視点として，当該幼児の発達の実情から向上が著しいと思われるものを捉えていきます」と記述されている。ウについては，後半部分が「『幼児期の終わりまでに育ってほしい姿』を活用して幼児に育まれている資質・能力を捉え，指導の過程と育ちつつある姿を分かりやすく記入するようにします」と記述されている。

【11】3

〈解説〉指導計画はあくまでも仮説である。幼児の活動に沿ってよりよい指導をするためには，指導の過程を振り返り，反省や評価をすることから，指導計画の改善を図っていくことが大切である。　A　走る楽しさについての視点で記述されているのは，出題された記録の第2段落を中心に記されている，イの文章が適切である。　B　友達の動きを感じながら自分も動いているかを示しているのは，ジャンケンでの様子や相手を意識して走る様子を記述している，エが適切である。　C　チーム対抗の勝負への意識については，その意識が芽生えていない一方で，幼児が楽しんでいるのは友達と競い合って走るエンドレスリレーであることが記されている，アが適切である。

【12】1

〈解説〉アは，正しくは「幼児と共に」である。ウは，正しくは「心身の諸側面が相互に関連し合い」である。なお，幼稚園教育要領解説（平成30年2月）では，幼稚園教育の基本に関連して重視することとして，「幼児期にふさわしい生活が展開されるようにすること」，「遊びを通しての総合的な指導が行われるようにすること」，「一人一人の特性に応じた指導が行われるようにすること」の3点を挙げている。

【13】3

〈解説〉エは，領域「人間関係」の内容「(2)　自分で考え，自分で行動する」に関する記述である。オは，領域「表現」の「ねらい」についての記述である。領域「言葉」の内容についての記述であるア，イ，ウについて，アは内容「(6)　親しみをもって日常の挨拶をする」，イは内容「(9)　絵本や物語などに親しみ，興味をもって聞き，想像をする楽しさを味わう」，ウは内容「(5)　生活の中で必要な言葉が分かり，使う」に関する記述である。

【14】3

〈解説〉子どもの体力の現状については，「走る」，「跳ぶ」，「投げる」といった基本的な運動能力の低下が指摘されている中，文部科学省では，幼児期に獲得しておくことが望ましい基本的な動き，生活習慣及び運動習慣を身に付けるための効果的な取組などについての実践研究を行い，その成果を踏まえて取りまとめたのが，出題の「幼児期運動指針（平成24年3月　文部科学省）」である。「2幼児期における運動の意義」において，ウは，「(1)体力・運動能力の向上」の中で，「幼児期に運動を調整する能力を高めておくことは，児童期以降の運動機能の基礎を形成するという重要な意味を持っている」と記述されている。エは，「(5)認知的能力の発達」の中で，「敏捷な身のこなしや状況判断・予測などの思考判断を要する全身運動は，脳の運動制御機能や知的機能の発達促進に有効である」とされている。なお，この「幼児期運動指針」の着実な定着を図るため，「幼児期の運動に関する指導参考資料［ガイドブック］（第1集　平成27年　文部科学省，第2集　平成28年　スポーツ庁）が作成されている。

【15】5

〈解説〉文部科学省は，外国人児童生徒の公立学校への円滑な受入れに資することを目的として「外国人児童生徒受入れの手引き」を作成し，平成31(2019)

年3月に改訂した。また幼児期は，遊びを通した総合的な指導など，幼稚園教育の特性を踏まえた配慮も必要であるため，幼稚園における配慮事項等について取りまとめられたのが，出題の「外国人幼児等の受入れにおける配慮について」である。アは「Q2　外国人幼児等の状況を知るために保護者に確認した方がよいことはありますか」に関する記述，イは「Q4　外国人幼児等の指導ではどのような配慮が必要ですか」に関する記述，ウは「Q6　なかなか日本語になじめない場合，どのような配慮が必要ですか」に関する記述，エは「Q7　外国人幼児等の母文化等について，教師はどのような姿勢で臨む必要がありますか」に関する記述である。

【16】5

〈解説〉幼稚園教育要領（平成29年告示）における，領域「環境」の内容の取扱いからの出題である。アは正しくは「遊び」である。幼児は，遊びを通して周りの環境の一つ一つに関わる。そこから何か特定のことを分かろうとして関わるわけではなく，知りたいとか，面白く遊びたいから関わるのである。イは正しくは「法則性」である。幼児期において，物事の法則性に気付くということは，科学的に正しい法則を発見することを求めることではない。その幼児なりに規則性を見いだそうとする態度を育てることが大切である。

【17】2

〈解説〉幼稚園教育要領解説（平成30年2月）第2章　第3節　環境の構成と保育の展開　3 留意事項「(1)　環境を構成する視点　①発達の時期に即した環境」からの出題である。発達の時期としてはA→B→Cの順である。そして，Aの入園当初に即した環境の構成としては，幼児が安心して遊びに取り組めるように物や場を整えることを記述しているイが該当する。Bの安定して遊ぶ時期に即した環境の構成としては，安定した状態で進めたり広げたりする場を構成することを記述しているウが該当する。Cの友達と遊ぶ時期に即した環境の構成としては，友達と力を合わせたり刺激し合ったりする環境の構成を記述しているアが該当する。環境を構成する視点としては，「発達の時期に即した環境」，「興味や欲求に応じた環境」，「生活の流れに応じた環境」の3点が示されている。

【18】5

〈解説〉ア　正しくは，「教育課程に係る教育時間外の教育活動は，通常の教育時間の前後や長期休業期間中などに，地域の実態や保護者の要請に応じて，幼稚園が，当該幼稚園の園児のうち希望者を対象に行う教育活動である」である。つまり，全園児一斉に行う教育活動ではない。　ウ　正しくは，「教育課程に係る教育時間の終了後等に行う教育活動については，地域の実態などによって，希望日数や希望時間が異なることを考慮し，計画を作成する必要がある」である。

【19】3

〈解説〉イについては，「幼児の活動は，そばから見た表面的な動きや人数などの規模で理解することは難しい」，「教師は，幼児と活動を共にしながら，一人一人の幼児が心と体をどのように動かしているのかを感じ取り，それぞれの活動が幼児の発達にとってどのような意味をもつのかを考えつつ，指導を行うことが大切である」と記述されている。ウについては，「環境の構成は固定的なものではなく，幼児の活動の展開に伴って，常に幼児の発達に意味のあるものとなるように再構成していく必要があるものとして捉えることが大切である」と明示されている。

【20】5

〈解説〉幼稚園教育要領(平成29年告示)「第1章　総則　第5　特別な配慮を必要とする幼児への指導　1　障害のある幼児などへの指導」において，アとイを含む文については，「障害のある幼児などへの指導に当たっては，集団の中で生活することを通して全体的な発達を促していくことに配慮し，特別支援学校などの助言又は援助を活用しつつ，個々の幼児の障害の状態などに応じた指導内容や指導方法の工夫を組織的かつ計画的に行うものとする」と記述されている。「障害のある幼児などへの指導」については，今回の幼稚園教育要領改訂において「総則」に盛り込まれ，その指導の充実を目指すことが示されている。特に，個別の教育支援計画や個別の指導計画の活用が示されているところがポイントとなっている。

【21】2

〈解説〉アについては，「そのために」以降の文は，「教師は，遊びの中で幼児が多様な動きが経験できるよう工夫することが大切である」が正しい。ウについては，「基本的な生活習慣の形成に当たっては，幼稚園生活の流れの中で，幼児が一つ一つの生活行動の意味を確認し，必要感をもって行うようにすることが大切である」と記述されている。

【22】4

〈解説〉4は，幼稚園教育の目的を定めた学校教育法第22条である。1は幼児期の教育について定めた教育基本法第11条，2は幼稚園について定めた学校教育法第3章第26条，3は幼稚園について定めた学校教育法施行規則第3章第37条，5は家庭教育について定めた教育基本法第10条第1項である。幼稚園教育について5つの目標を定めた学校教育法第23条も出題の可能性が高いので，確認しておきたい。

【23】3

〈解説〉領域「表現」の「ねらい」に関する解説からの出題である。出題の文章は，前半が豊かな感性や自己を表現する意欲について，後半は豊かな感性を養うことが大切であることについて記述されたものである。豊かな感性をもつことは,「ねらい」の1項目目に示されている。

【24】1

〈解説〉「幼稚園教育指導資料第5集　指導と評価に生かす記録（文部科学省平成25年7月）」は，幼稚園教育における幼児理解や教師の指導の改善において，指導の過程における記録の重要性に鑑み，記録を活用した教師間の共通理解と協力体制の構築，保育実践の質，幼稚園教育の質の向上に資するために文部科学省が作成したものである。教師の専門性を高めるための記録の在り方や，その記録を実際の指導や評価にどのように生かしていくのかなどについて，実践事例を取り上げて解説している。その中で，ウの部分は「この課題を乗り越えるのにどのような経験を必要なのか」を考える，エの部分は「結果として遊びや幼児一人一人の状態がどのように変化するのかを見る」と記述されている。

令和元年度

【1】次のア～オの各文は，幼稚園教育要領解説（平成30年2月）第1章第3節教育課程の役割と編成等に関する記述の一部である。正しいものを○，誤っているものを×とした場合，正しい組合せはどれか。1～5から一つ選べ。

ア　幼稚園教育要領に示されている「ねらい」と「内容」は，幼稚園教育の全体を見通しながら幼児の発達の側面を取り上げたねらいや内容であり，幼稚園教育の全期間を通して育てるものである。そのため，教育課程の編成に当たっては，幼稚園教育要領に示されている「ねらい」や「内容」をそのまま教育課程における具体的な指導のねらいや内容に設定する。

イ　教育課程の実施に当たっては，幼稚園教育の基本である環境を通して行う教育の趣旨に基づいて，幼児の発達や生活の実状などに応じた具体的な指導の順序や方法をあらかじめ定めた指導計画を作成して教育を行う必要があり，教育課程は指導計画を立案する際の骨格となるものである。

ウ　幼児は，幼稚園から小学校に移行していく中で，突然違った存在になるわけではない。発達や学びは連続しており，幼稚園から小学校への移行を円滑にする必要がある。したがって，就学前までの幼児期にふさわしい教育を行いつつ，小学校教育の先取りをすることも必要である。

エ　安全に関する指導及び安全管理の両面を効果的に実施するためには，日頃から安全に関する実施体制の整備が大切であり，学校保健安全法に基づく学校安全計画及び危険等発生時対処要領（危機管理マニュアル）などを作成し，園内の全教職員で共通理解をしておくとともに，全教職員で常に見直し，改善しておくことを怠ってはならない。

オ　幼稚園においては，編成，実施した教育課程が教育目標を効果的に実現する働きをするよう，教育課程の実施状況を評価し，改善を図ることが求められている。教育課程の改善は，編成した教育課程をより適切なものに改めることであり，幼稚園は教育課程を絶えず改善する基本的態度をもつことが必要である。

	ア	イ	ウ	エ	オ
1	○	○	×	×	○
2	×	○	×	○	○
3	×	×	○	×	×
4	×	×	×	○	○
5	○	○	○	○	×

【2】次のア～オの各文は，幼稚園教育要領解説（平成30年2月）第2章第2節各領域に示す事項の記述の一部である。感性と表現に関する領域「表現」の内容についての記述として正しいものの組合せはどれか。1～5から一つ選べ。

ア　共感する教師や他の幼児がそばにいることにより，幼児は安心し，その幼児自身の動きや言葉で表現することを楽しむようになる。

イ　幼児が自分と物と他者のつながりを自然に意識できるように，教師はそれぞれの状況に合わせて様々な関わり方をすることが大切である。また，教師が紙の切れ端などを利用して何かを作って見せたりするなど，工夫の仕方で活用することができることを知らせ，幼児の物への関わりをより豊かに発展させていくことも大切である。

ウ　教師は，幼児の行動や思いをありのままに認め，期待をもって見守りながら，幼児の心の動きに沿って，幼児に伝わるように教師の気持ちや考えを素直に言葉や行動，表情などで表現していくことが必要である。

エ　豊かな感性を養うためには，何よりも幼児を取り巻く環境を重視し，様々な刺激を与えながら，幼児の興味や関心を引き出すような魅力ある豊かな環境を構成していくことが大切である。

オ　教師は，幼児のもっているイメージがどのように遊びの中に表現されているかを理解しながら，そのイメージの世界を十分に楽しめるように，イメージを表現するための道具や用具，素材を用意し，幼児と共に環境を構成していくことが大切である。

1　ア　イ　エ
2　ア　ウ　オ
3　ア　エ　オ
4　イ　ウ　エ
5　イ　ウ　オ

【3】次のア～オの各文は，幼稚園教育要領解説（平成30年2月）第1章第2節幼稚園教育において育みたい資質・能力及び「幼児期の終わりまでに育ってほしい姿」に関する記述の一部である。正しいものを○，誤っているものを×とした場合，正しい組合せはどれか。1～5から一つ選べ。

ア　「知識及び技能の基礎」とは，具体的には，豊かな体験を通じて，幼児が自ら感じたり，気付いたり，分かったり，できるようになったりすること，「思考力，判断力，表現力等の基礎」とは，具体的には，気付いたことや，できるようになったことなどを使い，考えたり，試したり，工夫したり，表現したりすること，「学びに向かう力，人間性等」とは，具体的には，心情，意欲，態度が育つ中で，よりよい生活を営もうとすることである。

イ　幼稚園教育は環境を通して行うものであり，とりわけ幼児の自発的な活動としての遊びを通して，一人一人の発達の特性に応じて，これらの姿が育っていくものであり，全ての幼児に同じように見られるものではないことに留意する必要がある。

ウ　幼稚園と小学校では，子供の生活や教育方法が異なっているため，「幼児期の終わりまでに育ってほしい姿」からイメージする子供の姿にも違いが生じることがあるが，教師同士で話し合いながら，子供の姿を共有できるようにすることが大切である。

エ　実際の指導場面においては，「知識及び技能の基礎」「思考力，判断力，表現力等の基礎」「学びに向かう力，人間性等」を個別に取り出して指導することによって，それぞれの資質・能力を育むように努めることが重要である。

オ「幼児期の終わりまでに育ってほしい姿」は，5歳児後半から見られる姿であり，各幼稚園で，幼児期にふさわしい遊びや生活を積み重ねることにより，3歳児，4歳児の時期には見られなかった幼稚園教育において育みたい資質・能力が育まれている幼児の具体的な姿である。

	ア	イ	ウ	エ	オ
1	○	○	○	×	×
2	×	×	○	○	○
3	×	○	○	×	×
4	○	○	×	×	○
5	○	×	×	○	×

【4】次のア～エの各文について，幼稚園教育要領(平成29年3月)領域「健康」の内容の取扱いについての記述として正しいものを○，誤っているものを×とした場合，正しい組合せはどれか。1～5から一つ選べ。

ア　様々な遊びの中で，幼児が興味や関心，能力に応じて全身を使って活動することにより，体を動かす楽しさを味わい，自分の体を大切にしようとする気持ちが育つようにすること。その際，幼児の運動機能の習熟のため，一定期間同じ動きを繰り返すことができるよう配慮すること。

イ　自然の中で伸び伸びと体を動かして遊ぶことにより，体の諸機能の発達が促されることに留意し，幼児の興味や関心が戸外にも向くようにすること。その際，幼児の動線に配慮した園庭や遊具の配置などを工夫すること。

ウ　健康な心と体を育てるためには食育を通じた望ましい食習慣の形成が大切であることを踏まえ，幼児の食生活の実情に配慮し，和やかな雰囲気の中で教師や他の幼児と食べる喜びや楽しさを味わったり，様々な食べ物への興味や関心をもったりするなどし，食の大切さに気付き，進んで食べようとする気持ちが育つようにすること。

エ　安全に関する指導に当たっては，情緒の安定を図り，遊びを通して安全についての構えを身に付け，危険な場所や事物などが分かり，安全についての理解を深めるようにすること。また，交通安全の習慣を身に付けるようにするとともに，避難訓練などを通して，災害などの緊急時に適切な行動がとれるようにすること。

	ア	イ	ウ	エ
1	×	○	○	○
2	×	○	○	×
3	○	×	×	○
4	○	×	○	×
5	×	×	×	○

【5】次のア～オの各文は，幼稚園教育要領解説（平成30年2月）第2章第2節各領域に示す事項の記述の一部である。身近な環境との関わりに関する領域「環境」の内容の取扱いについての記述として正しいものの組合せはどれか。1～5から一つ選べ。

ア　幼稚園生活の中で，幼児は，自分とは違った考え方をする友達が試行錯誤している姿を見たり，その考えを聞いたり，友達と一緒に試したり工夫したりする。その中で，幼児は友達の考えに刺激を受け，自分だけでは発想しなかったことに気付き，新しい考えを生み出す。このような体験を通して，幼児は考えることの楽しさや喜びに気付き，自分の考えをよりよいものにしようという気持ちが育っていく。

イ　数量や文字に関する指導は，幼児の興味や関心から出発することが基本となる。その上で，幼児の遊びや生活の中で文字を使ったり，数量を扱ったりする活動が生まれることがあり，このような活動を積み重ねることにより，ごく自然に数量や文字に関わる力は伸びていくものである。

ウ　心と体の健康は相互に密接な関連をもち，一体となって形成されていく。幼児期において，心の安定を図る上で大切なことは，幼児一人一人が，教師や友達との温かい触れ合いの中で，興味や関心をもって積極的に周囲の環境と関わり，自己の存在感や充実感を味わっていくことである。

エ　幼児は，地域の人々とのつながりを深め，身近な文化や伝統に親しむ中で，自分を取り巻く生活の有り様に気付き，社会とのつながりの意識や国際理解の意識が芽生えていく。

　このため，生活の中で，幼児が正月の餅つきや七夕の飾りつけなど四季折々に行われる我が国の伝統的な行事に参加したり，国歌を聞いたりして自然に親しみを感じるようになったり，古くから親しまれてきた唱歌，わらべうたの楽しさを味わったり，こま回しや凧揚げなど我が国の伝統的な遊びをしたり，様々な国や地域の食に触れるなど異なる文化に触れたりすることを通じて，文化や伝統に親しみをもつようになる。

オ　幼児は，遊具や用具に関わったり，他の幼児の表現などに触れて，心を動かされ，その感動を表現するようになる。教師は，幼児が表現する過程を楽しみ，それを重ねていき，その幼児なりの自己表現が豊かになっていくように，幼児の心に寄り添いながら適切な援助をすることが大切である。

1　ア　イ　エ
2　ア　イ　オ
3　ア　ウ　エ
4　イ　ウ　オ
5　ウ　エ　オ

【6】次のア～オの各文のうち，教育基本法に関する記述として正しいものの組合せはどれか。1～5から一つ選べ。

ア　幼稚園に入園することのできる者は，満3歳から，小学校就学の始期に達するまでの幼児とする。

イ　幼児期の教育は，生涯にわたる人格形成の基礎を培う重要なものであることにかんがみ，国及び地方公共団体は，幼児の健やかな成長に資する良好な環境の整備その他適当な方法によって，その振興に努めなければならない。

ウ　幼稚園の毎学年の教育週数は，特別の事情のある場合を除き，39週を下つてはならない。

エ　父母その他の保護者は，子の教育について第一義的責任を有するものであって，生活のために必要な習慣を身に付けさせるとともに，自立心を育成し，心身の調和のとれた発達を図るよう努めるものとする。

オ　幼稚園は，義務教育及びその後の教育の基礎を培うものとして，幼児を保育し，幼児の健やかな成長のために適当な環境を与えて，その心身の発達を助長することを目的とする。

1　ア　エ
2　ア　オ
3　イ　ウ
4　イ　エ
5　ウ　オ

【7】次のア～オの各文のうち，幼稚園教育要領解説（平成30年2月）領域「人間関係」の内容についての記述として，正しいもののみをすべて挙げているものはどれか。1～5から一つ選べ。

ア　幼児期においては，幼児が友達と関わる中で，自分を主張し，自分が受け入れられたり，あるいは拒否されたりしながら，自分や相手に気付いていくという体験が大切である。

イ　人と関わる力を育む上では，単にうまく付き合うことを目指すだけではなく，幼稚園で安心して自分のやりたいことに取り組むことにより，友達と過ごす楽しさを味わったり，自分の存在感を感じたりして，友達と様々な感情の交流をすることが大切である。

ウ　友達と様々な心を動かす出来事を共有し，互いの感じ方や考え方，行動の仕方などに関心を寄せ，それらが行き交うことを通して，それぞれの違いや多様性に気付いていくことが大切である。

エ　幼児は他者と関わる中で，自他の行動に対する様々な反応を得て，よい行動や悪い行動があることに気付くので，その行動の何が悪かったのかを，その都度，教師がその場で教えることが必要である。

オ　幼児は次第に気の合う友達や一緒にいたいと思う友達ができ，そうした友達に対して，共感し，思いやりのある行動をする傾向があるので，共によく遊ぶ仲の良い友達をもつことが思いやりをもつ上で重要である。

1　ア　イ　ウ

2　ア　エ　オ

3　ウ　エ　オ

4　ア　イ　ウ　エ

5　ア　イ　ウ　オ

【8】次のア～エの各文のうち，幼稚園教育要領解説（平成30年2月）第1章第5節　特別な配慮を必要とする幼児への指導に関する記述として正しいもののみをすべて挙げているものはどれか。1～5から一つ選べ。

ア　障害のある幼児などは，学校生活だけでなく家庭生活や地域での生活を含め，長期的な視点で幼児期から学校卒業後までの一貫した支援を行うことが重要である。このため，教育関係者のみならず，家庭や医療，福祉などの関係機関と連携するため，それぞれの側面からの取組を示した個別の指導計画を作成し活用していくことが考えられる。

イ　障害のある幼児などの指導に当たっては，全教職員において，個々の幼児に対する配慮等の必要性を共通理解するとともに，全教職員の連携に努める必要がある。その際，教師は，障害のある幼児などのありのままの姿を受け止め，幼児が安心して，ゆとりをもって周囲の環境と十分に関わり，発達していくようにすることが大切である。

ウ　障害の種類や程度を的確に把握した上で，障害のある幼児などの「困難さ」に対する「指導上の工夫の意図」を理解し，指導に当たっていく必要がある。特別支援教育において大切な視点は，一人一人の障害の状態により，生活上などの困難が異なることに十分留意しつつも，個々の幼児の障害の種類や程度にかかわらず一律の指導内容や指導方法を検討し，指導を行うことである。

エ　幼稚園においては，保護者が，来園しやすく相談できるような雰囲気や場所を用意したり，教師は，幼児への指導と併せて，保護者が我が子の障害を理解できるようにしたり，将来の見通しについての不安を取り除くようにしたり，自然な形で幼児との関わりができるようにしたりするなど，保護者の思いを受け止めて精神的な援助や養育に対する支援を適切に行うように努めることが大切である。

1 ア イ エ
2 ア ウ エ
3 ア ウ
4 イ ウ
5 イ エ

【9】次の文章は,「幼児期から児童期への教育」(国立教育政策研究所教育課程研究センター　平成17年2月)から作成した,友達と一緒に試行錯誤しながら遊びのイメージを実現していく幼児の姿をとらえた,5歳児の事例の抜粋である。この事例における教師のかかわりを幼稚園教育要領(平成29年3月)領域「人間関係」の面から考えたとき,あとのア～オの内容の取扱いの記述について最も適切な組合せはどれか。1～5から一つ選べ。

○　事例(5歳児)

T児がティッシュペーパーの箱でロープウェイを作り始めた。はさみで箱に穴を開けて窓を作ろうとしたが,うまくいかない。教師に援助を求めてきたので,「こうすれば開けやすいよ」と切れ目を入れて手渡す。T児は窓を開け,側面に模様と番号をつけた。ビニールひもを上部にセロハンテープでつけ,近くにいたA児に「ちょっとそっち持ってくれる？」と頼んだ。A児が「いいよ」とひもの片側を持つと,ロープウェイが宙にゆらゆらと揺れた。A児が「トイレットペーパーの芯に通せば,すうって動くよ。前,ロケットを作ったときみたいに」と言う。初めT児には,A児の言う「すうって動く」ということが想像できない様子であった。どうしたらよいのか分からない様子でいたので,教師が「Aちゃんの考えすごいね。そうかもしれないね」と言うと,A児はさっそく芯を探し始める。T児もその後を追う。二人は芯を見つけ,ロープウェイにつけた。

A児はこれまでに経験があるので,高低差をつけるために交互に立ったり座ったりすることをT児に伝えている。ロープウェイは動き始めた。それを見たH児も興味をもって,「すごい。動くようにしたんだね」と言う。A児とT児は,やり遂げた満足感からにっこりする。

A児が「もっとひもを長くしよう」と言い,挑戦してみたが,あまり動かなくなってしまった。今度はT児が,「もっと高くしないとだめだ」と言い,積極的に椅子を持ってきて高低差をつけ始めた。先ほどの成功で自信をもった様子である。少し動く。それを見ていたH児が「お客さん乗せれば？重くするといいんじゃない？」と言う。T児は，部屋にあった小箱や積み木を入れて試したが，なかなかうまくいかない。三人は「ロープウェイってゆらゆらするときあるよね」「ちょっと怖いよね」などと話しているが，満足していないようである。三人は，どうにかしたいと思いつつも，いい考えが浮かばないようである。

教師は，幼児のもっているロープウェイの動きのイメージにより近い形で実現できれば，遊びがもっと面白くなるだろうと思い，「お客さんは粘土で作ってみたらどう？」と提案してみた。T児たちは，さっそく粘土の大きさを変えながら試し始めた。何度か試すうちに，ゆっくり滑り降りてくるという動きになってきた。「動いた！本物みたい」と歓声を上げる。

ア　生活経験や発達に応じ，自ら様々な表現を楽しみ，表現する意欲を十分に発揮させることができるように，遊具や用具などを整えたり，様々な素材や表現の仕方に親しんだり，他の幼児の表現に触れられるよう配慮したりし，表現する過程を大切にして自己表現を楽しめるように工夫すること。

イ　言葉は，身近な人に親しみをもって接し，自分の感情や意志などを伝え，それに相手が応答し，その言葉を聞くことを通して次第に獲得されていくものであることを考慮して，幼児が教師や他の幼児と関わることにより心を動かされるような体験をし，言葉を交わす喜びを味わえるようにすること。

ウ　教師との信頼関係に支えられて自分自身の生活を確立していくことが人と関わる基盤となることを考慮し，幼児が自ら周囲に働き掛けることにより多様な感情を体験し，試行錯誤しながら諦めずにやり遂げることの達成感や，前向きな見通しをもって自分の力で行うことの充実感を味わうことができるよう，幼児の行動を見守りながら適切な援助を行うようにすること。

エ　幼児が互いに関わりを深め，協同して遊ぶようになるため，自ら行動する力を育てるようにするとともに，他の幼児と試行錯誤しながら活動を展開する楽しさや共通の目的が実現する喜びを味わうことができるようにすること。

オ　身近な事象や動植物に対する感動を伝え合い，共感し合うことなどを通して自分から関わろうとする意欲を育てるとともに，様々な関わり方を通してそれらに対する親しみや畏敬の念，生命を大切にする気持ち，公共心，探究心などが養われるようにすること。

1　ア　ウ
2　イ　エ
3　ウ　エ
4　ア　オ
5　イ　オ

【10】次のア～オの各文は，幼稚園教育要領解説（平成30年2月）第2章第2節各領域に示す事項の記述の一部である。領域「言葉」の内容についての記述として正しいもののみをすべて挙げているものはどれか。1～5から一つ選べ。

ア　幼児は，日常の生活の中でこのような自然や社会の様々な事象や出来事と出会い，それらの多様な体験を幼児のもっている様々な表現方法で表そうとする。このような体験を通して，幼児は，具体的なイメージを心の中に蓄積していく。

イ　幼児が様々な体験を言葉で表現出来るようになっていくためには，自分なりの表現が教師や友達，さらには異なる年齢や地域の人々など，様々な人へと伝わる喜びと，自分の気付きや考えから新たなやり取りが生まれ，活動が共有されていく満足感を味わうようにすることが大切である。

ウ　幼児は，その幼児なりに様々な方法で表現しているが，それはそばから見てすぐに分かる表現だけではない。特に3歳児では，じっと見る，歓声を上げる，身振りで伝えようとするなど言葉以外の様々な方法で感動したことを表現しているので，教師はそれを受容し，共感をもって受け止めることが大切である。

エ　教師は，幼児の生活に沿いながらその意味や使い方をその都度具体的に分かるように伝えていくことにより，幼児も次第にそのような言葉の意味が分かり，自分でも使うようになっていくことから，一人一人の実情に沿ったきめ細かな関わりが大切である。

オ　幼稚園生活の中で，名前や標識，連絡や伝言，絵本や手紙などに触れながら，文字などの記号の果たす機能と役割に対する関心と理解が，それぞれの幼児にできるだけ自然な形で育っていくよう環境の構成に配慮することが必要である。

1　イ　エ

2　ウ　エ

3　ア　イ　ウ

4　ア　ウ　オ

5　イ　エ　オ

【11】次の①～④の各文の下線部のカタカナを漢字に直したとき，それぞれの漢字の部首の組合せとして最も適切なものはどれか。あとの1～5から一つ選べ。

①　校庭をカイ放する。

②　キョウ愁にかられる。

③　スジ道を立てて話す。

④　プログラム内ゾウ方式の計算機を買う。

	①	②	③	④
1	つのへん(つの)	おおざと	ちから	つきへん(にくづき・つき)
2	つのへん(つの)	いとへん	たけかんむり(たけ)	つきへん(にくづき・つき)
3	もんがまえ	おおざと	たけかんむり(たけ)	つきへん(にくづき・つき)
4	もんがまえ	いとへん	ちから	くさかんむり
5	もんがまえ	おおざと	たけかんむり(たけ)	くさかんむり

【12】次の文は，新美南吉の『ごん狐』の一部である。この文の下線部を，文節の切れ目に「／」を入れて文節に区切ったものとして，正しいものはどれか。あとの1～5から一つ選べ。

二三日雨がふりつづいたそのあいだ，ごんは，外へも出られなくて穴の中にしゃがんでいました。

1　外へも／出られなくて／穴の中に／しゃがんでいました。

2　外へも／出られなくて／穴の中に／しゃがんで／いました。

3　外へも／出られなくて／穴の／中に／しゃがんで／いました。

4　外へも／出られ／なくて／穴の／中に／しゃがんでいました。

5　外へも／出られ／なくて／穴の／中に／しゃがんで／いました。

次の文章を読んで，【13】・【14】に答えよ。

①自分とは何であるか。こう問われたとき，われわれはなんとも言えぬ気分を味わうことになる。というのは，何を当たり前のことをと思いながらも，この問いが含んでいる破壊力に，われわれは不安と同時に魅力を感じるからである。できうればこの問いに関わり合いたくないというのが，ごく普通の反応であろう。そうであるからこそ，われわれはまずこの問いが真剣に問われているのかどうかを確かめようと，問い手の顔を見つめるのである。もしそれが真剣な問いであるならば，そこでわれわれは決断を迫られることになる。この問いに真正面から応答しようとするのか，それともこの問いに背を向けて逃げ去るのか。この問いは，一度応答しようとするならば，真正面から応答せざるをえないような性格を備えている。というのは，この問いにわれわれはそれこそ全面的に捲き込まれざるをえないからである。つまり，この問いによってまさにわれわれが，自分が問われているからである。

自分とは何であるか，この問いにおいて「自分」はどのような仕方で問題となっているのであろうか。ここでは自分という語が独特な働きをしていることに注目せねばならない。つまり，自分とは，問い手の自分でもあれば，その問いを受けて答える自分でもある。したがって，この問いが発せられるとき，問う者も問われる者も同時にその問いのうちに投げ込まれることになる。

問う者の側からみてみよう。「自分」というものが分かっているならば，そもそもこの問いを問うはずもない。しかしこの問いを問うとは，単に問う者自身のみに向けられていることなのであろうか。問う者がいるかぎり，そこには必ず問われる者がいるはずである。したがって，ここでは問い手の「自分」だけでなく，それに答える「自分」も問われていることになる。換言するならば，なんらかの問いを立てるということそれ自体が，問う者を越え出ていくという契機を含んでいるのである。

たとえ自問自答の場合でさえ，そこで問われているのは特定の人間としての池上某なのではなく，池上某という「自分」なのである。したがって，昭和何年に何処で生まれて小学校は……といったものでは決して答えにはならず，そのような歴史を生きてきて，現在今此処(ここ)にこうしているこの「自分」の自分たる由縁(ゆえん)（そしてそれは自分以外の人びとがそれぞれ独自の「自分」であることの由縁とある構造的な共通性を有しているはずの）が問題となっているのである。

次に問われる者の側からみてみよう。この問いに出会ったときまずわれわれは，そこで問題になっているのはわれわれに問いかけている相手の「自分」であると思う。しかし，すぐにわれわれはそれだけではないと気づく。すなわち，何であるかということによって，その「自分」なるものがわれわれにも向けられていることを感じざるをえないからである。

こうして先述したように，われわれはこの問いの前で一瞬［　ア　］のである。この問いはあまりにも自明的なものに向けられている，その限りでこの問いはわれわれの安定した在り方を動揺させ突き崩すものでありうる。なぜならば，自明的であるとは，われわれがその上に依存しているということだからである。この問いに含まれるそのような力こそが，われわれに不安を感じさせもすれば，魅力を感じさせもするのである。

さらに，われわれ以外の他の「自分」がそもそも問われており，それに答えるということが求められている限り，この問いは一層面倒というか不思議なものとなっている。というのは，問うている相手に対して，その「自分」とはこういうものですよ，と答える課題がわれわれには与えられているからである。つまり，そういう形で他者の在り方に関わらざるをえないのであり，逆にわれわれ自身の自分が問題となるという仕方で他者がわれわれの在り方に関わってくることになるのである。「自分」とは何であるかと問うことは，同時に「他者」とは何であるかと問うことを必然的に伴うのである。こうしてわれわれは，他者との関係において，「自分」とは，「私」とは誰であるかという問いにまで直面させられることになるのである。

（池上　哲司『傍らにあること　老いと介護の倫理学』）

【13】下線部①とあるが，「自分とは何であるか。」という問いについて，次のA～Cの各文のうち，本文中で述べられている内容として，正しいものを○，誤っているものを×とした場合，適切な組合せはどれか。あとの1～5から一つ選べ。

A「自分とは何であるか。」を問う者にとっては，問い手の「自分」と，その問いに答える「自分」が問われている。

B「自分とは何であるか。」を問われる者にとっては，問いかけている者の「自分」についてどのように理解しているかのみが問われている。

C「自分とは何であるか。」を問う者も問われる者も，自分という語が独特な働きをしていることに注目するので，この問いが発せられると同時にその問いのうちに投げ込まれる。

	A	B	C
1	○	×	○
2	○	○	×
3	○	×	×
4	×	○	×
5	×	×	○

【14】本文中の空欄アに入る言葉として適切なものはどれか。1～5から一つ選べ。

1　悦に入る
2　息をのむ
3　心に染みる
4　胸が高鳴る
5　弱腰になる

次の年表に関して，【15】～【18】に答えよ。

≪年表≫

1989年	日本において消費税が導入される　……(1)
1998年	長野オリンピックが開催される　……(2)
2009年	日本において裁判員制度が始まる　……(3)
2014年	富岡製糸場と絹産業遺産群がUNESCOの世界遺産リストに登録される　……(4)

【15】年表中の(1)に関連して，次のA～Dの各文は，日本における消費税について述べたものである。正しいものの組合せをあとの1～5から一つ選べ。

A　消費税は，消費者が負担し事業者が納めることから，直接税に分類される。

B　消費税はその税収が，景気や人口構成の変化に左右されやすく，不安定であるといった特徴がある。

C　2014年度以降，消費税（国税分）の税収は，社会保障給付並びに少子化に対処するための施策に要する経費に充てることとなっている。

D　1989年，日本において消費税が導入された当時，その税率は3%であった。

1　A　と　D
2　B　と　D
3　C　と　D
4　B　と　C
5　A　と　B

【16】年表中の(2)に関連して，次の表は日本の5つの地点の気温(℃)および降水量(mm)の月別平年値(1981～2010年の平均値)を表したものである。長野県長野市を表したものとして正しいものを表中の1～5から一つ選べ。

		1月	2月	3月	4月	5月	6月	7月	8月	9月	10月	11月	12月
1	気温	-0.6	0.1	3.8	10.6	16.0	20.1	23.8	25.2	20.6	13.9	7.5	2.1
	降水量	51.1	49.8	59.4	53.9	75.1	109.2	134.4	97.8	129.4	82.8	44.3	45.5
2	気温	4.9	5.5	8.8	14.5	19.3	23.3	27.2	28.3	24.4	18.1	12.3	7.3
	降水量	34.2	50.5	86.7	92.3	125.0	171.5	160.9	87.4	134.4	81.1	51.2	31.0
3	気温	-3.6	-3.1	0.6	7.1	12.4	16.7	20.5	22.3	18.1	11.8	4.9	-0.9
	降水量	113.6	94.0	77.8	56.8	53.1	46.8	81.0	123.8	135.2	108.7	104.1	111.7
4	気温	2.4	2.4	5.4	11.5	16.6	20.6	24.6	26.3	22.0	16.0	10.2	5.3
	降水量	419.1	262.0	194.2	96.1	95.7	145.3	210.6	150.4	206.2	210.8	342.0	423.1
5	気温	6.3	6.9	9.9	14.6	18.4	21.7	25.4	26.4	23.6	18.3	13.4	8.6
	降水量	100.7	118.8	253.1	289.4	371.8	405.7	397.2	468.2	691.9	395.7	249.8	106.5

(『日本国勢図会 2018/19年版』による)

【17】年表中の(3)に関連して，次のA～Eの各文は，日本の裁判制度について述べたものである。正しいものの組合せをあとの1～5から一つ選べ。

A　当事者が望めば原則的に4回まで審理を受けられるという制度を採用している。

B　日本国憲法において，すべて刑事事件においては，被告人は，迅速な公開裁判を受ける権利が保障されている。

C　裁判員裁判は，地方裁判所で行われるすべての刑事事件が対象となる。

D　最高裁判所長官は，内閣の指名に基づいて天皇によって任命される。

E　最高裁判所の裁判官は任命された後に初めて行われる参議院議員通常選挙の際に国民審査を受ける。

1　A　と　E
2　A　と　C
3　B　と　D
4　C　と　D
5　B　と　E

【18】年表中の(4)に関連して，次のA～Eの各文は，富岡製糸場が操業を開始した明治時代の日本の出来事について述べたものである。古い出来事から新しい出来事に順番に並べた組合せとして正しいものをあとの1～5から一つ選べ。

A　大日本帝国憲法が発布される。

B　日英同盟が締結される。

C　日清戦争が始まる。

D　帝国議会が開設される。

E　ポーツマス条約が調印される。

1　A→B→D→C→E

2　B→A→C→E→D

3　D→B→A→C→E

4　C→D→A→E→B

5　A→D→C→B→E

【19】2次方程式$13x^2 = 78x + 65$の解を1～5から一つ選べ。

1　$x = 3 \pm \sqrt{14}$

2　$x = 1,\ x = 5$

3　$x = 2,\ x = 3$

4　$x = \dfrac{3 \pm \sqrt{14}}{13}$

5　$x = \dfrac{3 \pm 2\sqrt{14}}{2}$

【20】ある商店街が福引き券を800枚つくり，景品については下の表のようにした。どのくじが取り出されることも同様に確からしいとき，1回の福引きでもらえる商品券の金額の期待値はいくらになるか。1～5から一つ選べ。

等級	商品券	枚数
1等	2000円	20
2等	500円	70
3等	100円	450
はずれ	なし	260

1　300円　　2　650円　　3　150円　　4　100円　　5　15円

【21】1から1000までの整数をすべて加えるとき，その和は1～5のどれにあてはまるか。

1　200000未満
2　200000以上300000未満
3　300000以上400000未満
4　400000以上500000未満
5　500000以上

【22】体重20kgのAと体重60kgのBがシーソーの中心から1.5mのところに向かいあって座っている。この状態からシーソーをつりあわせるためにはどうすればよいか。次の1～5から一つ選べ。なお，シーソーの支点はシーソーの中心にあるものとする。

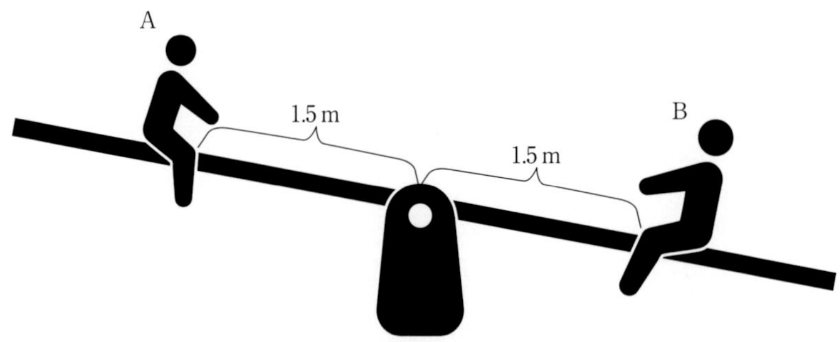

1　Aが中心方向に1m移動する
2　Bが中心方向に1m移動する
3　Aが中心方向とは反対の方向に50cm移動し，Bが中心方向に50cm移動する
4　Aが中心方向とは反対の方向に1m移動する
5　Bが中心方向とは反対の方向に1m移動する

【23】図1のように，A点を含むB点までの斜面と，B点からなめらかに続くC点を含む水平面がある。1秒間に60回打点する記録タイマー用のテープを取り付けた台車を，図1のA点から静かに離して走らせた。図2は，AC間を移動したときのテープを，6打点ごとに切り取り，順に並べたものである。

あとの(1)～(3)の問いの答えの組合せとして正しいものはどれか。あとの1～5から一つ選べ。ただし，台車や記録テープにはたらく摩擦及び空気抵抗は考えないものとする。

＜図1＞

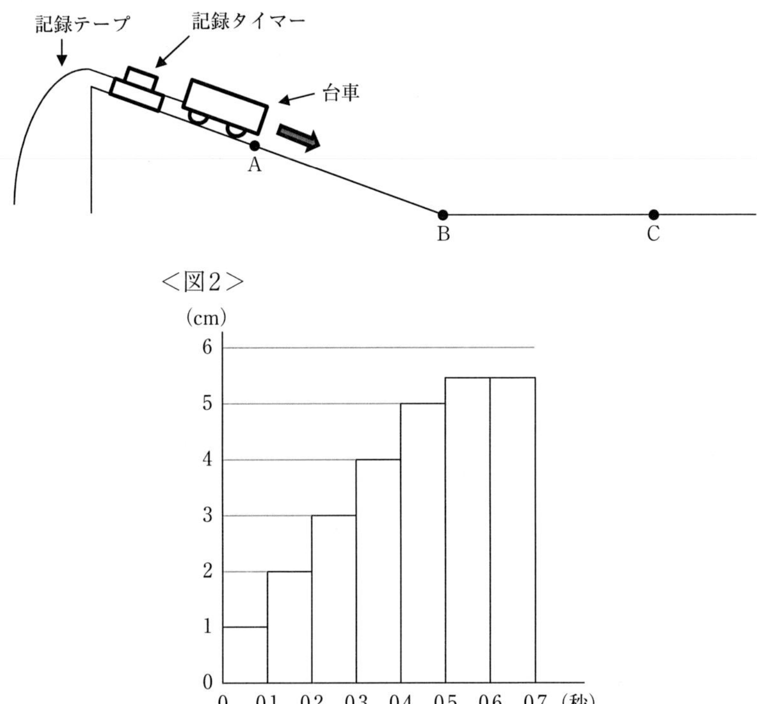

(1)　図1のA～B間を移動しているときの速度と時間との関係を表したグラフはどれか。ア～ウから1つ選べ。縦軸は速度(cm/秒)，横軸は時間(秒)を表している。

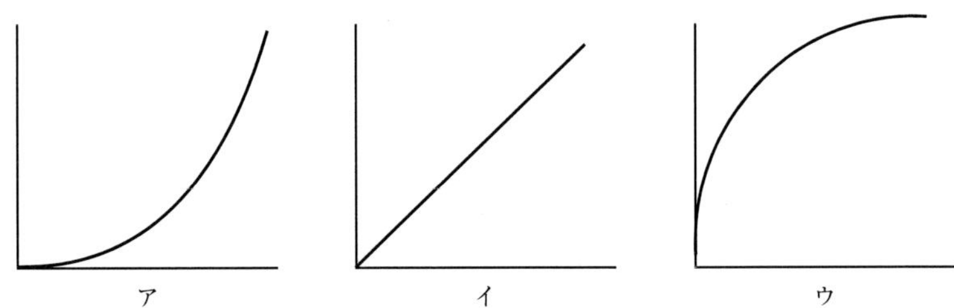

(2)　図2の0.1秒後から0.4秒後の区間での台車の平均の速さは何cm/秒か。

(3)　図1のBC間において，台車にはたらく力の説明として正しいものはどれか。次のエ～カから1つ選べ。

エ　台車が進む向きにも，台車が進むのを妨げる向きにも，力ははたらかない。

オ　台車が進む向きに力がはたらき続け，その力の大きさは一定になる。

カ　台車が進む向きに力がはたらき続け，その力の大きさはしだいに小さくなる。

	(1)	(2)	(3)
1	ア	10cm/秒	エ
2	ア	30cm/秒	オ
3	イ	10cm/秒	カ
4	イ	30cm/秒	エ
5	ウ	40cm/秒	オ

【24】次の各文は，電気分解について記述したものである。誤っているものはどれか。1～5から一つ選べ。ただし，電極には，すべて炭素棒を用いたものとする。

1　電解質は，水に溶かすとその水溶液に電流を通す性質があるが，非電解質は，水に溶かしてもその水溶液に電流を通さない性質がある。

2　電解質が水に溶け，陽イオンと陰イオンに分かれることを電離という。

3　電気分解するとき，電源装置の＋極につないだ電極を陽極，－極につないだ電極を陰極という。

4　塩酸を電気分解すると，陽極で水素が発生し，陰極で塩素が発生する。

5　塩化銅水溶液を電気分解すると，陰極の表面に赤色の物質が付着する。

【25】容積が180m^{3}の部屋がある。この部屋の室温が18℃のとき，水温16℃の水を金属製のコップに半分ほど入れ，氷を入れてかき混ぜた。すると，少しずつ水温が下がっていき，水温が12℃になった時にコップの表面が水滴でくもり始めた。次の(1)，(2)の問いの答えの組合せとして最も適切なものはどれか。あとの1～5から一つ選べ。

なお，表1は，それぞれの気温に対する飽和水蒸気量を示している。

(1)　このときの部屋の湿度は約何％か。ただし部屋の室温は18℃のままとする。

(2)　この部屋の室温が6℃まで下がったときに，部屋全体では何gの水蒸気が水滴となって出てくるか。ただし，水蒸気は部屋内に一様に存在し，空気の出入りはなく，飽和水蒸気量を超える水蒸気はすべて水滴に変わったこととする。

表1　それぞれの気温に対する飽和水蒸気量

気温〔℃〕	飽和水蒸気量〔g/m³〕	気温〔℃〕	飽和水蒸気量〔g/m³〕
2	5.6	12	10.7
4	6.4	14	12.1
6	7.3	16	13.6
8	8.3	18	15.4
10	9.4	20	17.3

	(1)	(2)
1	69%	3.4g
2	79%	612g
3	69%	612g
4	79%	1458g
5	69%	1458g

【26】図1の標高（海水面からの高さ）を表す地図に示したa～cの地点で，地下の地層を調査した。図2はその結果を示す柱状図である。この地域の地層には上下逆転や断層がなく，一定の傾きでそれぞれ平行に重なって広がっており，火山灰の層は同時期に堆積したものであることが分かっている。次の文章の空欄A～Dに入る数値や語句の組合せとして最も適切なものはどれか。あとの1～5から一つ選べ。

＜図1＞　標高（海水面からの高さ）を表す地図

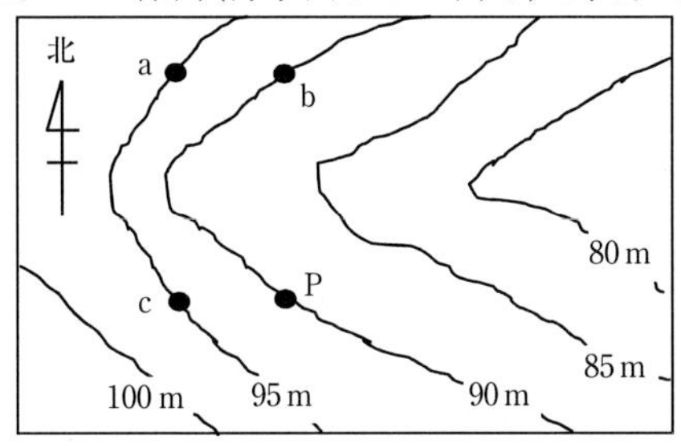

<図2>　調査結果の柱状図

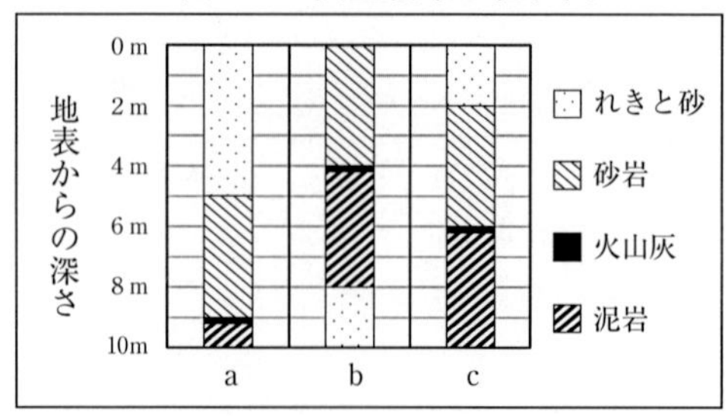

(1)　a地点での火山灰の層の標高（海水面からの高さ）は約［　A　］mである。

(2)　図2の柱状図に示されている砂岩の層から，サンゴの化石が見つかった。このことから，この砂岩の層が堆積した当時，図1の地図に示されている地域は［　B　］であったことがわかる。このように地層が堆積した当時の環境がわかる化石を，［　C　］化石という。

(3)　図1のP地点で調査を行うと，［　D　］のような調査結果が得られると考えられる。

<図3>

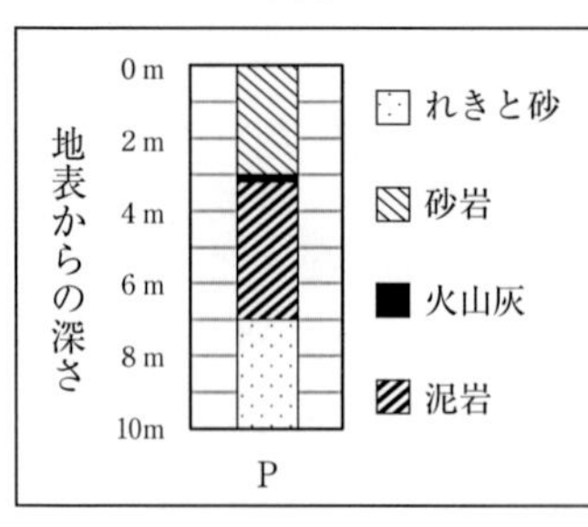

<図4>

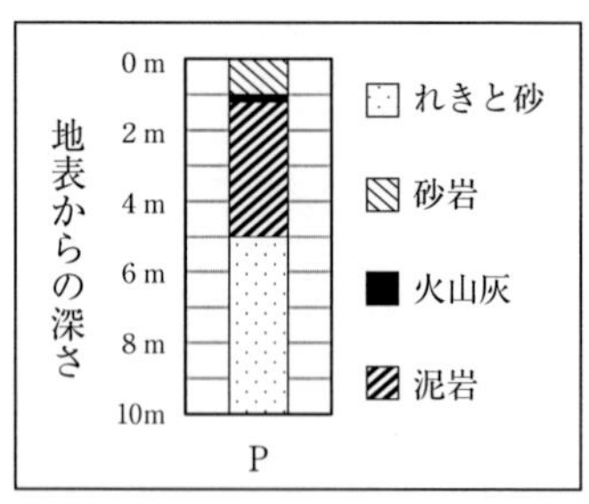

	A	B	C	D
1	86	あたたかい海	示準	図4
2	86	冷たい海	示準	図3
3	86	あたたかい海	示相	図4
4	91	冷たい海	示準	図4
5	91	あたたかい海	示相	図3

次の英文を読んで，あとの【27】～【29】の問いに答えよ。

The largest land mammal on earth, the African elephant weighs up to eight tons. The elephant is distinguished by its massive body, large ears and a long trunk, which has many uses ranging from using it as a hand to pick up objects, as a horn to trumpet warnings, an arm raised in greeting to a hose for drinking water or bathing.

Asian elephants differ in several ways from their African relatives. [1] They are much smaller in size and their ears are straight at the bottom, unlike the large fan-shape ears of the African species. [2] Only some Asian male elephants have tusks. All African elephants, including females, have tusks. Elephants are either left or right-tusked and the one they use more is usually smaller because of ① <u>wear and tear</u>. The Asian elephant has four toes on the hind foot and five on the forefoot, while the African elephant has three on the hind foot and five on the forefoot.

[3] Led by a matriarch, elephants are organized into complex social structures of females and calves, while male elephants tend to ② <u>live in isolation</u>. A single calf is born to a female once every 4-5 years and after a gestation period of 22 months − the longest of any mammal. [4] These calves stay with their mothers for years and are also cared for by other females in the group.

[5] Roaming in herds and consuming hundreds of pounds of plant matter in a single day, both species of elephant require extensive amounts of food, water and space. As a result, these large mammals place great demands on the environment and often ③ <u>come into conflict</u> with people in competition for resources.

https://www.worldwildlife.org/species/elephant
世界自然保護基金(WWF)のホームページより抜粋

【27】本文中に次の英文を挿入するとき，最も適切な場所はどこか。1～5から一つ選べ。

The two species of elephants － African and Asian － need extensive land to survive.

【28】本文中の下線部①～③の語句の説明として最も適切なものをア～ウからそれぞれ選んだとき，その組合せとして正しいものはどれか。下の1～5から一つ選べ。

① wear and tear
　ア a square piece of cloth for drying tears and wiping one's nose
　イ the damage that happens to an object in ordinary use during a period
　ウ to make a long, high cry, usually because of pain or sadness

② live in isolation
　ア to live alone or by oneself
　イ to move towards communal living
　ウ to occupy an area of land close to an island

③ come into conflict
　ア to enter a situation in which there is a struggle for power
　イ to show support towards fellow members of a group
　ウ to exist in harmony with one's surroundings and environment

	①	②	③
1	ア	イ	イ
2	イ	ア	ア
3	ウ	イ	イ
4	イ	ア	ウ
5	ウ	ウ	ア

【29】次の①～④の文が本文の内容に合っている場合はT，合っていない場合はFとして表したとき，その組合せとして正しいものはどれか。あとの1～5から一つ選べ。

① 数種類の雄のアジアゾウだけが大きい扇形の耳をしている。
② 雌のアフリカゾウは牙を持っていない。
③ アジアゾウの後ろ足の指の数は，アフリカゾウの後ろ足の指の数より少ない。

④　ゾウの妊娠期間は哺乳類の中で最も長い。

1　①　T　②　T　③　F　④　F
2　①　T　②　F　③　F　④　T
3　①　F　②　T　③　T　④　T
4　①　F　②　F　③　F　④　T
5　①　F　②　F　③　T　④　F

【30】次の(1)～(3)の会話文を完成させるために，(　　)に入る最も適切なものをア～ウからそれぞれ選んだとき，その組合せとして正しいものはどれか。下の1～5から一つ選べ。

(1)　***Waiter***　: Good evening. What would you like?
Customer : I'd like spaghetti with meat sauce.
Waiter　: OK. (　　)
Customer : No, thank you.

ア　Anything to drink?
イ　What do you recommend?
ウ　How do you feel?

(2)　***Cindy*** : Hi, David. Can you come to our 10th anniversary party?
David : I'm sorry, but (　　). I have to go to Tokyo on business next week.

ア　it'll be fine tomorrow
イ　I'm looking forward to it
ウ　I won't be able to come

(3)　***Mike*** : (　　)
Julia : I usually play video games at home.
Mike : That's too bad. You should take more exercise for your health.

ア　Where do you live?
イ　What do you do on weekends?
ウ　When are you at home?

1　(1)　ア　(2)　ア　(3)　ウ
2　(1)　ア　(2)　ウ　(3)　イ
3　(1)　イ　(2)　イ　(3)　ア
4　(1)　イ　(2)　ア　(3)　イ
5　(1)　ウ　(2)　ウ　(3)　ウ

解答・解説

【1】2

〈解説〉本資料では，アの2文目は，「教育課程の編成に当たっては，幼稚園教育要領に示されている『ねらい』や『内容』をそのまま教育課程における具体的な指導のねらいや内容とするのではなく，『幼児期の終わりまでに育ってほしい姿』との関連を考慮しながら，幼児の発達の各時期に展開される生活に応じて適切に具体化したねらいや内容を設定する必要がある。」と解説している。ウの3文目は，「しかし，それは，小学校教育の先取りをすることではなく，就学前までの幼児期にふさわしい教育を行うことが最も肝心なことである。」と解説している。

【2】3

〈解説〉幼稚園の教育課程は，心身の健康に関する領域「健康」，人との関わりに関する領域「人間関係」，身近な環境との関わりに関する領域「環境」，言葉の獲得に関する領域「言葉」，感性と表現に関する領域「表現」の5つの領域から構成されている。本資料では，イは領域「環境」の(7)の「身近な物を大切にする。」の記述。ウは領域「人間関係」の(2)の「自分で考え，自分で行動する。」の記述である。なお，アとオは領域「表現」の(8)の「自分のイメージを動きや言葉などで表現したり，演じて遊んだりするなどの楽しさを味わう。」の記述。エは領域「表現」の(1)の「生活の中で様々な音，形，色，手触り，動きなどに気付いたり，感じたりするなどして楽しむ。」の記述である。

【3】1

〈解説〉本資料では，エは「実際の指導場面においては，『知識及び技能の基礎』『思考力，判断力，表現力等の基礎』『学びに向かう力，人間性等』を個別に取り出して指導するのではなく，遊びを通した総合的な指導の中で一体的に育むよう努めることが重要である。」と解説している。また，オについては「『幼児期の終わりまでに育ってほしい姿』は5歳児に突然見られるようになるものではないため，5歳児だけでなく，3歳児，4歳児の時期から，幼児が発達していく方向を意識して，それぞれの時期にふさわしい指導を積み重ねていくことに留意する必要がある。」と解説している。

【4】1

〈解説〉本資料の領域「健康」の[内容の取扱い] (2)では，アの2文目の記述は「その際，多様な動きを経験する中で，体の動きを調整するようにすること。」と記されている。様々な遊びの中で，多様な動きに親しむことは幼児期に必要な基本的な動きを身に付ける上で大切であり，教師は，遊びの中で幼児が多様な動きが経験できるよう工夫する。

【5】1

〈解説〉本資料では，ウは領域「健康」の［内容の取扱い］(1)についての記述，オは領域「表現」の［内容の取扱い］(3)についての記述である。本資料では，領域「環境」については12の［内容］と，5つの［内容の取扱い］が示されており，アは［内容の取扱い］(1)についての記述，イは［内容の取扱い］(5)についての記述，エは［内容の取扱い］(3)についての記述である。

【6】4

〈解説〉イは教育基本法第11条で，幼児期の教育について定めた規定，エは同法第10条第1項で，家庭教育について定めた規定である。アは学校教育法第26条，ウは学校教育法施行規則第37条，オは学校教育法第22条で，幼稚園教育の目的を定めた規定である。

【7】5

〈解説〉本資料では，エについて「幼児は，他者と関わる中で，自他の行動に対する様々な反応を得て，よい行動や悪い行動があることに気付き，自分なりの善悪の基準をつくっていく。特に信頼し，尊敬している大人がどう反応するかは重要であり，幼児は大人の諾否に基づいて善悪の枠をつくり，また，それを大人の言動によって確認しようとする。したがって，教師は幼児が何をしなければならなかったのか，その行動の何が悪かったのかを考えることができるような働き掛けをすることが必要である。」と記されている。アは［内容］(2)の「自分で考え，自分で行動する。」の記述，イは［内容］(5)の「友達と積極的に関わりながら喜びや悲しみを共感し合う。」の記述，ウは［内容］(7)の「友達のよさに気付き，一緒に活動する楽しさを味わう。」の記述。オは［内容］(10)の「友達との関わりを深め，思いやりをもつ。」の記述である。

【8】5

〈解説〉本資料によると，アについては，記述後半の「個別の指導計画」が誤り。「個別の教育支援計画」である。「個別の指導計画」とは「幼児一人一人のニーズに応じた指導目標や内容，方法等を示した」もの。また「個別の教育支援計画」とは「関係機関の連携による乳幼児期から学校卒業後まで一貫した支援を行うための教育的支援の目標や内容等を盛り込んだ」ものである。ウについては，1文目の文末は，単に「指導に当たって行く必要がある」ではなく，「個に応じた様々な「手立て」を検討し，指導に当たっていく必要がある」と記されている。また，2文目の後半も「十分留意し，個々の幼児の障害の状態等に応じた指導内容や指導方法の工夫を検討し，適切な指導を行うことである」と記されている。障害の種類や程度によって一律に指導内容や指導方法が決まるわけではないのである。

【9】3

〈解説〉アは領域「表現」の［内容の取扱い］(3)である。イは領域「言葉」の［内容の取扱い］(9)である。オは領域「環境」の［内容の取扱い］(3)である。ウは，領域「人間関係」の［内容の取扱い］(1)，エは，同領域の［内容の取扱い］(3)である。なお，「幼児期から児童期への教育」は，平成17年の中央教育審議会答申「子どもを取り巻く環境の変化を踏まえた今後の幼児教育の在り方について」で提唱された幼児の生活の連続性及び発達や学びの連続性を踏まえ，幼児教育の充実のため国立教育政策研究所が作成したもので，幼児期から児童期への教育を適切に行える教育課程編成の際の参考資料となるものである。

【10】5

〈解説〉アは，同資料の領域「表現」の［内容］(2)の「生活の中で美しいものや心を動かす出来事に触れ，イメージを豊かにする。」の記述である。ウは，領域「表現」の［内容］(3)の「様々な出来事の中で，感動したことを伝え合う楽しさを味わう。」の記述である。イは領域「言葉」の［内容］(2)の「したり，見たり，聞いたり，感じたり，考えたりなどしたことを自分なりに言葉で表現する。」の記述，エは同［内容］(5)の「生活の中で必要な言葉が分かり，使う。」の記述，オは同［内容］の(10)の「日常生活の中で，文字などで伝える楽しさを味わう。」の記述である。

【11】5

〈解説〉語の意味を捉えたうえで，漢字を考えることが重要である。そのうえで，部首名を特定する。①は開放の開。②は郷愁の郷。③は筋道の筋。④は内蔵の蔵。

【12】3

〈解説〉補助語も一つの文節を形成するので，「しゃがんで」の後で切れる。文節を区切るときには，「ネ」を入れられるところを見つけるのがわかりやすい。

【13】3

〈解説〉「自分とは何であるか」という問いの大きな特徴は，問う者・問われる者の両方が問われる点である。選択肢Cに近い内容は，本文第2段落に見受けられるが,「自分という語が独特な働きをしていることに注目する」ことが理由で「この問いが発せられると同時にその問いのうちに投げ込まれる」わけではないから，不適である。

【14】2

〈解説〉第1段落にある,「不安」と「魅力」の両方を同時に許容する表現を選ぶ。「息をのむ」とは，はっと驚いて息をとめることを言う。

【15】3

〈解説〉A　消費税は，消費者が負担し事業者が納めるので，税の負担者と納税者が異なる間接税である。　B　消費税は商品・サービスに広く課税されるので，景気や人口構成の変化に左右されにくい安定した税収で，間接税に占める割合は最も高い。　なお，消費税の税率は1989年の導入当初は3%だったが，1997年から5%，2014年から8%，そして2019年10月から原則10%(例外あり)となっている。

【16】1

〈解説〉長野県長野市は，中部地方の中央高地にあたり，内陸の気候に分類される。夏は涼しく，冬は寒さが厳しい。降水量は一年を通して少ない。その特徴を示しているのは,表中の1である。ちなみに表中2は岡山県岡山市で，温暖で一年を通して降水量が少ない瀬戸内の気候。3は北海道札幌市で，冬の気温が表中で最も低く一年を通して冷涼で，冬季に降水量が多い日本海側の気候。4は新潟県高田市で，冬季に降水量が多い日本海側の気候。5は三重県尾鷲市で，温暖で一年を通して降水量が多い太平洋側の気候である。

【17】3

〈解説〉A　審理は4回まででではなく，三審制がとられているので，3回までである。　Bは正しい。日本国憲法第82条に定められている。　C　裁判員裁判は，すべての刑事事件ではなく，一定の重大犯罪で，地方裁判所で行われる裁判が対象となる。　Dは正しい。日本国憲法第6条第2項に規定されている。　E　国民審査は，参議院議員ではなく衆議院議員通常選挙の際に行われる。

【18】5

〈解説〉Aは1889年，Bは1902年，Cは1894年，Dは1890年，Eは1905年の出来事である。年代の古い順に並べると，A→D→C→B→Eとなる。なお，Bの日英同盟は，ロシアを警戒する日本とイギリス両国の間で締結された同盟である。Dのポーツマス条約は日露戦争終結時の講和条約である。

【19】1

〈解説〉2次方程式$13x^2=78x+65$ ⇔ $x^2-6x-5=0$ ⇔ $x^2+2\cdot(-3)\cdot x-5=0$ 2次方程式$ax^2+2b'x+c=0$の解は，$x=\dfrac{-b'\pm\sqrt{b'^2-ac}}{a}$で求められる。問題の2次方程式は，$a=1$，$b'=-3$，$c=-5$の場合だから，

$x=\dfrac{-(-3)\pm\sqrt{(-3)^2-1\times(-5)}}{1}=3\pm\sqrt{9+5}=3\pm\sqrt{14}$

【20】3

〈解説〉1等，2等，3等，はずれが取り出される確率はそれぞれ$\dfrac{20}{800}$，$\dfrac{70}{800}$，$\dfrac{450}{800}$，$\dfrac{260}{800}$だから，1回の福引きでもらえる商品券の金額の期待値は，

$2000\times\dfrac{20}{800}+500\times\dfrac{70}{800}+100\times\dfrac{450}{800}+0\times\dfrac{260}{800}=150$〔円〕

【21】5

〈解説〉$1+2+3+\cdots+1000=\dfrac{(1+1000)\times1000}{2}=500500$

【22】2

〈解説〉シーソーの中心を点Oとして，$M_A=$（Aの体重）×OA，$M_B=$（Bの体重）×OBとしたとき，$M_A=M_B$のときシーソーはつりあう。 1 $M_A=20\times(1.5-1)=10$〔kg・m〕，$M_B=60\times1.5=90$〔kg・m〕だから$M_A<M_B$。 2 $M_A=20\times1.5=30$〔kg・m〕，$M_B=60\times(1.5-1)=30$〔kg・m〕だから$M_A=M_B$。 3 $M_A=20\times(1.5+0.5)=40$〔kg・m〕，$M_B=60\times(1.5-0.5)=60$〔kg・m〕だから$M_A<M_B$。 4 $M_A=20\times(1.5+1)=50$〔kg・m〕，$M_B=60\times1.5=90$〔kg・m〕だから$M_A<M_B$。 5 $M_A=20\times1.5=30$〔kg・m〕，$M_B=60\times(1.5+1)=150$〔kg・m〕だから$M_A<M_B$。 以上より，シーソーがつりあうのは2の場合である。

【23】4

〈解説〉(1) A点からB点までは初速度0の等加速度運動なので，速度は時間に比例する。 (2) 0.1秒後から0.4秒後までに進んだ距離は2＋3＋4＝9で，9cmであるからその間の平均の速さは，9÷0.3＝30〔cm/秒〕となる。

(3) B点からC点までは等速直線運動なので，台車には力は働いていない。

【24】4

〈解説〉電気分解では陽極で電子を放出する反応，陰極で電子を受け取る反応が起こる。塩酸を電気分解すると，陽極では$2Cl^- \rightarrow Cl_2+2e^-$の反応が起こり，塩素が発生する。陰極では$2H^+ + 2e^- \rightarrow H_2$の反応が起こり，水素が発生する。

【25】3

〈解説〉(1)　室温が18℃，露点が12℃であるからこの部屋の湿度は，$\frac{10.7}{15.4}\times 100 \fallingdotseq 69$〔%〕である。　(2)　当初の条件では，部屋の空気中に含まれる水蒸気は1m³当たり10.7gであった。6℃になると1m³あたり$10.7-7.3=3.4$〔g〕の水滴が出てくる。部屋の容積は180m³であるから出てくる水滴は，$3.4\times 180=612$〔g〕となる。

【26】3

〈解説〉(1)　a地点の標高は95mである。地表から9mの位置に火山灰の層があるので火山灰の層の標高は$95-9=86$〔m〕となる。　(2)　サンゴは暖かく浅いきれいな海に生息するので，サンゴの化石が見つかった場所はかつてそのような環境であったと推測できる。このように地層が堆積した当時の環境が分かる化石を示相化石という。なお示準化石は地層が堆積した年代が分かる化石である。　(3)　図2のaとcの柱状図より，この地層はaからcに上に3m傾いていることが分かる。傾きは一定なのでbからPも上に3m傾いているから，Pの火山灰の層はbの火山灰の層から3m上の地表から1mのところにある。火山灰の層が地表から1mのところにあるのは図4である。

【27】5

〈解説〉与えられた文を訳すと，「2種類の象－アフリカゾウとアジアゾウ－は生き残るために広大な大地を必要とする。」となる。 本文では，第2段落ではアジアゾウとアフリカゾウの違いについて述べられているため不適。 第3段落では象のジェンダー，社会構造と子育てについて述べられているため，不適。 第5段落では，象が群れをなして，広大な自然資源を必要としていることが述べられているため，この段落の頭にこの文を挿入するのが最も適切。

【28】2

〈解説〉語句の意味を表す英文を答える問題。英英辞典を引く癖をつけると対応しやすい。　①　wear and tearで，日々の使用による傷み，劣化，摩耗を表す。よって，イが適切。　②　isolationは「孤立」という意味。したがって，アが適切。　③　conflictは，衝突，争い，対立などの意味を持つ。したがって，アが適切。

【29】4

〈解説〉①　第2段落に，アフリカゾウは大きな扇形の耳を持っているが，アジアゾウの耳は真っ直ぐ下に下がっていると書かれているので，間違いである。アジアゾウの耳はアフリカ象の耳より小さく，形状は四角形である。②　第2段落に，雌を含むすべてのアフリカゾウが牙を持っていると書かれているので，間違いである。　③　第2段落に，後ろ足の指（ひずめ）の数はアジアゾウが4つで，アフリカゾウが3つと書かれており，アジアゾウの方が多いので，間違いである。　④　第3段落に，ゾウの妊娠期間は22か月で，哺乳類で最も長いと書かれているので，正しい。

【30】2

〈解説〉会話文穴埋め問題。（1）　レストランでの注文の場面。ミートスパゲティを頼んだ後の店員の言葉が空欄。その後，No, thank you. と答えているので何かを薦めていると推測できる。したがって，「お飲み物はいかがなさいますか？」と聞いているアが適切。　（2）　10周年記念パーティに出席できるか聞かれた場面。空欄はI' m sorry, butに続くことから，参加できないと言っていることが推測できる。したがって，ウが適切。　（3）　最初の質問が空欄になっている。答えが「普段は家でテレビゲームをしている」であることから，質問は，（選択肢の中では）普段週末は何をしているかを聞いていると考えるのが妥当。したがって，イが適切。

平成31年度

【1】次のア～エの各文について，幼稚園教育要領解説(平成30年2月) 領域「健康」の内容についての記述として正しいものを○，誤っているものを×とした場合，正しい組合せはどれか。1～5から一つ選べ。

ア　幼稚園生活の中で，危険な遊び方や場所，遊具などについてその場で具体的に知らせたり，気付かせたりし，状況に応じて安全な行動がとれるようにすることが重要である。

イ　自分たちでつくったり，地域の人々が育ててくれたりした身近な食べ物の名前や味，色，形などに親しみながら食べ物への興味や関心をもつようにすることが，日常の食事を大切にしたりする態度を育むことにつながる。

ウ　安全な交通の習慣や災害，あるいは不審者との遭遇などの際の行動の仕方などについては，幼稚園全体の教職員の協力体制や家庭との連携の下，幼児の発達の特性を十分に理解し，日常的な指導を積み重ねていくことが重要である。

エ　心と体の発達を調和的に促すためには，特定の活動に偏ることなく，様々な活動に親しみ，それらを楽しむことで心や体を十分に動かすことが必要である。そのためには，幼児の発想や興味を大切にして自分から様々な活動に楽しんで取り組むようにすることが大切である。

	ア	イ	ウ	エ
1	○	○	○	○
2	○	○	×	○
3	○	×	○	×
4	×	×	○	×
5	×	○	×	○

【2】次のア～オの各文のうち幼稚園教育要領解説(平成30年2月) 領域「言葉」の内容の取扱いについての記述として正しいものの組合せはどれか。1～5から一つ選べ。

ア　幼児が言葉を使って表現することを楽しむようになるためには，単に言葉を覚えさせるのではなく，日常生活の中で見たり，聞いたりしたこととそのときに聞いた言葉を重ね合わせながら，意味あるものとして言葉に出会わせていくことが望ましい。

イ　絵本が幼児の目に触れやすい場に置かれ，落ち着いてじっくり見ることができる環境があることで，一人一人の幼児と絵本との出会いは一層充実したものとなっていく。そのために，保育室における幼児の動線などを考えて絵本のコーナーを作っていくようにすることが求められる。

ウ　幼児期の発達を踏まえて，言葉遊びを楽しむことも，いろいろな言葉に親しむ機会となる。例えば，リズミカルな節回しの手遊びや童謡を歌うことは，体でリズムを感じながらいろいろな言葉を使って表現する楽しさにつながる。

エ　幼児期における数量や文字に関する指導は，確実に数を数えられたり，文字を正確に読めたり，書けたりすることを目指すものではない。幼児期に大切にしたいことは，習熟の指導に努めるのではなく，幼児が興味や関心を十分に広げ，数量や文字に関わる感覚を豊かにできるようにすることである。

オ　幼児の興味や関心の状況は年齢による差が大きいことに配慮し，生活と切り離した形で覚え込ませる画一的な指導ではなく，年齢に応じて，文字を読んだり書いたりする楽しさを感じる経験を積み重ねていくことが大切である。

1　ア　イ　ウ
2　ア　イ　エ
3　ア　ウ　オ
4　イ　エ　オ
5　ウ　エ　オ

【3】次の(1)～(4)は，幼稚園教育要領解説(平成30年2月)　第1章　第2節　幼稚園教育において育みたい資質・能力及び「幼児期の終わりまでに育ってほしい姿」に関する項目である。(1)～(4)の内容として正しいものをア～クから選んだとき，正しい組合せはどれか。1～5から一つ選べ。

(1)　健康な心と体

ア　5歳児後半には，友達から認められることで更に自信をもつようになることを踏まえ，一人一人の幼児のよさが友達に伝わるように認めたり，学級全体の中で認め合える機会をつくったりするなどの工夫が重要になる。

イ　教師は，幼稚園生活の流れ，幼稚園内の様々な場所や遊具，教師や友達など，それぞれが幼児にどのように受け止められ，いかなる意味をもつのかについて捉え，幼児の主体的な活動を促す環境をつくり出すことが必要である。

(2) 社会生活との関わり

ウ　5歳児の後半には，好奇心や探究心が一層高まり，関心のあることについて，より詳しく知りたいと思ったり，より本物らしくしたいと考えて遊びの中で工夫したりする中で，身近にあるものから必要な情報を取り入れる姿が見られるようになる。

エ　教師はそれまでの幼児の経験を念頭に置き，相手の気持ちを分かろうとしたり，遊びや生活をよりよくしていこうとしたりする姿を丁寧に捉え，認め，励まし，その状況などを学級の幼児にも伝えていくことが大切である。

(3) 自然との関わり・生命の尊重

オ　5歳児の後半になると，遊びや生活の中で，物の性質や仕組みなどを生かして，考えたり，予想したり，工夫したりするなど，身近な環境との多様な関わりを楽しむようになる。

カ　5歳児の後半には，好奇心や探究心をもって考えたことをその幼児なりの言葉などで素直に表現しながら，身近な事象への関心を高めていく。

(4) 豊かな感性と表現

キ　教師は，一人一人の幼児が様々に表現する楽しさを大切にするとともに，多様な素材や用具に触れながらイメージやアイデアが生まれるように，環境を整えていく。また，幼児同士で表現を工夫しながら進める姿や，それぞれの表現を友達と認め合い，取り入れたり新たな表現を考えたりすることを楽しむ姿を十分に認め，更なる意欲につなげていくことも大切である。

ク　教師は，幼児の状況に応じて，言葉を付け加えるなどして，幼児同士の話が伝わり合うように援助する必要がある。また，絵本や物語の世界に浸り込むことで，豊かな言葉や表現に触れられるようにしたり，教師自身が豊かな表現を伝えるモデルとしての役割を果たすことで，様々な言葉に出会う機会をつくったりするなどの配慮をすることが必要である。

	(1)	(2)	(3)	(4)
1	ア	エ	オ	ク
2	ア	エ	カ	ク
3	イ	ウ	オ	キ
4	イ	ウ	カ	キ
5	イ	エ	オ	キ

【4】次のア～オの各文のうち，幼稚園教育要領解説(平成30年2月) 領域「環境」の内容についての記述として，正しいもののみをすべて挙げているものはどれか。1～5から一つ選べ。

ア　幼稚園生活の中で，身近な物を大切にし，無駄なことをしないようにする気持ちを育てることが大切である。

イ　身近にある物や遊具，用具などを使って試したり，考えたり，作ったりしながら，探究していく態度を育てることが大切である。

ウ　生活の様々な場面で自分なりに考えて自分の力でやってみようとする態度を育てることは，生きる力を身に付け，自らの生活を確立していく上で大切である。

エ　幼稚園生活で親しんだ伝統的な遊びを家族や地域の人々と一緒に楽しむことなどにより幼児が豊かな体験をすることも大切である。

オ　幼稚園生活の中で，身近に感じられる情報に接したり，それを生活に取り入れたりする体験を重ねる中で，次第に自分の生活に関係の深い情報に興味や関心をもつようにすることが大切である。

1　ア　イ　オ
2　ア　ウ　エ
3　イ　ウ　エ
4　ア　イ　ウ　オ
5　ア　イ　エ　オ

【5】次のア～オの各文のうち，学校・幼稚園に関する法規等についての記述として正しいものを○，誤っているものを×とした場合，正しい組合せはどれか。1～5から一つ選べ。

ア　幼稚園には，学級数に応じ，教育上，保健衛生上及び安全上必要な種類及び数の園具及び教具を備えなければならない。

イ　国及び地方公共団体が設置する学校は，特定の宗教のための宗教教育その他宗教的活動をしてはならない。

ウ　幼稚園の教育課程その他の保育内容に関する事項は，第22条及び第23条の規定に従い，文部科学大臣が定める。

エ　1学級の幼児数は，40人以下を原則とする。

オ　国及び地方公共団体は，障害のある者が，その障害の状態に応じ，十分な教育を受けられるよう，教育上必要な支援を講じなければならない。

	ア	イ	ウ	エ	オ
1	○	×	×	○	×
2	○	○	○	×	○
3	○	○	○	×	×
4	×	×	×	○	○
5	×	○	○	×	○

【6】次のア～オの各文は，幼稚園教育要領解説(平成30年2月)　第1章　第4節　指導計画の作成と幼児理解に基づいた評価に関する記述の一部である。正しいものを○，誤っているものを×とした場合，正しい組合せはどれか。1～5から一つ選べ。

ア　幼稚園生活を通して，個々の幼児が学校教育法における幼稚園教育の目標を達成していくためには，まず，教師が，あらかじめ幼児の発達に必要な経験を見通し，各時期の発達の特性を踏まえつつ，教育課程に沿った指導計画を立てて継続的な指導を行うことが必要である。

イ　指導計画は，一人一人の幼児が幼児期にふさわしい生活を展開して必要な経験を得ていくように，教師はあらかじめ考えた仮説を実現することに留意して指導を行うことが大切である。

ウ　幼児理解に基づき，遊びや生活の中で幼児の姿がどのように変容しているかを捉えながら，そのような姿が生み出されてきた様々な状況について適切かどうかを検討して，幼児の育ちをよりよいものに改善するための手掛かりを求めることが評価である。

エ　評価の妥当性や信頼性が高められるよう，例えば，幼児一人一人のよさや可能性などを把握するために，日々の記録やエピソード，写真などの幼児の評価の参考となる情報を生かしながら評価を行ったり，他の幼児と比較したりして，より多面的に幼児を捉える工夫をするとともに，評価に関する園内研修を通じて，幼稚園全体で組織的かつ計画的に取り組むことが大切である。

オ　幼稚園の園長は幼児の指導要録の抄本又は写しを作成し，これを小学校等の校長に送付しなければならないこととなっている。

	ア	イ	ウ	エ	オ
1	○	×	○	×	○
2	○	×	×	×	○
3	○	×	×	○	×
4	×	○	○	○	○
5	×	○	×	○	×

【7】次のA～Dは，幼稚園教育要領解説(平成30年2月)　領域「人間関係」の内容の取扱いにおいて示されている，幼児が自分自身の生活を確立し，自分の力で行うことの充実感を味わうようになるために，教師が配慮する内容である。A～Dの説明として最もふさわしいものを下のア～エから選んだ場合，正しい組合せはどれか。1～5から一つ選べ。

A　共に考えること
B　幼児の行動に温かい関心を寄せること
C　心の動きに応答すること
D　幼児なりの達成感を味わう経験を支えること

ア　幼児が多様な感情を体験し，試行錯誤しながら自分の力で行うことの充実感や満足感を味わうことができるようにするには，その心の動きに対して柔軟な応じ方をすることが重要である。教師が答えを示すのではなく，幼児の心の動きに沿って共に心を動かしたり，知恵を出し合ったりする関わり方が求められる。

イ　やたらに褒めたり，励ましたり，付きまとったりすることではない。大人がもっている判断の基準にとらわれることなく，幼児のありのままの姿をそのまま受け止め，期待をもって見守ることである。このような肯定的な教師のまなざしから，幼児は，自分が教師に見守られ，受け入れられていることを感じ取っていく。しかし，「待つ」とか「見守る」ということは，幼児のすることをそのまま放置して何もしないことではない。幼児が他者を必要とするときに，それに応じる姿勢を教師は常にもつことが大切なのである。それは，幼児の発達に対する理解と自分から伸びていく力をもっている存在としての幼児という見方に支えられて生まれてくる教師の表情やまなざし，あるいは言葉や配慮なのである。

ウ　幼児が何かをやろうとしている過程では，うまくいかずにくじけそうになることもある。また，「やりたくない」と言っていても，自分には難しいと思えて諦めていることもある。教師は，幼児の表情や仕草，体の動きから幼児の気持ちを読み取り，見通しがもてるように共に考えたり，やり方を知らせて励ましたりしながら，幼児が自分の力でやり遂げることができるよう幼児の心に寄り添いながら支えることが大切である。

エ　言葉だけで意見や知恵を出し合うことではない。相手の立場に立って，相手の調子に合わせて考えようとする姿勢が必要となる。相手と同じことをやってみることやそばに寄ったり，手をつないだりすることなどによって，体の動かし方や視線といった言葉にならないサインを感じ取っていくことが大切であり，結果よりも，むしろ，幼児と一緒に過ごし，その心に寄り添いながらその幼児らしい考え方や思いを大切にすることが重要である。併せて幼児一人一人の発達に応じて，思いや考えを引き出したり，考えが広がるようなきっかけを与えたりするなどの関わりも大切である。

1　A－ア　B－エ　C－ウ　D－イ
2　A－イ　B－ウ　C－エ　D－ア
3　A－ウ　B－ア　C－イ　D－エ
4　A－ウ　B－イ　C－ア　D－エ
5　A－エ　B－イ　C－ア　D－ウ

【8】次のア～エの各文のうち，「幼児期運動指針」(幼児期運動指針策定委員会 平成24年3月)の「4　幼児期の運動の在り方」についての記述として，正しいものを○，誤っているものを×とした場合，正しい組合せはどれか。1～5から一つ選べ。

ア　多様な動きの獲得のためには，量(時間)的な保障も大切である。一般的に幼児は，興味をもった遊びに熱中して取り組むが，他の遊びにも興味をもち，遊びを次々に変えていく場合も多い。

イ　幼児の興味や関心，意欲など運動に取り組んでいく過程を大切にしながら，幼児期に早急な結果を求めるのではなく，小学校以降の運動や生涯にわたってスポーツを楽しむための基盤を育成することを目指すことが重要である。

ウ　遊びとしての運動は，幼児が自分たちの興味や関心に基づいて進んで行うことが大切であるため，散歩や手伝いなどの生活の中での動きは運動に含めず，幼児が自分たちで考え工夫し挑戦できるような指導が求められる。

エ　体を動かすことが幼稚園や保育所などでの一過性のものとならないように，家庭や地域にも情報を発信し，共に育てる姿勢をもてるようにすること。

	ア	イ	ウ	エ
1	○	○	○	○
2	○	○	×	○
3	○	○	×	×
4	×	×	○	×
5	×	×	×	○

【9】次のア～オの各文のうち，幼稚園教育要領(平成29年3月告示)　第3章「教育課程に係る教育時間の終了後等に行う教育活動などの留意事項」の記述として正しいものを○，誤っているものを×とした場合，正しい組合せはどれか。1～5から一つ選べ。

ア　教育課程に基づく活動を考慮し，必ず活動を連続させるようにすること。その際，教育課程に基づく活動を担当する教師と緊密な連携を図るようにすること。

イ　家庭や地域での幼児の生活も考慮し，教育課程に係る教育時間の終了後等に行う教育活動の計画を作成するようにすること。その際，地域の人々と連携するなど，地域の様々な資源を活用しつつ，多様な体験ができるようにすること。

ウ　家庭との緊密な連携を図るようにすること。その際，情報交換の機会を設けたりするなど，保護者が，幼稚園と共に幼児を育てるという意識が高まるようにすること。

エ　地域の実態や保護者の事情とともに幼児の生活のリズムを踏まえつつ，例えば実施日数や時間などについて，弾力的な運用に配慮すること。

オ　教育活動であることから，適切な指導体制を整備した上で，幼稚園の教師の責任と指導の下に行うようにすること。

	ア	イ	ウ	エ	オ
1	○	○	×	×	○
2	○	×	○	○	×
3	○	×	×	×	○
4	×	○	○	○	○
5	×	○	○	○	×

【10】次の文章は,「幼児期から児童期への教育」(国立教育政策研究所　教育課程研究センター　平成17年2月)から作成した，入園して間もない満3歳児4月の事例である。

幼稚園教育要領(平成29年3月告示)　領域「言葉」の面から，この事例においてふさわしい教師のかかわりをA，その教師のかかわりに関する説明をBにおいて選択し，幼稚園教育要領(平成29年3月告示)　領域「言葉」の内容についての記述として正しいものをCから選択したとき，正しいものの組合せはどれか。1～5から一つ選べ。

事例(満3歳児　4月)

入園して2週間。幼稚園生活に安定していく姿は一人一人異なるが，教師が絵本を読み聞かせるひとときはみんな大好きで，そのときには喜んで教師の前に集まってくる。これは，タヌキが友達の様々な色の風船を取ってしまう絵本を，幼児たちが興味深く見ていたときのことである。

タヌキがみんなの風船を集めてしまった場面になると,一人の幼児が「僕,赤が好き」と立ち上がって言う。すると,幼児たちは「私は黄色がほしい」「私が黄色」「僕，青がいいな」「レッドのシャツ，持っているよ」「○○レッドって，一番強いんだよ」と思い付いたことを次々に言い出し，絵本の読み聞かせどころではなくなってしまった。

A　〈事例における教師のかかわり〉

ア　しばらくの間，絵本を読むことをやめて，幼児たちのおしゃべりに付き合うことにした。幼児たちが一通り自分の思いを言った後に，教師が「さあ，タヌキさん，どうしたかな」と，再び絵本を取り出し，読み進めていった。

イ　教師は絵本を読むのをいったん止め「立ち上がっておしゃべりするのはいけません」と話を遮り，立ち上がって話す幼児に注意を促した。そして「今は絵本を見るときですね。静かに見ましょう」と全員に声をかけ再び絵本を取り出し，読み進めていった。

B　〈事例における教師のかかわりに関する説明〉

ウ　幼児の素朴な表現をそのまま受け止め，応じていく教師の存在が何より重要である。幼児の気持ちを受け止める教師のまなざしや表情，醸し出す雰囲気，言葉などに支えられて，幼児は自分の思いを安心して言葉に表すようになる。

エ　幼児は，人の話をよく聞くことで，自分の話をしようとする気持ちになることから，まずは教師の話を聞く態度を身につけることが第一である。そのためにも言葉でよくわかるように指示を出し，話を聞く態度を身につけさせることで，幼児は自分の思いを表現できるようになっていく。

C　〈幼稚園教育要領(平成29年3月告示)　領域の内容〉

オ　友達と楽しく生活する中できまりの大切さに気付き，守ろうとする。

カ　先生や友達の言葉や話に興味や関心をもち，親しみをもって聞いたり，話したりする。

キ　よいことや悪いことがあることに気付き，考えながら行動する。

	A	B	C
1	ア	ウ	オ
2	イ	エ	キ
3	ア	ウ	キ
4	イ	エ	オ
5	ア	ウ	カ

【11】次の文章を読んで，問い(1)～(3)に答えよ。

私たちはこれまで常に「誰かが意味を与えてくれる」ことに慣れていた。子どものときは親が意味を与えてくれる。学校が意味を与えてくれる。そして就職すれば会社が意味を与えてくれる。そのように社会の側が私たちの「生きる意味」を与えてくれていた。しかし，①<u>いまやその「与えられる」意味を生きても私たちに幸せは訪れない</u>。

社会が転換期を迎えるときには，評論家とかオピニオンリーダーと呼ばれる人たちが次の時代に目指すべき意味を指し示してくれてきた。そして私たちは「次の時代の［ ア ］に乗り遅れないようにしなければ」と必死だった。しかし誰かが指し示す［ ア ］にただ流されて進んでいくことからは，もはや私たちの生き方は生まれえないのである。

かなり前から「これからはモノの時代ではなく，心の時代だ」と言われるようになった。そして新聞などの世論調査を見ても，「モノより心だ」という意識は［ イ ］に表れてきているし，私もその方向性には共感を覚える。しかし繰り返し②<u>「心の時代」</u>が説かれているにもかかわらず，私たちがいっこうに豊かさを感じることができないのは何故(なぜ)だろう。

それは「心の時代」の「心」が誰の心なのかという出発点に全く意識が払われていないからだ。「心の時代」の「心」が誰の心なのかと言われれば，それは「あなたの心」でしかありえない。「心の時代」とは私たちひとりひとりの心の満足が出発点になる時代のことなのだ。しかし，私たちの多くはこれまでのように「誰かが私たちの心を満足させてくれる方法を教えてくれるだろう」とか「心の時代の上手な生き方を示してくれるだろう」と思ってしまっている。

あなたの人生のQOL，クオリティー・オブ・ライフは，あなた自身が自分自身の「生きる意味」をどこに定めるかで決まってくるものだ。評論家やオピニオンリーダーの言うことを［ ウ ］にしてしまうのでは，それは既にあなたの人生のQOLではなくなってしまう。この混迷する世の中で，「あなたはこう生きろ！」「こうすれば成功する！」といった書物が溢(あふ)れている。そして，自信のない私たちはそうした教えに頼ってしまいそうになる。しかし，「おすがり」からは何も生まれない。

「心の時代」とは，私の「心」「感じ方」を尊重しようという時代である。＜これが誰にとっても正しい「心の時代」の過ごし方だ＞などというものはない。自分自身の心に素直になって，自分がいま一番何を求めている

> のかに従って生きていこう，モノの多さ，地位の高さ，そして「他者の目」からの要求に惑わされず，自分の感じ方を尊重して生きていこうということこそが「心の時代」なのだ。私たちにいま必要なのは，私たち自身の姿を，私たち自身の心を映す鏡なのである。

（上田　紀行『生きる意味』）

(1) 本文中の空欄［ア］～［ウ］に入る言葉の組合せとして正しいものはどれか。1～5から一つ選べ。

	ア	イ	ウ
1	空気	露骨	無下
2	空気	顕著	鵜呑み
3	空気	露骨	鵜呑み
4	潮流	顕著	鵜呑み
5	潮流	露骨	無下

(2) 下線部①のように，筆者が考えている理由として最も適切なものはどれか。1～5から一つ選べ。

1 「心の時代」が説かれているにもかかわらず，私たちがいっこうに豊かさを感じることができないから。
2 社会が転換期を迎え，「これからはモノの時代ではなく，心の時代だ」と言われるようになったから。
3 評論家やオピニオンリーダーの言うことが，次の時代に目指すべき意味を指し示さなくなったから。
4 人生のQOLは自分自身が「生きる意味」をどこに定めるかで決まってくるものだから。
5 誰にとっても正しい「心の時代」というものがない時代を迎えたから。

(3) 下線部②とあるが，筆者がとらえている「心の時代」の説明として適切でないものはどれか。1～5から一つ選べ。

1 自分がいま一番何を求めているのかに従って生きていこうという時代。
2 「心」が誰の心なのかという出発点に全く意識が払われていない時代。
3 「他者の目」からの要求に惑わされず生きていこうという時代。
4 私たちひとりひとりの心の満足が出発点になる時代。
5 自分の感じ方を尊重して生きていこうという時代。

【12】次の地図に記された航路はペリーが1852年にアメリカを出航し，1853年に4隻の艦船を率いて浦賀に来航した際のものである。この地図に関して，問い(1)，(2)に答えよ。

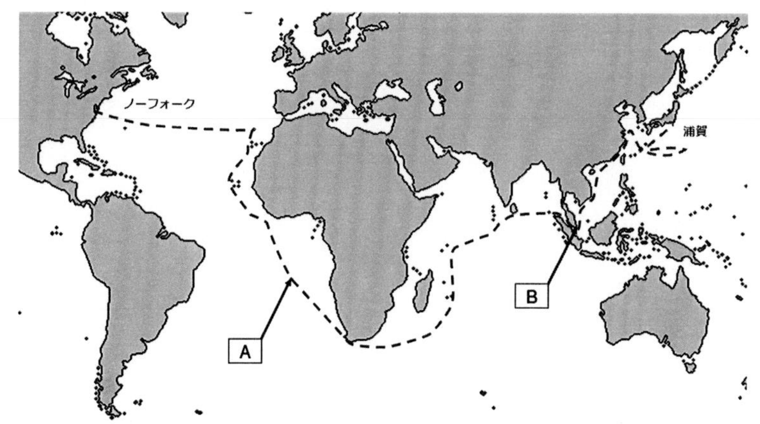

(1) 地図中の A は島，B は都市を示している。A と B の適切な組合せはどれか。1～5から一つ選べ。

1　A　マダガスカル島　　B　シンガポール
2　A　セイロン島　　　　B　マニラ
3　A　セントヘレナ島　　B　シンガポール
4　A　セントヘレナ島　　B　ゴア
5　A　マダガスカル島　　B　マニラ

(2) ペリーが出国した時点のアメリカ合衆国大統領と日本に来航した時点の江戸幕府の老中の組合せとして適切なものはどれか。1～5から一つ選べ。

	大統領	老中
1	フィルモア	水野忠邦
2	フィルモア	阿部正弘
3	リンカン	阿部正弘
4	リンカン	堀田正睦
5	フィルモア	堀田正睦

【13】18世紀後半から19世紀前半にかけての日本の出来事について述べた次のA～Eの各文のうち，内容として正しいものの組合せはどれか。1～5から一つ選べ。

A　1792年，ラクスマンがロシア使節として根室に来航し，漂流民高田屋嘉兵衛を日本に送還した。

B　1804年，ロシア使節レザーノフが信牌を携えて長崎に来航し，通商関係の樹立を求めた。

C　1808年，イギリス軍艦フェートン号が長崎港に侵入し，オランダ商館員を人質に取って，食糧・飲料水を要求した。

D　1811年，世界周航の途中で国後島，択捉島を測量中のロシア軍艦長プチャーチンを幕府役人が捕え，松前と箱館に監禁した。

E　1837年，幕府が異国船打払令によりアメリカ船モリソン号を砲撃し退去させたことに対し，洋学者の渡辺崋山は『戊戌夢物語』を著し，幕府の対外政策を批判した。

1　AとD　　2　AとE　　3　BとC　　4　BとE　　5　CとD

【14】次の各文のうち，衆議院の優越について，日本国憲法で定められた内容として，正しいものの組合せはどれか。1～5から一つ選べ。

ア　予算について，参議院で衆議院と異なった議決をした場合に，法律の定めるところにより，両議院の協議会を開いても意見が一致しないとき，又は参議院が，衆議院の可決した予算を受け取った後，国会休会中の期間を除いて三十日以内に，議決しないときは，衆議院の議決を国会の議決とする。

イ　衆議院と参議院とが異なった内閣総理大臣の指名の議決をした場合に，法律の定めるところにより，両議院の協議会を開いても意見が一致しないとき，又は衆議院が指名の議決をした後，国会休会中の期間を除いて十日以内に，参議院が，指名の議決をしないときは，衆議院の議決を国会の議決とする。

ウ　衆議院で可決し，参議院でこれと異なった議決をした法律案は，衆議院の総議員の三分の二以上の多数で再び可決したときは，法律となる。また，参議院が，衆議院の可決した法律案を受け取った後，国会休会中の期間を除いて六十日以内に，議決しないときは，衆議院は，参議院がその法律案を否決したものとみなすことができる。

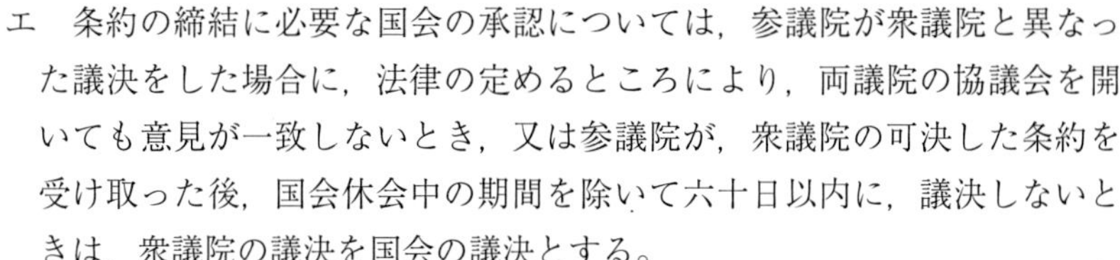

エ　条約の締結に必要な国会の承認については，参議院が衆議院と異なった議決をした場合に，法律の定めるところにより，両議院の協議会を開いても意見が一致しないとき，又は参議院が，衆議院の可決した条約を受け取った後，国会休会中の期間を除いて六十日以内に，議決しないときは，衆議院の議決を国会の議決とする。

1　ア・ウ　　2　ア・イ　　3　イ・ウ　　4　イ・エ　　5　ウ・エ

【15】 [1]，[2]，[3]，[4]，[5]，[6]，[7]，[8]の8枚のカードから，異なる2枚を同時に引く。このとき，2枚のカードに書かれた数の積が6の倍数になる確率はどれか。1～5から一つ選べ。

1　$\frac{5}{14}$　　2　$\frac{9}{28}$　　3　$\frac{9}{56}$　　4　$\frac{5}{7}$　　5　$\frac{1}{4}$

【16】 図のように，碁石を正三角形状に並べる。

1辺の個数が，4個，5個，6個のとき，並べる碁石の個数はそれぞれ9個，12個，15個である。碁石の個数が135個のとき，1辺の個数は何個になるか。1～5から一つ選べ。

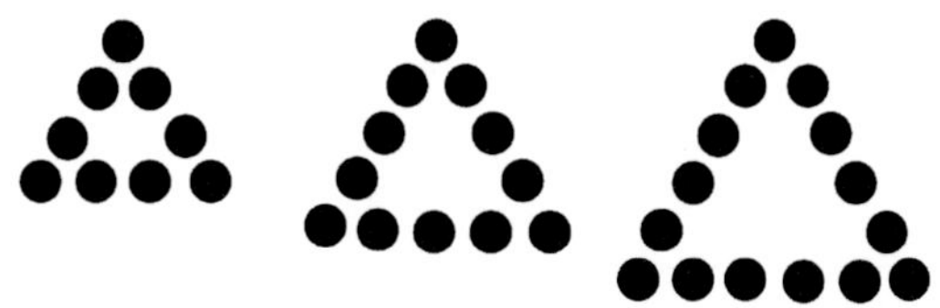

1　43個　　2　44個　　3　45個　　4　46個　　5　47個

【17】 多角形について述べた次の各文のうち，常に正しいものはどれか。1～5から一つ選べ。

1　3つの内角のうち，その2つの大きさが26°，58°の三角形は，鋭角三角形である。

2　1つの内角の大きさが60°である平行四辺形の4つの外角の和は，1080°である。

3　五角形で，4つの内角の和が410°のとき，残りの内角の大きさは，120°である。

4　6つの辺の長さがすべて等しい六角形は正六角形である。

5　正十角形では，1つの外角の大きさは，1つの内角の大きさの$\frac{1}{4}$である。

【18】図は，底面の半径10cm，体積375π cm^{3}の円錐から，底面の半径8cmの円錐を取り除いた残りの立体Vを表している。このとき，この立体Vの体積はいくらか。1～5から一つ選べ。

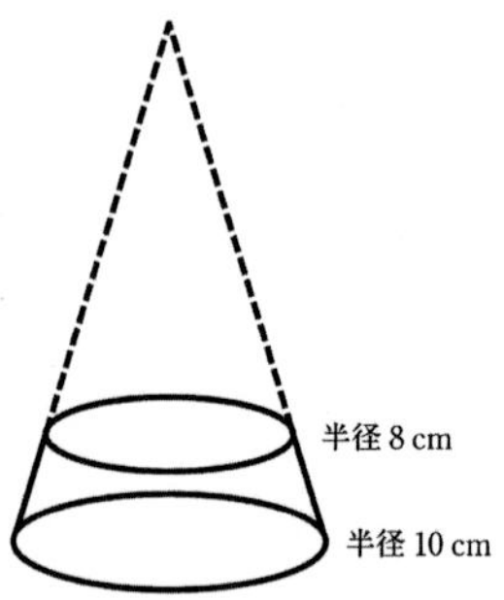

1　135π cm^3　　2　183π cm^3　　3　192π cm^3　　4　240π cm^3
5　300π cm^3

【19】次の表は，5種類の異なる気体の性質をまとめたものである。気体A～気体Eの組合せとして正しいものはどれか。1～5から一つ選べ。

	A	B	C	D	E
色	なし	なし	黄緑色	なし	なし
におい	なし	なし	特有の刺激臭	なし	特有の刺激臭
水への溶けやすさ	少し溶ける	溶けにくい	溶けやすい	溶けにくい	非常に溶けやすい
20℃における密度(g/L)	1.84 (空気の1.53倍)	1.33 (空気の1.11倍)	3.00 (空気の2.49倍)	0.08 (空気の0.07倍)	1.53 (空気の1.27倍)
その他の性質など	黒色の酸化銅と炭素を混ぜて加熱すると発生する。	二酸化マンガンにうすい過酸化水素水を入れると発生する。	水溶液は酸性である。	亜鉛にうすい塩酸を入れると発生する。	この水溶液に緑色のBTB溶液を入れると、黄色に変わる。

	A	B	C	D	E
1	二酸化炭素	酸素	塩化水素	水素	アンモニア
2	酸素	二酸化炭素	塩化水素	塩素	アンモニア
3	酸素	二酸化炭素	アンモニア	塩素	塩化水素
4	二酸化炭素	酸素	塩素	水素	塩化水素
5	酸素	二酸化炭素	塩素	水素	塩化水素

【20】図は，ヒトの体内での血液の循環を表した模式図である。文中の空欄［A］～［D］にあてはまる記号の組合せとして正しいものはどれか。1～5から一つ選べ。

図の中で，［A］は肺動脈を表し，［B］は肺静脈を表している。体中をめぐる血液の中で，栄養分を最も多く含む血液は［C］の部分を流れ，尿素などの不要な物質が最も少ない血液は［D］の部分を流れる。

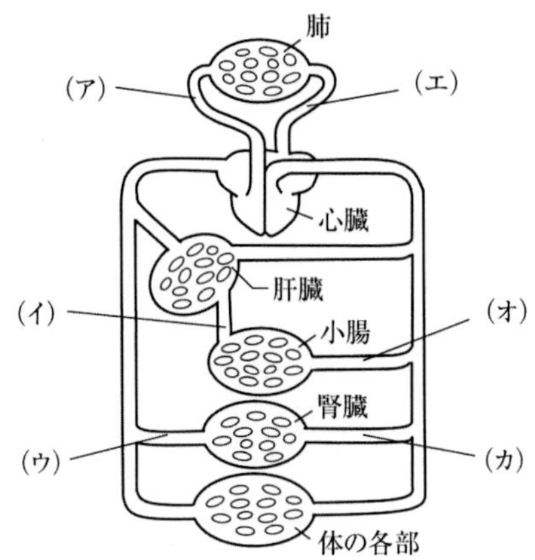

	A	B	C	D
1	(エ)	(ア)	(イ)	(ウ)
2	(エ)	(ア)	(オ)	(カ)
3	(ア)	(エ)	(オ)	(ウ)
4	(ア)	(エ)	(イ)	(ウ)
5	(ア)	(エ)	(オ)	(カ)

【21】日本のある地点で，ある日，オリオン座のベテルギウスを観察したところ，午後9時頃に南中した。1か月後の同じ時刻に同じ地点でベテルギウスを観察すると，1か月前より西に移動した位置に見えた。この日，ベテルギウスは何時頃に南中したか。適切なものを1～5から一つ選べ。

1　午後7時頃　　2　午後8時頃　　3　午後9時頃　　4　午後10時頃
5　午後11時頃

【22】図1，図2のように電源装置，電熱線A，電熱線Bをつないだ。それぞれ電源装置の電圧は3.0V，電熱線Aの電気抵抗は20Ω，電熱線Bの電気抵抗は10Ωである。文中の空欄［A］～［E］にあてはまる記号・語句の組合せとして正しいものはどれか。1～5から一つ選べ。

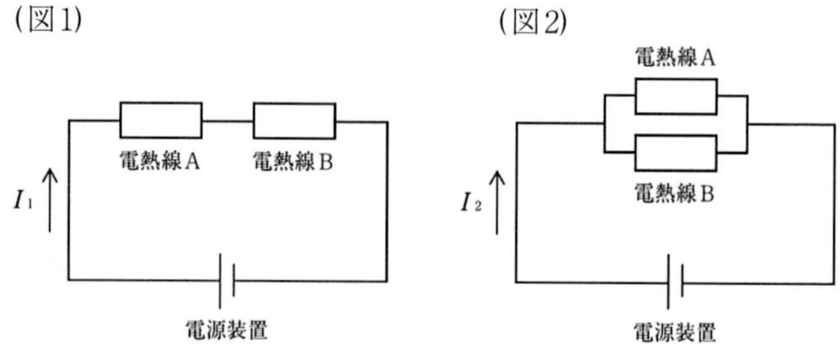

電圧の大きさと電流の大きさを測定する場合，電圧計は測定したい部分と［A］につなぎ，電流計は測定したい部分と［B］につなぐ必要がある。

実際に測定すると，図1では電熱線A，電熱線Bに［C］が等しく，図2では電熱線A，電熱線Bに［D］が等しいということがわかった。

電源装置から流れる電流I_1とI_2は大きさが異なり，［E］の方が大きな電流が流れていることがわかった。

	A	B	C	D	E
1	直列	並列	流れる電流の大きさ	加わる電圧の大きさ	I_1
2	直列	並列	加わる電圧の大きさ	流れる電流の大きさ	I_2
3	直列	並列	加わる電圧の大きさ	流れる電流の大きさ	I_1
4	並列	直列	流れる電流の大きさ	加わる電圧の大きさ	I_1
5	並列	直列	流れる電流の大きさ	加わる電圧の大きさ	I_2

【23】次の英文は，Encyclopedia(物知り)と呼ばれるLeroy Brownという名前の子どもが，探偵として活躍する話である。本文を読んで，あとの問い(1)～(3)に答えよ。

Encyclopedia nailed the sign on the door of the Browns' garage.

The next morning he sat in the garage, waiting for somebody with a problem to drop in. Nobody dropped in. Only the rain. The roof of the garage had a hole in it.

Rain fell all morning, all afternoon, and all the next day.

Encyclopedia stared at the rain and felt lower than a submarine's bottom. He thought about taking down the sign and going to see what new teeth Charlie Stewart had added to his collection. Or maybe digging for worms with Billy and Jody Turner and fishing off the bridge at Mill *Creek.

Suddenly a pair of rubbers and a raincoat appeared in the doorway. Inside them was a small boy.

"My name is Clarence Smith," said the boy. "[①]".

"No case is too small," said Encyclopedia. "Is it murder?"

"No—" said Clarence, backing away.

"Kidnapping?" asked Encyclopedia. "Blackmail?"

"No—no," said Clarence weakly. "It's a tent."

He placed a quarter on the gasoline can beside Encyclopedia. "[②]. But the Tigers say it's theirs."

"You are having trouble with talking tigers?" Encyclopedia asked.

"Oh, no," replied Clarence. "Tigers—that's the name of a boys' club near the canal. The boys are plenty tough, all of them. But their leader, Bugs Meany, is the toughest one."

"Take me to their leader," commanded Encyclopedia, "and to your tent."

"[③]," said Clarence. "Bugs Meany is sitting in the tent this very minute."

After a short walk, the two boys came to the tent. It stood in the woods between the canal and the Pierce *Junk Yard.

Six older boys were sitting around a wooden box inside the tent. They were playing cards.

"Which one of you is Bugs Meany?" asked Encyclopedia.

"Me," said the biggest and dirtiest boy. "What's it to you?"

"[④]," squeaked Clarence. "I found it. I mended all the holes in it."

"Scram!" growled Bugs.

"You know I found the tent in the junk yard," said Clarence. "[⑤]."

"Get going," said Bugs. "I saw you steal it from our clubhouse this morning."

"Mind if I come in out of the rain?" Encyclopedia asked. As he ducked inside the tent, one of his feet hit an extra pack of cards lying beside the wooden box. The cards were scattered over the ground.

"Hey! What's the big idea?" said Bugs.

"The idea is a simple one," said the private detective. "See these cards? They are dry and not the least bit muddy, though I scattered them over the ground. Clarence didn't steal this tent from your clubhouse."

Bugs closed his hands into fists. His chin sprang out like the drawer of a cash register. "Are you calling ***me*** a liar?"

"Of course not," said Encyclopedia. "I' m simply going to tell you what I'll tell the police."

Encyclopedia spoke quietly into the older boy's right ear. Bugs listened. His face grew red, and then redder.

Suddenly he called, "Come on, Tigers! Let' s get back to the clubhouse. It's no fun here."

When the Tigers had left, Clarence said to Encyclopedia, "Gosh, what did you say to Bugs?"

Encyclopedia smiled. "I pointed out why you couldn' t have stolen the tent from the Tigers' clubhouse."

Donald J. Sobol, "***ENCYCLOPEDIA BROWN #1 Boy Detective***"

（注） *creek : 小川

*junk yard : 廃品置場

(1) 本文中の ① ～ ⑤ に入るものを次のA～Eからそれぞれ選んだとき，最も適切な組合せとなるものを下の1～5から一つ選べ。

A The tent is mine

B I'll do both

C You watched me put it up here last week

D I need your help

E You are in my tent

	①		②		③		④		⑤	
1	①	A	②	C	③	E	④	D	⑤	B
2	①	D	②	B	③	A	④	E	⑤	C
3	①	D	②	A	③	E	④	B	⑤	C
4	①	D	②	A	③	B	④	E	⑤	C
5	①	E	②	C	③	B	④	D	⑤	A

(2) 次の①〜⑤の各英文が本文の内容にあっている場合はT，あっていない場合はFとして表したとき，最も適切な組合せとなるものを下の1〜5から一つ選べ。

① Encyclopedia was waiting for somebody with a problem, fishing off the bridge.

② Encyclopedia took down the sign of BROWN DETECTIVE AGENCY because no one visited him.

③ Clarence paid 25 cents to Encyclopedia for his problem.

④ Clarence said all members of the Tigers were strong.

⑤ Six boys of the Tigers repaired all the holes in the tent.

1 ① T ② F ③ F ④ F ⑤ T
2 ① F ② F ③ T ④ F ⑤ T
3 ① F ② F ③ T ④ T ⑤ F
4 ① F ② T ③ T ④ F ⑤ T
5 ① T ② T ③ F ④ T ⑤ F

(3) 次の英文は，本文中の下線部でEncyclopediaが話したと考えられる内容をまとめたものである。本文の内容にしたがい，（ ① ），（ ② ）に当てはまる語の組合せとして最も適切なものを下の1〜5から一つ選べ。

> Bugs Meany said that Clarence had stolen the tent from the Tigers' clubhouse "this morning." That is, on the second day of the rain. Therefore, the ground under the tent should have been (①).
>
> But when Encyclopedia scattered the cards with his foot, he discovered that the ground inside the tent was (②). This proved that the tent had been put up *before* the rain, as Clarence claimed—and not during the rain "this morning," as Bugs said.

Donald J. Sobol, "*ENCYCLOPEDIA BROWN #1 Boy Detective*"

1 ① dry ② dry　　2 ① dry ② wet
3 ① wet ② dry　　4 ① wet ② wet
5 ① dry ② warm

【24】小学校第6学年の国語の授業で,「本のよさを伝え合おう～ブックトークを通して～」という単元を設定した。その学習活動の概要を次に示している。下のア～キの各文について,小学校学習指導要領(平成29年3月告示)に照らし,この単元全体で指導する事項や留意点に関する記述として最も適切な組合せはどれか。1～5から一つ選べ。

単元名「本のよさを伝え合おう～ブックトークを通して～」
単元計画(全5時間)

	学習活動
第一次(1時間)	○ゲストティーチャーのブックトークを聞く。 ・ゲストティーチャーのブックトークを通して、ブックトークのポイントをつかむ。 ○ブックトークで紹介する本を選ぶ。 ○聞き手が関心をもつブックトークにするための工夫について考える。
第二次(3時間)	○紹介する本の良いところを伝える方法を考える。 ・紹介する本の良いところをいくつかのポイントに絞り、クイズを用意したり、絵を描いたりして、紹介する本の良さが伝わるための方法を工夫する。 ○自分が考えた工夫を取り入れながら、紹介する本のブックトークのシナリオを書く。 ・選んだ本の良さは何か、どんな人におすすめか、本をどのように提示するかなどがはっきり分かるようにする。 ○ペアでブックトークの練習をして、紹介する本の良いところがうまく伝わるように工夫しているところやさらによくなるためのアイデアを伝え合う。 ・誤解されやすい同音異義語を避けたり、内容が分かりやすく伝わるように間の取り方に気をつけたりして、音声化の工夫を意識する。
第三次(1時間)	○学級を6つの班に分け、班ごとにそれぞれがブックトークをする。 ・紹介する本の良いところが伝わるように工夫してブックトークをする。 ・それぞれのブックトークの良かった点を伝え合う。 ・自分のブックトークがどうだったか、聞き手の反応を基にして振り返る。

ア　時間的な順序や事柄の順序などを考えながら，内容の大体を捉えること。

イ　話し言葉と書き言葉との違いに気付くこと。

ウ　目的や意図に応じて，日常生活の中から話題を決め，集めた材料を分類したり関係付けたりして，伝え合う内容を検討すること。

エ　身近なことや経験したことなどから話題を決め，伝え合うために必要な事柄を選ぶこと。

オ　段落相互の関係に着目しながら，考えとそれを支える理由や事例との関係などについて，叙述を基に捉えること。

カ　資料を活用するなどして，自分の考えが伝わるように表現を工夫すること。

キ　日常的に読書に親しみ，読書が，自分の考えを広げることに役立つことに気付くこと。

1　ア・エ・カ・キ　　2　イ・ウ・カ・キ　　3　ア・イ・オ
4　ア・カ・キ　　5　ウ・エ・カ

【25】小学校学習指導要領(平成29年3月告示)算数における，第5学年の内容「D　データの活用」には，次のような記述がある。

(1)　データの収集とその分析に関わる数学的活動を通して，次の事項を身に付けることができるよう指導する。
ア　次のような知識及び技能を身に付けること。
(イ) データの収集や適切な手法の選択など統計的な問題解決の方法を知ること。

以上のことをふまえ，小学校学習指導要領解説算数編(平成29年7月)において，統計的な問題解決には5つの段階があるが，次のうち，5つの段階にないものはどれか。1～5から一つ選べ。

1　分析　　2　結論　　3　計画　　4　再考　　5　問題

解答・解説

【1】2

〈解説〉ウ　幼稚園教育要領解説(平成30年2月)の第2章第2節 領域「健康」の中で，「安全な交通の習慣や災害，あるいは不審者との遭遇などの際の行動の仕方などについては，幼稚園のある地域の特徴を理解し，それに対応した内容を計画的に指導するとともに，幼稚園全体の教職員の協力体制や家庭との連携の下，幼児の発達の特性を十分に理解し，日常的な指導を積み重ねていくことが重要である。」と解説している。

【2】1

〈解説〉エ　幼稚園教育要領解説(平成30年2月)の第2章第2節 領域「環境」の内容の取扱いについての記述である。　オ　同解説書の第2章第2節 領域「言葉」の内容の取扱いの中で，「幼児の興味や関心の状況は個人差が大きいことにも配慮し，生活と切り離した形で覚え込ませる画一的な指導ではなく，一人一人の興味に合わせ，遊びなどの中で，その幼児が必要に応じて文字を読んだり書いたりする楽しさを感じる経験を重ねていくことが大切である。」と解説している。

【3】4

〈解説〉幼稚園教育要領(平成29年3月告示)の改訂において,「第1章総則」に幼稚園教育において育みたい資質・能力及び「幼児期の終わりまでに育ってほしい姿」が新設された。「幼児期の終わりまでに育ってほしい姿」は，10項目にわたって示されている。なお，幼稚園教育要領解説(平成30年2月)において，アは「自立心」，エは「道徳性・規範意識の芽生え」，オは「思考力の芽生え」，クは「言葉による伝え合い」に関する解説である。

【4】5

〈解説〉ウ　幼稚園教育要領解説(平成30年2月)の第2章第2節 領域「人間関係」の内容「自分で考え，自分で行動する。」についての解説である。

【5】5

〈解説〉ア　幼稚園設置基準(文部省令)第10条第1項で,「幼稚園には，学級数及び幼児数に応じ，教育上，保健衛生上及び安全上必要な種類及び数の園具及び教具を備えなければならない。」となっている。　エ　幼稚園設置基準第3条で,「一学級の幼児数は,三十五人以下を原則とする。」とされている。なお，イは宗教教育について定めた教育基本法第15条第2項，ウは学校教育法第25条，オは教育の機会均等を定めた教育基本法第4条第2項である。

【6】2

〈解説〉幼稚園教育要領解説(平成30年2月)からの出題である。　イ「指導計画は，一人一人の幼児が幼児期にふさわしい生活を展開して必要な経験を得ていくように，あらかじめ考えた仮説であることに留意して指導を行うことが大切である。」と解説している。　ウ「幼児理解に基づき，遊びや生活の中で幼児の姿がどのように変容しているかを捉えながら，そのような姿が生み出されてきた様々な状況について適切かどうかを検討して，指導をよりよいものに改善するための手掛かりを求めることが評価である。」と解説している。　エ「評価の妥当性や信頼性が高められるよう，例えば，幼児一人一人のよさや可能性などを把握するために，日々の記録やエピソード，写真など幼児の評価の参考となる情報を生かしながら評価を行ったり，複数の教職員で，それぞれの判断の根拠となっている考え方を突き合わせながら同じ幼児のよさを捉えたりして，より多面的に幼児を捉える工夫をするとともに，評価に関する園内研修を通じて，幼稚園全体で組織的かつ計画的に取り組むことが大切である。」と解説している。

【7】5

〈解説〉幼稚園教育要領解説(平成30年2月)で，幼児が自分自身の生活を確立し，自分の力で行うことの充実感を味わうようになるために，教師が配慮することについての解説からの出題である。その前段には，「教師は幼児と向き合い，幼児が時間を掛けてゆっくりとその幼児なりの速さで心を解きほぐし，自分で自分を変えていく姿を温かく見守るというカウンセリングマインドをもった接し方が大切である。ここでいうカウンセリングマインドとは，カウンセリング活動そのものではない。カウンセリングの基本的な姿勢を教育の場に生かしていくことである。」と解説している。

【8】2

〈解説〉文部科学省は，平成19年度から21年度に「体力向上の基礎を培うための幼児期における実践活動の在り方に関する調査研究」を実施し，幼児期に獲得しておくことが望ましい基本的な動き，生活習慣及び運動習慣を身に付けるための効果的な取組などについての実践研究を行った。その成果を踏まえ，出題の「幼児期運動指針」を平成24年に取りまとめた。　ウ 「4 幼児期の運動の在り方 (2) 運動の行い方」の中で，「遊びとしての運動は，大人が一方的に幼児にさせるのではなく，幼児が自分たちの興味や関心に基づいて進んで行うことが大切であるため，幼児が自分たちで考え工夫し挑戦できるような指導が求められる。」とされている。

【9】5

〈解説〉幼稚園教育要領(平成29年3月告示)の第3章では，アについて「教育課程に基づく活動を考慮し，幼児期にふさわしい無理のないものとなるようにすること。その際，教育課程に基づく活動を担当する教師と緊密な連携を図るようにすること。」，オについては「適切な責任体制と指導体制を整備した上で行うようにすること。」とされている。

【10】5

〈解説〉「幼児期から児童期への教育」は，幼稚園と小学校との連携・接続をスムーズに行うために，各幼稚園において，幼児期から児童期への教育を意識しながら適切な教育課程を編成し，実施する上での基本的な考え方と，実践事例を紹介した，国立教育政策研究所作成の指導資料である。その中では出題の場面について，「幼児は，教師や友達の話の中で関心をもった言葉から自分の思ったことを話している。おそらく，幼児なりには，教師や友達と会話しているつもりなのだろう。こうした会話を通じて，幼児は，自分の思いを言葉に表すことを楽しみ，友達に関心をもつようになる。ここでは，幼児たちの会話をゆったりとした気持ちをもって受け止めている教師の存在が大きい。」「幼児にとって自分の思いを言葉にして表現することは楽しい。また，その言葉が相手に受け止めてもらえることで，人とつながる喜びを感じることができる。そのためには，幼児の素朴な表現を受け止め，応じていく教師の存在が何よりも重要である。」と解説されている。なおCのオ，キはともに，領域「人間関係」の内容である。

【11】(1) 4　(2) 4　(3) 2

〈解説〉(1) 空欄アについては,「～に乗る」,「～に流される」という表現を取るのは「潮流」である。空欄イに関しては,「露骨」は感情などに用いるので,ここでは不適切。空欄ウには，その後で「頼ってしまいそうになる」とあるので,「無下」ではなく「鵜呑み」が入る。　(2) 本文第3・第4段落で「心」の重要性が説かれるが，それだけでは解答として不十分。筆者は本文第3段落で「私たちがいっこうに豊かさを感じることができないのは何故だろう」となおも問題提起をする。本文第5段落で,筆者の一番の主張が提示される。(3) 問われているのは,「筆者がとらえている『心の時代』」である。現状の問題点を指摘するに留まる選択肢は誤りである。

【12】(1) 3　(2) 2

〈解説〉(1) マダガスカル島はアフリカ大陸の東側，セイロン島はインド半島の南端近くにある。セントヘレナ島は西アフリカ沖の南太平洋上に，シンガポールはマレー半島の南端に位置する。　(2) アメリカ合衆国第13代大統領のフィルモアは，太平洋地域に対するアメリカの影響力の拡大に関心をもち，アメリカ東インド艦隊司令長官のペリーを派遣して日本に開国を要求した。ペリー来航以後，老中首座の阿部正弘は幕府の責任者として外交方針を指示し，日米和親条約を締結した。

【13】3

〈解説〉A　ラクスマンが伴ったのは，高田屋嘉兵衛ではなく大黒屋光太夫である。　D　1811年に幕府の役人が捕えた軍艦長とは，プチャーチンではなくゴローニンである。　E　『戊戌夢物語』を著したのは，渡辺崋山ではなく高野長英である。

【14】2

〈解説〉ア・イ　衆議院の優越は，法律案の議決(憲法第59条)，予算の先議と議決(第60条・第86条)，条約の承認(第61条・第73条)，内閣総理大臣の指名(第67条)で認められている。　ウ　衆議院の総議員の三分の二ではなく，出席議員の三分の二である。　エ　六十日以内ではなく，三十日以内である。

【15】1

〈解説〉8枚のカードから，異なる2枚を同時に引くとき，全ての引き方は$_8C_2=$ 28通り　このうち，2枚のカードに書かれた数の積が6の倍数になるのは，(1, 6), (2, 3), (2, 6), (3, 4), (3, 6), (3, 8), (4, 6), (5, 6), (6, 7), (6, 8)の10通り　よって，求める確率は$\frac{10}{28}=\frac{5}{14}$

【16】4

〈解説〉1辺の個数がn個のとき，並べる碁石の個数は$(3n-3)$個だから，碁石の個数が135個のとき　$3n-3=135$　$n=46$より，1辺の個数は46個

【17】5

〈解説〉1　3つの内角のうち，その2つの大きさが26°，58°の三角形は，残りの角が$180°-26°-58°=96°$だから，鈍角三角形である。　2　多角形の外角の和は360°である。　3　五角形の内角の和は$180°\times(5-2)=540°$だから，五角形で，4つの内角の和が410°のとき，残りの内角の大きさは$540°-410°=130°$である。　4　6つの辺の長さがすべて等しく，6つの角の大きさがすべて等しい六角形が正六角形である。　5　正十角形では，1つの外角の大きさは$\frac{360°}{10}=36°$で，1つの内角の大きさ$180°-36°=144°$の$\frac{36°}{144°}=\frac{1}{4}$である。

【18】2

〈解説〉元の円錐と，取り除いた円錐は相似な円錐であり，その相似比は$10:8=5:4$だから，体積比は$5^3:4^3=125:64$　よって，立体Vの体積は$375\pi\times\frac{125-64}{125}=183\pi$〔$\mathrm{cm}^3$〕

【19】4

〈解説〉表に記されている気体の性質をもとに気体を特定する。Aは，水に少し溶け，酸化銅と炭素を混ぜて加熱したときに発生するため，二酸化炭素である。Bは，水に溶けにくく，二酸化マンガンにうすい過酸化水素水を入れて発生したため，酸素である。Cは，黄緑色の気体であり，水に溶け

やすいため塩素である。Dは，密度が小さいことと亜鉛にうすい塩酸を入れると発生していることから水素である。Eは，特有の刺激臭がすることや水に非常に溶けやすいことから塩化水素である。BTB溶液で酸性と示されているが，アルカリ性の場合アンモニアと考えることもできるので注意したい。

【20】4

〈解説〉動脈は心臓から血液を送る脈であり，静脈は血液が心臓に戻る脈である。したがって，肺動脈は(ア)，肺静脈は(エ)である。また，栄養素を最も多く含む血液は，栄養を吸収する小腸を出た血液であり，尿素などの不要な物質が最も少ない血液は，老廃物を体外に出す尿を作る器官である腎臓を通過した血液である。

【21】1

〈解説〉星は，東の空から上り，南中した後，西の空に下り，1カ月経過すると，その位置から30度西の方角に移動する。また，星は1時間経過するごとに，15度西に移動するため，問題文から南中するのは2時間前の午後7時頃であることが分かる。

【22】5

〈解説〉電圧計は並列，電流計は直列で接続する。直列では，電流の値が回路全体で等しく，並列では，並び合っている回路の電圧が等しくなる。抵抗は，並列で接続したときに値が低くなるため，流れる電流が大きいのはI_2となる。

【23】(1)　4　　(2)　3　　(3)　3

〈解説〉(1)　①　クラレンスという名前の少年が，「物知り」というあだ名の少年に対して話しかけている文。その返答として「物知り」は，No case is too small.「どんな事件でも取るに足りないということはないよ」と言っているので，空欄に入れるのはD「君の助けが必要なんだ」が適切だとわかる。

②　クラレンスが「問題はテントなんだ」と言った後に続く場面。空欄に続く発言は「でもタイガー(クラブの子)たちが彼らのだって言うんだ」なので，空欄には，A「テントは僕のなんだ」を入れるのが適切。　③　「物知り」がクラレンスに対して，「リーダーの子のところに連れて行って」「それから君のテントにも」と述べているのに対する返答なので，B「両方やるよ」が適切。

④　テントに居座る男の子たちと，クラレンスが対決している場面。男の子たちが「それがどうした」と言っているのに対するクラレンスの返答なの

で，E「君が居座っているのは僕のテントだ」という主張が適切。 ⑤ クラレンスが，どうしてそのテントが自分のものなのかを説明している場面。「ゴミ捨て場にあったのを拾った」と言った後に，C「君たちも僕が先週このテントをここに設営しているのを見ていたじゃないか」と言っているのである。 (2) ① 第2段落1文目に，「ガレージに座って待っていた」と書かれているのでfishing off thebridgeの部分が不適。 ② 第4段落2文目で，「誰も依頼者が来ないので，看板を降ろそうかと考えた」と書いてある。ちょうどその時，クラレンスが最初の依頼者として現れたのである。 ③ 第6段落1文目に，quarterを払った描写がある。quarterは「4分の1」の意味であり，1ドルの4分の1すなわち25セントを指す。 ④ 第8段落3文目に，theboys are plenty tough, all of themという記述があるのと一致する。 ⑤ 第12段落8文目で，クラレンスがテントの穴を全部修理したのは自分だ，と述べているので不適。 (3) 雨が降り続いて2日目である今朝，地面は①「濡れていた」はず。しかし，「物知り」がトランプをテントの床にばらまいた時，床は②「乾いていた」のでカードは濡れなかった。すなわち，テントが今朝盗まれた，というバグズの主張には無理がある，という理論である。

【24】2

〈解説〉イ・ウ・カ・キは小学校の第5学年及び第6学年で指導する事項である。イは学習指導要領の「言葉の特徴や使い方に関する事項」に，ウ・カは「話すこと・聞くこと」に，キは「我が国の言語文化に関する事項」に窺うことができる。ア・エ・オについては，それぞれ「読むこと」の第1学年及び第2学年，「話すこと・聞くこと」の第1学年及び第2学年，「読むこと」の第3学年及び第4学年の内容である。

【25】4

〈解説〉「小学校学習指導要領解説　算数編」(平成29年7月)では「D　データの活用」の領域において，「統計的な問題解決とは，以下に述べる『問題－計画－データ－分析－結論』という5つの段階を経て問題解決することである」と述べている。算数科においては，今回の改訂により領域構成が見直され，「A　数と計算」「B　図形」「C　測定(第1～第3学年)」「C　変化と関係(第4～第6学年)」「D　データの活用」に整理された。学習指導要領と併せて同解説を熟読し理解を深めておきたい。

平成30年度

【1】次のア～エの各文のうち,「幼児期の教育と小学校教育の円滑な接続の在り方について(報告)」(幼児期の教育と小学校教育の円滑な接続の在り方に関する調査研究協力者会議　平成22年11月11日)「第2章　幼小接続の体系」に関する記述として，正しいものを○，誤っているものを×とした場合，正しい組合せはどれか。1～5から一つ選べ。

ア　幼児期の教育と児童期の教育には，子どもの発達の段階の違いに起因する，教育課程の構成原理や指導方法等の様々な違いが存在する。その一方，子ども一人一人の発達や学びは，幼児期と児童期とではっきりと分かれるものではないことから，幼児期の教育と児童期の教育との連続性・一貫性を確保することが求められる。

イ　幼児期の教育と児童期の教育を円滑に接続するには，両者の違いや連続性・一貫性を含めた接続の構造を体系的に理解することが必要であり,「教育課程」→「教育の目的・目標」→「教育活動」の順に展開する3段構造でとらえることが必要である。

ウ　幼児期と児童期の教育活動には，学びの芽生えの時期と自覚的な学びの時期という発達の段階の違いからくる，遊びの中での学びと各教科等の授業を通した学習という違いがあるものの，直接的・具体的な対象とのかかわり，すなわち「人とのかかわり」と「ものとのかかわり」という捉え方で双方の教育活動のつながりを見通しつつ，幼児期における遊びの中での学びと児童期における各教科等の授業を通した学習を展開することが必要である。

エ　幼児期の教育では，児童期における教育の内容の深さや広がりを十分理解したうえで行われること，いわば，今の学びがどのように育っていくのかを見通した教育課程の編成・実施が求められる。従って幼児期の教育は，連続性・一貫性ある教育を踏まえつつ，児童期の教育に合わせていくことに留意する必要がある。

	ア	イ	ウ	エ
1	○	×	×	○
2	×	○	×	○
3	○	×	○	×
4	×	○	○	×
5	○	○	×	×

【2】次の文章は，「幼稚園教育指導資料第5集　指導と評価に生かす記録」(文部科学省　平成25年7月)からの抜粋で，日々の記録を指導要録に生かすための事例の一部である。事例にあるC児の記録等から，幼稚園教育要領(平成20年3月告示)領域「言葉」の面からねらいの達成状況を捉える時，あとの表の空欄①～⑤に入る最も適切な一文の組合せとして正しいものはどれか。1～5から一つ選べ。

<table>
<tr><td colspan="2">事　例
C児：10月生まれの一人っ子で父親、母親との三人家族
母親は、C児が入園前から人見知りの傾向が強いことを気にしていました。入園当初は、母親と離れることを嫌がっていましたが、次第に幼稚園生活に慣れ、友達とのかかわりも見られるようになってきました。
C児の指導要録の個人の重点
３歳：「安心して自分を出し、自分なりの遊びができるようにする」
４歳：「いろいろな遊びに興味をもって取り組み、自分の思いを表現しながら遊ぶ」
５歳：「友達と思いを伝え合いながら遊ぶことを楽しみ、自信をもっていろいろな活動に取り組めるようにする」
<５歳児での日々の記録から></td></tr>
<tr><td>６月</td><td>２月</td></tr>
<tr><td><高鬼>
・高鬼の仲間に加わって遊ぶ。鬼になると、帽子を裏返して白帽子にしてかぶる。鬼の動きをよく見て、捕まらない程度の距離を保ちながらも、鬼を誘うような動きを楽しんでいる。しばらく遊んでいると、鬼役だった幼児が「Cちゃんが、タッチしたのに鬼にならない」と怒った表情で教師に言いに来る。C児は、言い訳をするように、「水を飲もうと思ったの」と言う。教師が「そのことは言ったの？」と聞くと、「後で言おうと思った」と言う。「でも、先に言わないと、鬼はタッチしていいか悪いか、分からないよね」と教師が言うと、被っていた帽子を裏返して白にして、鬼役になり、友達の集まっている方を目指して走って行った。</td><td><高鬼>
・友達と一緒に楽しんでいたC児、教師に「一緒にやろう！」と言って誘う。教師も仲間に加わった。教師が少し高い場所にいると、「もっとしゃがまないと見えちゃうよ！」と注意し、見えないところに身を隠すようにして逃げると捕まりにくいことを知らせる。

<ドッジボール>
・C児はボールを持つ相手チームの幼児の動きをよく見て、できるだけその相手から遠い場所に逃げている。ボールが自分のチームのコートに入ると、素早く取りに行き、よくねらって片手で投げる。ボールを当てられてしまい残念そうな表情をするが、これまでのようには泣かずに、次のゲームに向かって気持ちを切り替えて取り組む。外野にいる友達にボールが渡ると、「パス！」と大きな声で言って両手を広げて受け止めようとする。</td></tr>
</table>

<折り返しリレー> ・高鬼をしていたメンバー五名で折り返しリレーを始めようとする。「Cは審判やる！」と何度も主張する。他の幼児は何も言わないが，C児の顔を見ながら，それでいいというように2チームに分かれる。C児は，人数が同数にならないことを感じ取って，「三人，二人になっちゃうから」と言う。C児が，「ようい，どん！」と言うと，他の幼児が走る姿をよく見て，3回繰り返し走った後に，「終わり！白チームの勝ち！」と大きな声で勝敗を知らせる。 <サクランボのかくれんぼ> ・指名されたグループの幼児が相談している間は，後ろを向いて，期待感をもって待っている姿が見られた。誰がサクランボ役になって隠れているか，グループで相談する場面では，C児は自分の意見をあまり積極的には主張しない。同じグループの友達の意見を聞いて，それが正解だと感じると，グループの幼児と一緒にその名前を答える。正解だと分かると，「やったー！」と喜ぶ。	<巴鬼> ・学級のみんなで集まる。教師が黒板に図を描いてルールを説明すると，C児もうなずきながら教師や友達の話を聞き，自分の考えを話す。 ・好きな遊びの中でも十分楽しんでいるC児はルールを理解しており，友達の動きをよく見ながら動く。他のチームが集まって相談し始めたのを見て，C児も同じチームの幼児と集まって，勝つための方法を相談し始めた。友達の「捕まえる人と残る人を分けようよ」という作戦を聞いて，他児が「そうしよう」と賛成したが，C児は，「考えた！」と言って別の作戦を話し始める。しっかりとした言葉で説明するが，同じチームの友達はその作戦の意味が理解できない様子だった。自分の考えを友達に分かってもらえなかったC児は泣き出しそうな表情になる。しかし，走るのが速いと思う男児三名が捕まえに行く役になろうとすると，泣くのをこらえ「男の子だけでずるい！」と強い口調で言う。C児と同じ気持ちだった女児が「ずるい」，「待っているだけじゃ嫌だ」と言うと，捕まえに行く役になりたい幼児でジャンケンをした。C児はジャンケンで負けたが，鬼遊びが始まると気持ちを切り替え見張り役として動く。また，「待っているだけじゃ嫌だから交代しよう」と同じチームの友達に言い，役割を交代して行った。

C児の記録等から幼稚園教育要領　領域「言葉」に定めるねらいの達成状況について

ねらい／場面	①
遊びに取り組む中で	②［　　　　　　］姿から、ねらいはおおむね達成されている。 ・③［　　　　　　］ ・自分が見付けたことや自分のしたい遊びについて大きな声で友達に伝えようとしている。

学級全体で行動する場面で	④[　　　　　　　]その姿から、十分に達成している。 ・⑤[　　　　　　　] ・鬼の役に慣れてきて自分から大きな声を出す。
発達の読み取り	親しい仲間に言葉で伝えようとする姿の変化が見られ、6月に比べて表現することへの自信が生まれてきている。

①
（ア）感じたことや考えたことを自分なりに表現して楽しむ。
（イ）様々な出来事の中で，感動したことを伝え合う楽しさを味わう。
（ウ）自分の気持ちを言葉で表現することの楽しさを味わう。

②
（エ）感じたり，考えたりしたことを友達に伝えようと，言葉だけではなく，身振りや動作などを取り混ぜた自分なりの方法で表現している
（オ）自分の気持ちを親しい友達に伝え分かってもらったり，自分がしてほしいことを言葉にして伝えたりしようとする気持ちが強くなっており，自信をもって自分の考えを言葉で表現している

③
（カ）高鬼で逃げるよい方法を教師に教える。
（キ）ドッジボールで自分のチームの友達からボールを受け取るために，大きな声を出すとともに，両手を前に広げて知らせる。

④
（ク）泣くのをこらえ，自分の気持ちを主張し，自分の表現が友達に対してどのように受け止められるかを予測せず表現していたが，気持ちを表したり，友達に伝えたりすることによって，友達の思いを知ることができ，満足して遊ぶようになった。
（ケ）自分が考えたことを一人で自信をもって言うことができない姿も見られたが，学級全体の中で自分の考えたことを自分なりの言葉で表現することができるようになった。

⑤
（コ）鬼遊びで自分のなりたい役を主張する。
（サ）自分の考えた作戦の意味を友達に分かってもらえず泣き出しそうになるが，友達の思いを聞くことで，気持ちを切り替えて遊ぶ。

	①	②	③	④	⑤
1	ウ	オ	キ	ケ	サ

2	イ	エ	キ	ク	サ
3	ウ	オ	カ	ケ	コ
4	ア	エ	カ	ク	サ
5	ア	エ	キ	ケ	コ

【3】次のア～エの各文のうち，教育に関する法規等についての記述として，正しいものを○，誤っているものを×とした場合，正しい組合せはどれか。1～5から一つ選べ。

ア　法律に定める学校は，公の性質を有するものであって，国，地方公共団体及び法律に定める法人のみが，これを設置することができる。

イ　学校，家庭及び地域住民その他の関係者は，教育におけるそれぞれの役割と責任を自覚するとともに，相互の連携及び協力に努めるものとする。

ウ　幼稚園には，次の施設及び設備を備えるように努めなければならない。

一　放送聴取設備
二　映写設備
三　水遊び場
四　幼児清浄用設備
五　保健室
六　図書室
七　会議室

エ　学校においては，児童生徒等の安全の確保を図るため，当該学校の施設及び設備の安全点検，児童生徒等に対する通学を含めた学校生活その他の日常生活における安全に関する指導，職員の研修その他学校における安全に関する事項について計画の策定・実施に努めなければならない。

オ　学級は，学年の初めの日の前日において同じ年齢にある幼児で編制することを原則とする。

	ア	イ	ウ	エ	オ
1	○	○	×	○	○
2	○	×	○	×	×
3	×	○	×	×	○
4	×	×	○	○	×
5	○	○	×	×	○

【4】次のア～カの各文のうち，幼稚園教育要領(平成20年3月告示)領域「環境」の内容についての記述として，正しいものの組合せはどれか。1～5から一つ選べ。

ア　いろいろな素材に親しみ，工夫して遊ぶ。

イ　季節により自然や人間の生活に変化のあることに気付く。

ウ　生活の中で美しいものや心を動かす出来事に触れ，イメージを豊かにする。

エ　身近な物や遊具に興味をもってかかわり，考えたり，試したりして工夫して遊ぶ。

オ　共同の遊具や用具を大切にし，みんなで使う。

カ　生活に関係の深い情報や施設などに興味や関心をもつ。

1　アイカ

2　アウオ

3　イエカ

4　イオカ

5　ウエオ

【5】次のア～エの各文について，幼稚園教育要領解説(平成20年7月)領域「言葉」の内容についての記述として，正しいものを○，誤っているものを×とした場合，正しい組合せはどれか。1～5から一つ選べ。

ア　言葉は，いつでも誰とでも交わすことができるわけではない。初めて出会う人には不安感から話す気持ちになれないこともあるし，緊張すると自分の思うことを言葉でうまく表現できないこともある。特に3歳児は，手近にある物を仲立ちにしたり，声や動作など様々な手段で補ったりしながら自分の気持ちを表したり，伝えたりしようとする。教師は，表現の手段が分化した専門的な分野の枠にこだわらず，このような幼児の素朴な表現を大切にして，幼児が何に心を動かし，何を表そうとしているのかを受け止めながら，幼児が表現する喜びを十分に味わえるようにすることが大切である。

イ　絵本や物語，紙芝居などを読み聞かせることは，現実には自分の生活している世界しか知らない幼児にとって，様々なことを想像する楽しみと出会うことになる。登場人物になりきることなどにより，自分の未知の世界に出会うことができ，想像上の世界に思いを巡らすこともできる。

このような過程で，なぜ，どうしてという不思議さを感じたり，わくわく，どきどきして驚いたり，感動したりする。また，悲しみや悔しさなど様々な気持ちに触れ，他人の痛みや思いを知る機会ともなる。このように，幼児期においては，絵本や物語の世界に浸る体験が大切なのである。

ウ　幼児は，自分が感じたことや見たことのすべてを言葉で表現できるわけではない。また，自分なりに想像して思い描いた世界を言葉でうまく表現できないこともある。しかし，言葉ではなかなかうまく表現できなくても，具体的なイメージとして心の中に蓄積されていくことは，言葉の感覚を豊かにする上で大切である。また同じ体験をした教師や友達の言葉を聞くことで，イメージがより確かなものになり，言葉も豊かになっていく。

エ　特に3歳児では，じっと見る，歓声を上げる，身振りで伝えようとするなど言葉以外の様々な方法で感動したことを表現しているので，教師はそれを受容し，共感をもって受け止めることが大切である。さらに，そのことを教師が仲立ちとなって周りの幼児に伝えながら，その幼児の感動を皆で共有することや伝え合うことの喜びを十分に味わえるようにしていくことが必要である。このような経験を積み重ねることを通して幼児同士が伝え合う姿が見られるようになる。

	ア	イ	ウ	エ
1	×	○	○	×
2	○	×	○	○
3	×	○	×	×
4	○	×	×	○
5	○	○	○	×

【6】次のア～オの各文のうち，「幼児期運動指針」(幼児期運動指針策定委員会平成24年3月)「4　幼児期の運動の在り方」に関する記述として，正しいものの組合せはどれか。1～5から一つ選べ。

ア　3歳から4歳ごろになると，自分の体の動きをコントロールしながら，身体感覚を高め，より巧みな動きを獲得することができるようになっていく。

イ　4歳から5歳ごろになると，友達と一緒に運動することに楽しさを見いだし，また環境との関わり方や遊び方を工夫しながら，多くの動きを経験するようになる。

ウ　幼児期の初期では，動きに「力み」や「ぎこちなさ」が見られるが，年齢とともに，自然と無駄な動きや過剰な動きが減少して動きが滑らかになり，目的に合った合理的な動きができるようになる。

エ 「動きの多様化」とは，年齢とともに基本的な動きの運動の仕方がうまくなっていくことである。

オ　幼児期において獲得しておきたい基本的な動きには，歩く，走る，登る，下りるなどの「体のバランスをとる動き」が挙げられる。

1　ア　イ
2　ア　エ
3　イ　オ
4　ウ　エ
5　ウ　オ

【7】新幼稚園教育要領(平成29年3月告示)第1章　総則　第2の3においては，「幼児期の終わりまでに育ってほしい姿」10項目とその内容が明確に示されている。次のア～オの各文のうち，それぞれ示されている項目とその内容が一致しているものの組合せはどれか。1～5から一つ選べ。

ア　自立心

身近な環境に主体的に関わり様々な活動を楽しむ中で，しなければならないことを自覚し，自分の力で行うために考えたり，工夫したりしながら，諦めずにやり遂げることで達成感を味わい，自信をもって行動するようになる。

イ　社会生活との関わり

友達と様々な体験を重ねる中で，してよいことや悪いことが分かり，自分の行動を振り返ったり，友達の気持ちに共感したりし，相手の立場に立って行動するようになる。また，きまりを守る必要性が分かり，自分の気持ちを調整し，友達と折り合いを付けながら，きまりをつくったり，守ったりするようになる。

ウ　豊かな感性と表現

心を動かす出来事などに触れ感性を働かせる中で，様々な素材の特徴や表現の仕方などに気付き，感じたことや考えたことを自分で表現したり，友達同士で表現する過程を楽しんだりし，表現する喜びを味わい，意欲をもつようになる。

エ　健康な心と体

幼稚園生活の中で，充実感をもって自分のやりたいことに向かって心と体を十分に働かせ，見通しをもって行動し，自ら健康で安全な生活をつくり出すようになる。

オ　思考力の芽生え

遊びや生活の中で，数量や図形，標識や文字などに親しむ体験を重ねたり，標識や文字の役割に気付いたりし，自らの必要感に基づきこれらを活用し，興味や関心，感覚をもつようになる。

1　ア　イ　エ
2　ア　ウ　エ
3　ア　ウ　オ
4　イ　ウ　オ
5　イ　エ　オ

【8】「学校防災のための参考資料『生きる力』を育む防災教育の展開」(文部科学省　平成25年3月改訂)「第2章　学校における防災教育」では，防災教育のねらいとして次のア～ウの3つの項目にまとめられている。また，そのねらいに迫るため，各校種ごとに項目ごとの目標が示されている。あとの表ア～ウに入る幼稚園段階における項目ごとの目標に示されているものとして，正しいものを○，誤っているものを×とした場合，正しい組合せはどれか。1～5から一つ選べ。

ア　自然災害等の現状，原因及び減災等について理解を深め，現在及び将来に直面する災害に対して，的確な思考・判断に基づく適切な意志決定や行動選択ができる。［知識，思考・判断］

イ　地震，台風の発生等に伴う危険を理解・予測し，自らの安全を確保するための行動ができるようにするとともに，日常的な備えができる。
［危険予測，主体的な行動］

ウ　自他の生命を尊重し，安全で安心な社会づくりの重要性を認識して，学校，家庭及び地域社会の安全活動に進んで参加・協力し，貢献できる。
［社会貢献，支援者の基盤］

幼稚園段階における防災教育の目標

ア　知識，思考・判断	イ　危険予測，主体的な行動	ウ　社会貢献，支援者の基盤

ア
A　教師の話や指示を注意して聞き理解する。
B　被害を軽減したり，災害時に役立つものについて理解する。
C　日常の園生活や災害発生時の安全な行動の仕方が分かる。

イ
D　危険な状況を見付けた時，身近な大人にすぐ知らせる。
E　安全・危険な場や危険を回避する行動の仕方が分かり，素早く安全に行動する。
F　災害時における危険を認識し日常的な訓練等を生かして，自らの安全を確保することができる。

ウ
G　自他の生命を尊重し，災害時及び発生後に，他の人や集団，地域の安全に役立つことができる。
H　高齢者や地域の人と関わり，自分のできることをする。
I　友達と協力して活動に取り組む。

	A	B	C	D	E	F	G	H	I
1	×	○	×	×	○	○	○	○	×
2	×	○	○	○	×	×	×	○	○
3	○	×	×	×	×	○	○	×	×
4	○	×	○	○	×	×	○	×	○
5	○	×	○	○	○	×	×	○	○

【9】次の文章を読んで，問い(1)～(3)に答えよ。

一般に，知識を増していくやり方は，大きく分けて二つある。料理を例にとっていうと，ひとつは，他人の話を聞いたり，料理に関する本を読んだりして，他者の見出した知識を摂取する(自分のものにする)，という形のものである。これは，一見したところ「記憶」にすぎないように見えるが，実はそうではない。人間は，その意味をある程度理解することなしに，手続きをそのままそっくり覚えこむことはきわめて①困難だし，また覚えたとしても，それだけでは応用がきかない。他人の調理法に関する知識を摂取する，といっても，その意味を一応は理解していなくてはならないのだ。

たとえば，シチューなどの煮込み料理では，なぜはじめに肉をいためておくのか，そのわけを理解していれば忘れにくいし，応用もきくだろう。

ア

知識を増していくもうひとつのやり方は，みずから新しい料理ないしは調理法を工夫する，というものである。つまり問題解決による新しい知識の②創造という形をとる。

イ

具体的な事実のほうはあとでくわしく見るとして，原理的にいっても，意味を理解するというのは，新しく与えられた情報と，今までもっていた知識との間に整合的な関係を見つけることである。今まで知っていたことのひとつのバリエーションとして新しい情報が位置づけられる場合もあるし，今まで知っていたことから，なるほどそれはうまくいきそうだといった形で，新しく与えられた情報の正当化が行われる場合もあるだろう。しかし，いずれにせよ，与えられた情報を意味あるもの,「たしかにそうだ！」と思えるものにしてくれるのは,認知的制約として働く既有知識なのである。したがって，他人の持つ知識を効果的に摂取するには，もっている知識が豊かで，しかも場合に応じて③速やかにとり出せることが必要になる。

ウ

問題解決による新しい知識の創造のほうはどうか。ここでも既有知識の働きが非常に重要だというのが，心理学のみならず，計算機に人間並みの知能をもたせたいと努力してきた人工知能の研究者たちが一致しているところである。われわれが取り組む問題らしい問題というのは，ほとんどの場合，あとでいわれれば，なるほどそうかと思うような隠された制約条件があったりするし，問題を，与えられたままの形でなく解きやすい形に変換するための知識がないと手がつけられない，といったことも少なくないからである。

エ

このように考えると，エキスパート，すなわちその分野に関して豊かでしかもよく構造化された知識をもっている人は，同一の状況におかれていたときでさえ，その分野では，初心者に比べ効果的に学ぶことができ，知識をますます豊富にしていくことが可能だということになる。

オ

加えて，エキスパートは，自分の得意とする分野についてたえず有能さ

を増していきたいという強い動機づけをもっていることが多いから，その分野での知識の追求を他のことに優先させる傾向がある。いわば領域固有の高い能動性をもっている。この結果として，エキスパートはますますエキスパートになっていく。彼らはその分野では，たしかに有能な学び手だ，ということになるのである。

(稲垣　佳世子・波多野　誼余夫『人はいかに学ぶか　日常的認知の世界』)

(1) 次の文は，本文中の［ア］～［オ］のいずれかに入る一文である。この一文が入る部分として最も適切なものはどれか。1～5から一つ選べ。

> ところが，他人のもつ知識を摂取するにせよ，問題解決により新しく知識を創造するにせよ，その領域に関する豊かで，よく構造化された既有知識なしには簡単にはいかない。

1 ア　2 イ　3 ウ　4 エ　5 オ

(2) 次のうち，本文中の下線部①「困難」，下線部②「創造」，下線部③「速やかに」の対義語として，本文の内容に照らし，最も適切な組合せはどれか。1～5から一つ選べ。

	①	②	③
1	容易	模倣	おもむろに
2	簡単	模倣	のどかに
3	容易	模倣	のどかに
4	簡単	破壊	のどかに
5	容易	破壊	おもむろに

(3) 本文で述べられている内容として，最も適切な組合せはどれか。1～5から一つ選べ。

ア　問題解決には，制約条件や，解きやすい形に変換するための既有知識が必要であることから，問題解決により新しく知識を創造することは困難である。

イ　エキスパートがますますエキスパートになるのは，その分野での知識の追求を他のことより優先させる傾向があるからである。

ウ　他者の知識を摂取するには，今までもっていた知識との間に整合的な関係を見つけ，新しい情報を位置づけるか，新しく与えられた情報の正当化を行い，他のものに応用することが必要である。

エ　豊かでしかもよく構造化された知識をもっている人は，効果的に学ぶことができ，知識をますます豊富にしていくことができる。

1　ア・イ　　2　ア・ウ　　3　イ・ウ　　4　イ・エ
5　ウ・エ

【10】小学校第2学年の国語の授業で,「自分の宝物を紹介しよう」という単元を設定した。その学習活動の概要を次に示している。下のア～キの各文について,小学校学習指導要領(平成20年3月告示)に照らし,この単元全体で指導する事項や留意点に関する記述として最も適切な組合せはどれか。1～5から一つ選べ。

単元名「自分の宝物を紹介しよう」
単元計画(全8時間)

	学　習　活　動
第一次(2時間)	学習の見通しをもち,自分のとっておきの宝物を選ぶ。 ・教師の紹介スピーチを聞き,宝物を紹介する学習の見通しをもつ。 ・自分が大切にしているものをいくつか挙げ,その中から友達に一番紹介したい宝物を選ぶ。
第二次(3時間)	スピーチの材料を集め,紹介の準備をする。 ・紹介したい宝物の特徴を短い文で書き出す。 ・紹介したい宝物について,話す事柄をカードに書いて整理し,カードを並び替えて話す順序を決める。 ・声に出しながら,「宝物紹介」のリハーサルをする。
第三次(3時間)	スピーチを聞き合い,質問や感想を述べる。 ・「宝物紹介」の進め方を確認する。 ・一人ずつ全員に向けて宝物を紹介する。 ・一人の紹介が終わったら,紹介された宝物についての感想や質問を述べる。

ア　相手や目的に応じて,理由や事例などを挙げながら筋道を立て,丁寧な言葉を用いるなど適切な言葉遣いで話すように指導する。

イ　文の中における主語と述語との関係に注意するよう指導する。

ウ　身近なことや経験したことなどから話題を決め,必要な事柄を思い出すよう指導する。

エ　文章の内容と自分の経験とを結び付けて,自分の思いや考えをまとめ,発表し合うよう指導する。

オ　相手を見たり,言葉の抑揚や強弱,間の取り方などに注意したりして話すよう指導する。

カ　大事なことを落とさないようにしながら，興味をもって聞くように指導する。

キ　語と語や文と文との続き方に注意しながら，つながりのある文や文章を書くよう指導する。

1　ア・イ・キ

2　ウ・エ・カ

3　イ・エ・カ

4　ウ・エ・オ

5　イ・ウ・カ

【11】次のア～オの各文のうち，平安時代から室町時代における絵巻物とそこに描かれている内容に関する記述として，正しいものの組合せはどれか。1～5から一つ選べ。

ア　『平治物語絵巻』は，源義家の後三年の役を描いた絵巻である。

イ　『北野天神縁起』は，北面の武士佐藤兵衛尉義清が出家し，名を西行と改めた後の生涯を描いている。

ウ　『蒙古襲来絵巻』は，文永・弘安両度の元寇に際して出陣した肥後国の御家人竹崎五郎兵衛尉季長の戦闘記録である。

エ　『紫式部日記絵巻』は，枕草子の作者が書いた『紫式部日記』を絵画化した彩色絵巻である。

オ　『一遍上人絵伝』は，時宗の開祖一遍の伝記絵巻で，諸国遊行の生涯を描き出している。

1　ア・イ　　2　ア・ウ　　3　イ・エ　　4　ウ・オ　　5　エ・オ

【12】次のア～エの表は，2015年の成田国際空港，東京港，名古屋港，神戸港の各港における主要貿易品目(上位5位まで)を示したものである。これらの表と港の組合せとして正しいものはどれか。1～5から一つ選べ。(輸入品目の石油は原油と石油製品の合計，液化ガスは液化天然ガス，液化石油ガスなど。計はその他の品目と合わせたもの。)

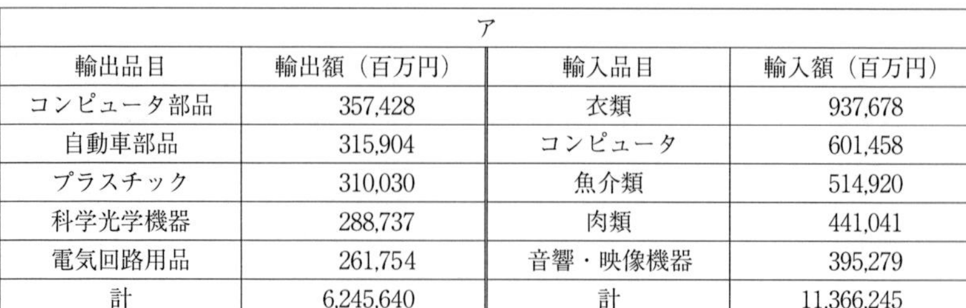

ア			
輸出品目	輸出額（百万円）	輸入品目	輸入額（百万円）
コンピュータ部品	357,428	衣類	937,678
自動車部品	315,904	コンピュータ	601,458
プラスチック	310,030	魚介類	514,920
科学光学機器	288,737	肉類	441,041
電気回路用品	261,754	音響・映像機器	395,279
計	6,245,640	計	11,366,245

イ			
輸出品目	輸出額（百万円）	輸入品目	輸入額（百万円）
科学光学機器	589,685	通信機	1,729,021
金（非貨幣用）	519,977	医薬品	1,639,846
集積回路	442,367	集積回路	1,198,169
電気回路用品	315,101	コンピュータ	896,172
半導体製造装置	285,250	科学光学機器	794,012
計	8,910,411	計	12,611,864

ウ			
輸出品目	輸出額（百万円）	輸入品目	輸入額（百万円）
プラスチック	350,683	衣類	215,867
建設・鉱山用機械	265,922	たばこ	146,715
織物類	199,796	有機化合物	131,189
科学光学機器	198,226	無機化合物	112,700
有機化合物	186,193	プラスチック	96,545
計	5,550,797	計	3,266,239

エ			
輸出品目	輸出額（百万円）	輸入品目	輸入額（百万円）
自動車	3,100,225	液化ガス	560,863
自動車部品	1,734,836	石油	479,736
内燃機関	504,408	衣類	375,623
金属加工機械	484,661	アルミニウム	264,897
電気計測機器	384,739	絶縁電線・ケーブル	214,154
計	11,471,742	計	5,398,822

〔日本国勢図会2016/17より作成〕

	ア	イ	ウ	エ
1	東京港	成田国際空港	神戸港	名古屋港
2	成田国際空港	東京港	神戸港	名古屋港
3	成田国際空港	名古屋港	神戸港	東京港

4　神戸港　成田国際空港　東京港　名古屋港
5　東京港　成田国際空港　名古屋港　神戸港

【13】次のア～オの各文は，第一次世界大戦勃発から第二次世界大戦終結までに起こった出来事にかかわった人物についての記述である。これらの文と人物との組合せとして正しいものはどれか。1～5から一つ選べ。

ア　1918年，国際連盟の樹立と民族の自決などをうたった平和十四か条を発表した。
イ　南京に国民政府を樹立して主席となった後，1937年の日中戦争で政府を重慶に移した。
ウ　大恐慌による不況の克服を目的としてニューディールとよばれる一連の社会経済政策を実施した。
エ　イタリアでファシスト党の党首となり，1939年，ドイツと軍事同盟を結んだ。
オ　1945年2月に行われたヤルタ会談にソ連の首相として参加した。

	ア	イ	ウ	エ	オ
1	ワシントン (George Washington)	孫文	ルーズベルト (Franklin Delano Roosevelt)	ムッソリーニ (Benito Mussolini)	レーニン (Nikolay Lenin)
2	ウィルソン (Thomas Woodrow Wilson)	蔣介石	ルーズベルト (Franklin Delano Roosevelt)	ムッソリーニ (Benito Mussolini)	スターリン (Iosif Vissarionovich Stalin)
3	ウィルソン (Thomas Woodrow Wilson)	孫文	ルーズベルト (Franklin Delano Roosevelt)	ヒトラー (Adolf Hitler)	スターリン (Iosif Vissarionovich Stalin)
4	ウィルソン (Thomas Woodrow Wilson)	蔣介石	チャーチル (Winston Leonard Spencer Churchill)	ムッソリーニ (Benito Mussolini)	レーニン (Nikolay Lenin)
5	ワシントン (George Washington)	孫文	チャーチル (Winston Leonard Spencer Churchill)	ヒトラー (Adolf Hitler)	レーニン (Nikolay Lenin)

【14】小学校学習指導要領(平成20年3月告示)社会「内容の取扱い」において,「選択して取り上げること」とされているものがある。次の各文のうち,「選択して取り上げること」として，誤っているものはどれか。1～5から一つ選べ。

1　第3・4学年の「生産」については，農家，工場などの中から選択して取り上げる。
2　第3・4学年の「災害」については，火災，風水害，地震などの中から選択して取り上げる。
3　第5学年の「情報化した社会の様子と国民生活とのかかわり」については，情報ネットワークを有効に活用して公共サービスの向上に努めている教育，福祉，医療，防災などの中から選択して取り上げる。

4　第6学年の「国際交流」については，スポーツ，文化の中から選択して取り上げる。

5　第6学年の「国際連合の働き」については，ユニセフ，ユネスコの中から選択して取り上げる。

【15】$a=5-2\sqrt{3}$とするとき，$a^2-10a+25$の値として正しいものはどれか。1～5から一つ選べ。

1　$-4\sqrt{3}$

2　$16\sqrt{3}-15$

3　12

4　$16\sqrt{3}$

5　$12+20\sqrt{3}$

【16】ある列車が，一定の速さで長さ1440mのトンネルに最後尾まで完全に入ってから，先頭がトンネルを出始めるまでに，45秒かかった。また，この列車が同じ一定の速さで長さ240mのトンネルに先頭が入り始めてから最後尾がトンネルから完全に出るまでに15秒かかった。この列車の速さは秒速何mか。1～5から一つ選べ。

1　秒速16m

2　秒速20m

3　秒速28m

4　秒速32m

5　秒速36m

【17】図のように，円に内接する四角形ABCDがある。
直線ABと直線DCの交点をE，直線ADと直線BCの交点をFとする。
$\angle AED=58°$，$\angle AFB=28°$のとき，$\angle DAB$の大きさはどれか。
1～5から一つ選べ。

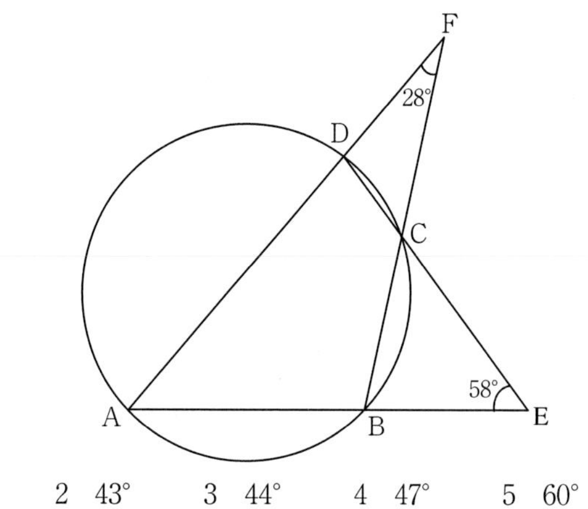

1　30°　　2　43°　　3　44°　　4　47°　　5　60°

【18】小学校学習指導要領解説算数編(平成20年8月)には，第6学年の内容「B 量と測定」領域の「メートル法の単位の仕組み」において，「メートル法の単位の仕組みについて理解できるようにする。」と書かれている。

メートル法では，基にしている単位に接頭語を付けて，単位を作っているが，次のうち，100倍を示す接頭語はどれか。1～5から一つ選べ。

1　デシ　　(d)
2　ヘクト　(h)
3　ミリ　　(m)
4　デカ　　(da)
5　センチ　(c)

【19】次の図のように，滑車を使って，質量60kgの物体Aを地面から2m引き上げた。このとき，人がロープを引く力の大きさ〔N〕と，人がロープを引く距離〔m〕，人がした仕事の大きさ〔J〕の組合せとして正しいものはどれか。1～5から一つ選べ。

ただし，質量100gの物体にはたらく重力の大きさを1Nとし，滑車やロープの重さ，滑車とロープとの摩擦は考えないものとする。

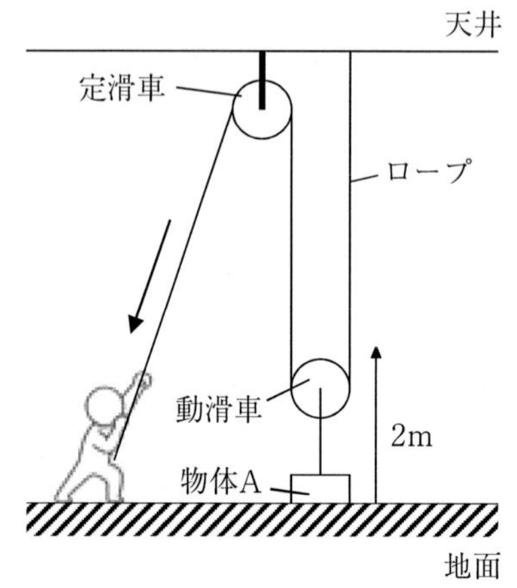

	ロープを引く力の大きさ	ロープを引く距離	仕事の大きさ
1	30N	4m	120J
2	60N	2m	120J
3	120N	4m	480J
4	300N	4m	1200J
5	600N	2m	1200J

【20】次の(ア)〜(ウ)の各文および図は，温度が変化する化学変化の実験方法について記述したものである。それぞれの実験で起こる化学変化のうち，発熱反応のみをすべて挙げているのはどれか。1〜5から一つ選べ。

(ア) 鉄粉8gと活性炭4gをビーカーに入れて，濃度5％の食塩水2cm^{3}を加え，ガラス棒でよくかき混ぜる。

(イ) 酸化カルシウム15gをビーカーに入れて水15cm^{3}を加える。

(ウ) 水酸化バリウム3gと塩化アンモニウム1gをビーカーに入れて，ぬれたろ紙をかぶせて，ガラス棒でよくかき混ぜる。

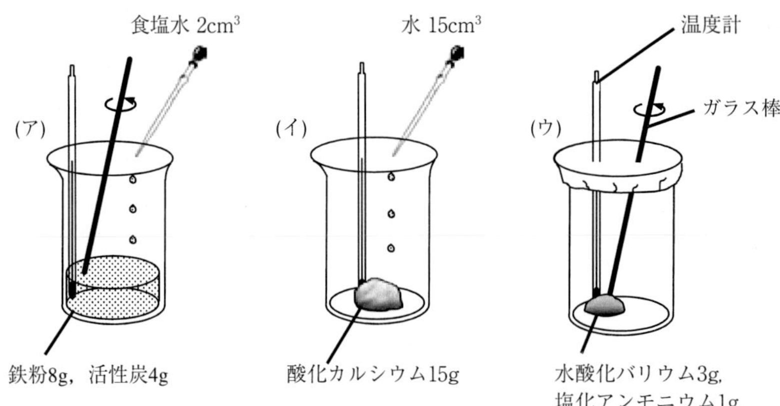

1 （ア）（イ）
2 （ア）（ウ）
3 （イ）（ウ）
4 （ア）（イ）（ウ）
5 （ア）

【21】次の文は，遺伝の規則性について述べたものであり，図はその規則性を示したものである。文中の(　ア　)～(　ウ　)にあてはまる語句の組合せとして正しいものはどれか。1～5から一つ選べ。

丸粒(丸い種子)をつくる純系のエンドウと，しわ粒(しわのある種子)をつくる純系のエンドウを親として受粉させると，子はすべて丸粒になる。この種子をまいて育てたエンドウが自家受粉してできた孫について，丸粒の数としわ粒の数の割合を調べると，およそ3：1の割合になる。

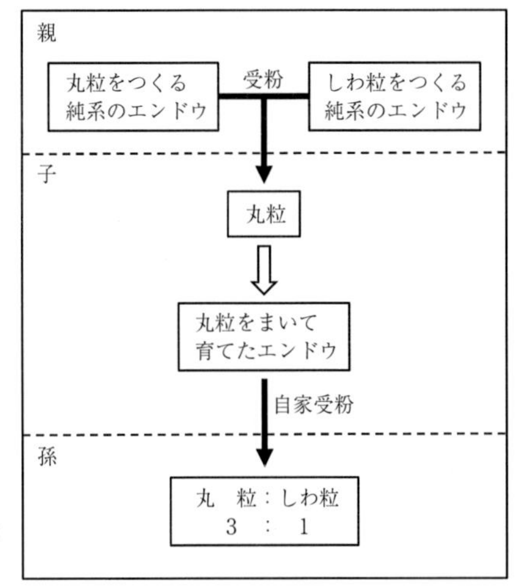

エンドウの種子の形の「丸」と「しわ」のように，ある1つの形質について同時に現れない形質が2つ存在するとき，これらの形質を

(ア)という。また，丸粒の形質を現す遺伝子をA，しわ粒の形質を現す遺伝子をaとしたとき，子がもつ遺伝子の組合せは(イ)になる。

上記によりできた子の丸粒をまいて育てたエンドウと，孫のしわ粒をまいて育てたエンドウを受粉させると，このときにできる丸粒の数としわ粒の数の割合は，およそ(ウ)の割合になる。

	ア	イ	ウ
1	対立形質	Aa	3：1
2	優性形質	AA	3：1
3	優性形質	Aa	3：1
4	対立形質	Aa	1：1
5	対立形質	AA	1：1

【22】小学校学習指導要領解説理科編(平成20年8月)における各学年の目標では，学習の過程において，どのような能力を育成することに重点が置かれているのかが記載されている。次の(ア)～(ウ)の内容について，各学年で育成すべき能力として，前学年で培った能力に加えて重点が置かれるものの正しい組合せはどれか。1～5から一つ選べ。

(ア) 変化させる要因と変化させない要因を区別しながら，観察，実験などを計画的に行っていく条件制御の能力を育成することに重点が置かれている。

(イ) 自然の事物・現象の変化や働きについてその要因や規則性，関係を推論する能力を育成することに重点が置かれている。

(ウ) 自然の事物・現象の変化とその要因とを関係付ける能力を育成することに重点が置かれている。

	(ア)	(イ)	(ウ)
1	第6学年	第5学年	第4学年
2	第4学年	第6学年	第5学年
3	第5学年	第4学年	第6学年
4	第6学年	第4学年	第5学年
5	第5学年	第6学年	第4学年

解答・解説

【1】3

〈解説〉出題の報告において，選択肢イは「幼児期の教育と児童期の教育を円滑に接続するには，両者の違いや連続性・一貫性を含めた接続の構造を体系的に理解することが必要であり，以下に示すように，『教育の目的・目標』→『教育課程』→『教育活動』の順に展開する3段構造でとらえることが必要である」となるのが正しい。選択肢エは「幼児期の教育と児童期の教育は，それぞれ発達の段階を踏まえて教育を充実させることが重要であり，一方が他方に合わせるものではないことに留意する必要がある」となるのが正しい。

【2】3

〈解説〉平成20年告示の幼稚園教育要領は領域「言葉」について，「経験したことや考えたことなどを自分なりの言葉で表現し，相手の話す言葉を聞こうとする意欲や態度を育て，言葉に対する感覚や言葉で表現する力を養う」もので，そのねらいは，「自分の気持ちを言葉で表現する楽しさを味わう」「人の言葉や話などをよく聞き，自分の経験したことや考えたことを話し，伝え合う喜びを味わう」「日常生活に必要な言葉が分かるようになるとともに，絵本や物語などに親しみ，先生や友達と心を通わせる」の3点を示している。なお平成30年度から実施されている新幼稚園教育要領では，ねらいに「言葉に対する感覚を豊かにし」との文言が加筆された。

【3】5

〈解説〉アは「教育基本法　第6条」，イは「教育基本法　第13条」，オは「幼稚園設置基準　第4条」にあり，正しい。ウは「幼稚園設置基準　第11条」によると，「五　保健室」ではなく「五　給食施設」が正しい。エは「学校保健安全法　第27条」によると，「…計画の策定・実施に努めなければならない」ではなく「…計画を策定し，これを実施しなければならない」が正しい。

【4】3

〈解説〉「幼稚園教育要領」(平成20年3月)では，「第2章　ねらい及び内容」として「健康」「人間関係」「環境」「言葉」「表現」の5項目を提示している。本問の「環境」の項に記載されているものは，イ・エ・カである。ア・ウは「表現」の項の内容，オは「人間関係」の項の内容である。

【5】1

〈解説〉「幼稚園教育要領解説」(平成20年7月)の「第2章　ねらい及び内容　第

2節　各領域に示す事項　4　言葉の獲得に関する領域『言葉』」の内容として正しい記述は，イとウである。イは同項の(9)，ウは同項の(8)に記載されている。アは前半の記述は同項(1)の記述だが，後半の記述が「5 感性と表現に関する領域『表現』」の(4)に関するものになっているので誤り，エは同じく(3)の記述なので誤りである。

【6】1

〈解説〉出題の指針において，選択肢ウについては「幼児期の初期(3歳から4歳ごろ)では，動きに『力み』や『ぎこちなさ』が見られるが，適切な運動経験を積むことによって，年齢とともに無駄な動きや過剰な動きが減少して動きが滑らかになり，目的に合った合理的な動きができるようになる」，選択肢エについては「『動きの多様化』とは，年齢とともに獲得する動きが増大することである」，選択肢オについては「歩く，走る，はねる，跳ぶ，登る，下りる，這(は)う，よける，すべるなどの『体を移動する動き』」が正しい。

【7】2

〈解説〉出題の指針において，選択肢イは「道徳性・規範意識の芽生え」の内容，選択肢オは「数量や図形，標識や文字などへの関心・感覚」の内容である。その他の項目「協同性」「自然との関わり・生命尊重」「言葉による伝え合い」についても内容を押さえておこう。

【8】5

〈解説〉「学校防災のための参考資料『生きる力』を育む防災教育の展開」(平成25年3月改訂)では,「第2章　学校における防災教育　2　防災教育のねらい」の項の中で，幼稚園段階から高等学校段階まで，発達の段階に応じた防災教育の目標を表にまとめている。熟読し，それぞれの段階で目標にどのような違いがあるか，理解を深めておきたい。

【9】(1)　2　　(2)　1　　(3)　4

〈解説〉(1)　挿入する一文の前半では「他人のもつ知識を摂取する」,「問題解決により新しく知識を創造する」という2つのことが述べられる。本文の第2段落まででこれらのことが提示されるので,挿入するのは空欄イ以降である。また，挿入する一文の後半では「その領域に関する豊かで，よく構造化された既有知識」と述べられる。これは空欄イの直後の「今までもっていた知識」に対応する。　(2)「おもむろに」とは，漢字で「徐に」と表記し，落ち着いて事を始めるさまをいう。「突然」「不意に」の意で用いるのは誤りである。　(3)　イ・エの内容はそれぞれ本文第6・第5段落の内容と一致する。アは本文第4段落の内容と食い違う。アの後半の「困難である」ということは述べられていない。ウは本文第3段落の内容と食い違う。ウの後半の内容は述べられていない。本文では「いずれにせよ，与えられた情報を意味あるもの(中略)にしてくれるのは，認知的制約として働く既有知識なのである」と述べられている。

【10】5

〈解説〉出題の単元ではスピーチを行う。第1学年及び第2学年の「A　話すこと・聞くこと」の指導事項に該当するものを選ぶ。ウ・カはそれに該当する。イは〔伝統的な言語文化と国語の特質に関する事項〕の指導事項であるが，こちらは全ての分野の指導を通して，指導することになっている。また，ア・オは第3学年及び第4学年の「A　話すこと・聞くこと」の指導事項である。エ・キは第1学年及び第2学年の指導事項ではあるが，それぞれ「C　読むこと」,「B　書くこと」の分野の事項である。

【11】4

〈解説〉ア　誤り。『平治物語絵巻』は平治の乱を描いた絵巻である。後三年の役を描いたのは『後三年合戦絵巻』である。　イ　誤り。『北野天神縁起』は北野天満宮の由来，また北野天満宮にゆかりのある菅原道真の生涯や霊験を描いた絵巻である。選択肢の文は『西行物語絵巻』のことである。　エ　誤り。枕草子を書いたのは清少納言である。

【12】1

〈解説〉それぞれの港や人口，地場産業などの特質を考えながら該当するものを選ぶとよい。アは輸出品にコンピュータ部品などの機械製品類などの割合が大きく，また輸入品では食料品である魚介類や肉類等が多く首都圏の都市活動や住民の生活に必要な物資を受け入れる重要な流通拠点となっていることから東京港が該当する。イは科学光学機器や集積回路など，商品の緊急性や品質が重視され，付加価値の高い製品を輸出入するために空路での輸送が必要なことから空港であると考えられる。選択肢では唯一の空港である成田国際空港が該当する。ウは輸入品の中に唯一たばこが入っており，県内に輸入たばこを取り扱う会社のある神戸港が該当する。エは地場産業として自動車およびその関連部品を扱っている自動車会社や関連会社が多く存在する名古屋港が該当する。

【13】2

〈解説〉アはウィルソンである。ワシントンは，1775年に始まったアメリカ独立戦争を指導して勝利に導き，1789年に初代のアメリカ合衆国大統領となった人物である。イは蔣介石である。孫文は，清朝打倒運動を開始した人物で，1905年に中国同盟会を組織し，三民主義を掲げ1911年に辛亥革命が起こると，それを指導し清朝を倒し，翌年中華民国の臨時大総統に就任した。ウはフランクリン・ルーズベルトである。チャーチルはイギリスの政治家で，第二次世界大戦時や戦後の冷戦時代のイギリスの首相を務めた。エはムッソリーニである。ヒトラーはドイツの政治家で，ファシズムをめざし，1933年にナチ党がドイツ第一党となると，その首相に就任し，独裁政治によって軍備を拡大していった。オはスターリンである。レーニンはロシアの指導者で，ロシア革命を指導し，のちに人民委員会議長として最初の社会主義国家となるソビエト連邦の建設を指導した。

【14】5

〈解説〉5は誤り。学習指導要領には「『国際連合の働き』については，網羅的，抽象的な扱いにならないよう，ユニセフやユネスコの身近な活動を取り上げて具体的に調べるようにすること。」とある。授業では，ユニセフやユネスコの身近な活動を取り上げ，学習が具体的に展開できるように工夫する必要がある。例えば，地域の留学生や外国で生まれ育った人，青年海外協力隊の元隊員などから話を聞いて調べる活動や，ユニセフ募金のポスターなどを活用して募金の使われ方を調べる活動，インターネットを活用して必要な資料を収集して調べることなどが考えられる。

【15】3

〈解説〉$a=5-2\sqrt{3}$より，$a-5=-2\sqrt{3}$　$\Leftrightarrow$　$(a-5)^2=(-2\sqrt{3})^2$　$\Leftrightarrow$

$a^2-10a+25=12$

【16】3

〈解説〉列車の速さを秒速xm，列車の長さをymとする。長さ1440mのトンネルに最後尾まで完全に入ってから，先頭がトンネルを出始めるまでに，45秒かかったから，$45x=1440-y$…①　また，長さ240mのトンネルに先頭が入り始めてから，最後尾がトンネルから完全に出るまでに，15秒かかったから，$15x=240+y$…②　①+②より，$60x=1680$　$x=28$　よって，この列車の速さは秒速28〔m〕

【17】4

〈解説〉$\angle \mathrm{DAB}=x$とする。$\triangle \mathrm{DAE}$の内角と外角の関係から，$\angle \mathrm{FDC}=\angle \mathrm{DAB}+\angle \mathrm{AED}=x+58°$　四角形ABCDは円に内接するから，

$\angle FCD = \angle DAB = x$　△FDCの内角の和は180°だから，$\angle DFC + \angle FDC + \angle FCD = 180°$　⇔　$28° + (x + 58°) + x = 180°$

よって，$x = 47°$

【18】2

〈解説〉デシ(d)は$\frac{1}{10}$，ミリ(m)は$\frac{1}{1000}$，デカ(da)は10倍，センチ(c)は$\frac{1}{100}$を示す。

【19】4

〈解説〉動滑車を1つ用いていることに留意する。仕事の原理より，力の大きさは半分になるが，距離は2倍になる。よって，ロープを引く力の大きさは600Nの半分の300N，ロープを引く距離は2mの倍の4mとなる。また，仕事の大きさは300×4＝1200〔J〕となる。

【20】1

〈解説〉(ア)(イ)はいずれも発熱反応である。特に，(ア)は代表的な発熱反応であり，この反応を用いた身近なものとして化学カイロが挙げられる。(ウ)は吸熱反応である。また，炭酸水素ナトリウムの熱分解も吸熱反応のうちの1つとして挙げられる。

【21】4

〈解説〉同時に現れない，2つの形質のことを対立形質といい，優性形質とは，対立形質の個体を掛け合わせた際に現れる方の形質である。親で純系の「丸(AA)」と「しわ(aa)」を掛け合わせると，子に現れる形質は丸であるが，遺伝子の組み合わせは(Aa)となる。子の丸粒(Aa)をそれぞれ掛け合わせると，AA：Aa：aa＝1：2：1となり，孫に現れる形質は丸：しわ＝3：1となる。子の丸粒(Aa)と孫のしわ粒(aa)を掛け合わせると，丸粒(Aa)としわ粒(aa)は1：1で現れる。

【22】5

〈解説〉いずれの学年の目標も，前学年で育成すべき能力を元に示されている。第4学年では，自然の事物・現象の変化とその要因とを関係付ける能力を育成することに重点が置かれ，第5学年では，変化させる要因と変化させない要因を区別しながら，観察，実験などを計画的に行っていく条件制御の能力を育成することに重点が置かれ，第6学年では，自然の事物・現象の変化や働きについてその要因や規則性，関係を推論する能力を育成することに重点が置かれている。

平成29年度

【1】幼稚園教育指導資料第1集(文部科学省　平成25年7月改訂)には，指導計画の評価・改善のポイントとして，幼児の発達の理解と教師の指導の改善について書かれているが，その内容として，正しいものを○，誤っているものを×とした場合，正しい組合せはどれか。1～5から一つ選べ。

ア　指導計画におけるねらいや内容は，学級全体の発達を見通して立案しますので，幼児一人一人の発達の状況を捉えるとともに，学級全体の幼児の発達への理解が必要です。

イ　幼児の発達を十分理解するには，幼児の活動の姿を多様な視点から捉えることが必要になります。その際，まず捉えたいことは，幼児の遊びへの取り組み方です。どのような遊びをしているかだけでなく，その中で何を楽しみ，どのような経験をしているかについて捉えていきます。

ウ　これまでの指導の経過について振り返ることで，長い期間から見た幼児の成長や変化に気付くことができます。幼児の育ちは，短期間で急激に成長するのでなく，長期間にわたり少しずつ育っていくものです。

エ　幼児の変化を的確に把握し，幼児の興味や関心を大切にしながら，活動の充実に向けて，あらかじめ環境の構成を考えておき，後は幼児の動くままに任せる状況をつくることが求められます。

オ　幼児とのかかわりを通して一人一人の特性や課題を把握し，目前で起こっている出来事が幼児にとってどのような意味をもつものであるのか捉えなければなりません。幼児と生活を共につくりながら，幼児の思いに共感したり，認めたり，励ましたり，ときには必要な助言や指示をしたりするなど，様々な援助が必要です。

	ア	イ	ウ	エ	オ
1	○	×	×	×	○
2	×	×	○	○	○
3	×	○	○	○	×
4	○	○	×	×	○
5	×	○	○	×	×

【2】次の文中の下線部について，幼稚園教育要領解説(平成20年7月)第3章第2「2　子育ての支援」の記述として正しいものを○，誤っているものを×とした場合，正しい組合せはどれか。1～5から一つ選べ。

幼児の家庭や地域での生活を含め，生活全体を豊かにし，健やかな成長を確保していくためには，ア幼稚園が家庭や地域社会との連携を深め，地域の実態や保護者及び地域の人々の要請などを踏まえ，地域における幼児期の教育のセンターとしてその施設や機能を開放し，積極的に子育てを支援していく必要がある。

－中　略－

さらに，イ子どもへのかかわり方や自分の子育てについて悩みや不安を感じている保護者に対しては，その思いを十分に受け止めながら，保護者自身が自分の子育てを振り返るきっかけをつくったり，子育てについて学ぶ場面をつくったりするなどして，家庭の教育力の向上につなげていくことが大切である。

このようなウ子育ての支援は，幼稚園の園児の関係者に限らず，広く地域の人々を対象として行うことが大切である。例えば，子育て相談や未就園児の親子登園などを通じて，未就園児と保護者との温かなつながりがより深まることは，幼稚園入園後の生活をより豊かなものとしていく。さらに，未就園児の親子登園は，幼稚園への円滑な接続に資するという側面もある。このような意義も踏まえ，幼稚園は，園児に限らず地域の幼児の健やかな成長を支えていくことが大切である。

また，エ子育ての支援活動は多様であるが，保護者などのニーズに応じ，できることから着実に実施していくことが必要である。そのためには，教育課程に基づく活動を，子育て支援を中心としていく必要がある。

幼稚園の子育ての支援活動の実施に当たっては，園内研修や幼稚園全体の教師間の協力体制の整備などの園内の体制整備を整えるとともに，他の幼稚園・小学校や保育所・児童相談所などの教育・児童福祉機関，子育ての支援に取り組んでいるNPO法人，地域のボランティア団体などの関係機関との連携及び協力も大切である。例えば，複数の幼稚園が共同で子育ての支援講座を開催したり，NPO法人や地域のボランティア団体の協力を得ながら子育ての支援活動を展開したりすることなどがある。

なお，オ保護者の養育が不適切である場合や家庭での育ちの状況が気になる子どもがいた場合の保護者支援については，子どもの最善の利益を重視しつつ，幼稚園のみで抱え込むことなく，市町村などの関係機関と連携して，適切な支援を行っていくことも大切である。特に，保護者による児童虐待のケースについては，児童相談所などの関係機関との連携が必要となるが，プライバシーを侵害する恐れのある時は，通告をせずに支援を行うことが必要である。

－後　略－

	ア	イ	ウ	エ	オ
1	×	○	×	○	○
2	○	×	×	○	○
3	×	○	○	×	○
4	○	○	○	×	×
5	○	×	○	○	×

【3】次のア～オの各文のうち，幼稚園について定めている関係法規等に関する記述として，誤っているものはどれか。1～5から一つ選べ。

ア　幼児期の教育は，生涯にわたる人格形成の基礎を培う重要なものであることにかんがみ，国及び地方公共団体は，幼児の健やかな成長に資する良好な環境の整備その他適当な方法によって，その振興に努めなければならない。

イ　父母その他の保護者は，子の教育について第一義的責任を有するものであって，生活のために必要な習慣を身に付けさせるとともに，自立心を育成し，心身の調和のとれた発達を図るよう努めるものとする。

ウ　幼稚園に入園することのできる者は，満三歳から，小学校就学の始期に達するまでの幼児とする。

エ　幼稚園の毎学年の教育週数は，特別の事情のある場合を除き，三十九週を下つてはならない。

オ　幼稚園は，義務教育及びその後の教育の基礎を培うものとして，幼児を教育し，幼児の健やかな成長のために適当な援助を与え，その心身の発達を助長することを目的とする。

1　ア
2　イ
3　ウ
4　エ
5　オ

【4】次のア～エの各文のうち，幼稚園教育要領解説(平成20年7月)領域「人間関係」の内容の取扱いについての記述として正しいものを○，誤っているものを×とした場合，正しい組合せはどれか。1～5から一つ選べ。

ア　幼児一人一人のよさを生かしながら協同して遊ぶようになるためには，集団の中のコミュニケーションを通じて共通の目的が生まれてくる過程や，幼児が試行錯誤しながらも一緒に実現に向かおうとする過程，いざこざなどの葛藤体験を乗り越えていく過程を大切に受け止めていくことが重要である。

イ　みんなで一緒に活動する中では，自分の思いと友達の思いが異なることもあり，ときには自己主張がぶつかり合い，ある部分は友達の思いを受け入れたりしながら活動を展開していくこともある。

　このように，幼児同士が試行錯誤しながら活動を展開していくようになるが，大切なことは，幼児同士が共通の目的を実現できるかどうかである。

ウ　人としてしてはいけないことに対しては，自分が何をやったのか，それがよいことなのか悪いことなのか自分なりに考えさせ，教師は善悪を明確にせず，幼児が自分なりに考えられるように援助することが重要である。

エ　幼児の行動を見守りながら，適切な援助を行うためには，教師と一人一人の幼児との間に信頼関係をつくり出し，同時に，幼児の言動や表情から，その幼児が今何を感じているのか，何を実現したいと思っているのかを受け止め，幼児が試行錯誤しながら自分の力で課題を乗り越えられるようにしていくことが必要である。

	ア	イ	ウ	エ
1	○	×	×	×
2	○	×	○	×
3	×	×	○	○
4	○	○	×	○
5	○	×	×	○

【5】次の文章は，入園して間もない満3歳児5月の初めての集団生活の事例1と，4歳児12月の音楽に触れて遊んでいる事例2である。幼稚園教育要領(平成20年3月告示)に照らし，事例1においては入園間もない幼児が，新た

に始まる幼稚園生活において安定感を得られるようになるため，事例2においては幼児の表現活動において，それぞれふさわしい教師のかかわりをA，Cにおいて選択し，その教師のかかわりに関する説明としてふさわしいものをB，Dにおいて選択したとき，正しいものの組合せはどれか。1～5から一つ選べ。

<事例1>(満3歳児　5月)

満3歳児のK児は，5月に3歳児の学級に入園した。初日，K児は幼稚園に来るのがうれしい様子で，母親からすぐに離れて遊びだす。しかし，しばらくして，母親と毎日遊んでいた隣の公園を見て「公園に行きたい」と泣き出す。入園してみて，幼稚園生活が，これまでの母親との家庭生活とは異なることに気付いたようだ。

担任は，保育室にある遊具を手にしてK児に差し出し，K児が安心感をもつように働き掛けたが，泣きやまない。近くにいた主任がK児に，「どうしたの?」と声を掛けると，K児は抱きついてきた。主任は，K児を抱きながら幼稚園内をしばらく歩くことにした。この日は，他の3歳児の降園よりは早めに，保護者に迎えに来てもらう。

二日目になると，K児は保育室の人形に興味を示し，しばらく抱きかかえている。担任が，砂場に誘うと，少し一緒に遊ぶ。しかし，他の幼児がその担任に話し掛けてくると，担任をとられそうに思ったのか，またすぐに泣き出してしまう。担任は，さっきまでK児が抱きかかえていた人形を持ってくる。しばらくは，K児はその人形を抱き落ち着いていたが，次第に不安そうな顔をして動かなくなってしまった。

主任がK児のそばに行くと，K児が抱きついてくる。主任は，保育室の隅の静かな場でK児を膝に乗せ，しばらく二人きりで話す。給食の時間となる。

A<事例1における教師のかかわり>

ア.「今日のご飯は何かな。見てこようかな」と主任が言うと，K児は「一緒に行く」と膝から降りついてくる。手をつないで給食室の中を見ていると，K児が主任に「先生と一緒に食べたい」と言うので，それに応じることにした。

イ.「給食が始まるから，そろそろみんなのところに行っておいで」と主任が言うと，K児は主任に「行かない。先生とここにいる。」と言ったが，主任は担任のところにK児を連れて行った。

B<事例1における教師のかかわりに関する説明>

ウ．幼児が安定感を得るということは，入園間もないこの時期，幼稚園での生活に幼児を慣れさせ，早くクラスの一員として生活させることである。そのために教師は，幼児一人一人の置かれている状況にかかわらず，担任のそばで生活ができるように働きかけることが重要である。

エ．幼児が安定感を得るということは，単に泣かないということではない。幼稚園で安心して過ごすことができ，大まかな幼稚園生活の流れが分かり，その幼児のありのままの姿を出せることである。そのためには，教師が幼児一人一人の要求や欲求に応じて心のよりどころとなることが重要である。

<事例2>(4歳児　12月)

L児がカセットデッキで音楽をかけ，タンブリンを打っていた。その音を聞いて，M児とN児もタンブリンを持って来て，それぞれ自分のリズムで打ち始めた。L児が「ちょっと，合わせてよ!」と怒ったように言うと，他の二人は，L児の打ち方をまねて打っていた。しばらくしてM児が「Lちゃんのまねばっかりでつまんない」と言う。L児は「じゃあいいよ，次はMちゃん。交代ね」と交代して打つことになった。リードする幼児の打ち方により曲の感じが違って聴こえる。三人三様のリズムであり，その変化が面白い。

C<事例2における教師のかかわり>

オ．教師もその場にいて，一緒にリズムにのって体を動かし，変化を楽しむことにした。三人も，教師のからだの動きに合わせて動く。リズムの変化の面白さを共感しているようだ。それから教師が「何だかとっても気持ちがいい楽しい音楽が出来たのね」と言いながら，かたわらに椅子を持ってきて座る。

カ．教師は，みんなの音を聞いて，「Lちゃんのタンブリンの打ち方とってもいいよね。じゃあLちゃんの打ち方に決めてみんなでやってみよう」と言い，一つのリズムに合わせて演奏ができるように，手本を見せながら幼児一人一人に，タンブリンの打ち方を丁寧に教える。

D＜事例2における教師のかかわりに関する説明＞

キ．教師は，幼児の作り出すリズムを一つに決めて，上手に演奏ができるように指導することで，幼児の表現する意欲を高めている。正しいリズムで楽器を上手に演奏できるようにすることは，この幼児期に大切なことであり，教師は，幼児一人一人に根気強く指導することにした。

ク．教師自身が，幼児の作り出すリズムにのって体を揺り動かしたり，リズムの変化を楽しんだりしていることが，リズム遊びを楽しむ幼児の活動を生み出している。教師は，幼児たちの奏する音楽を聴くという役割をとりながら，幼児たちが友達とリズムを合わせながら表現することを支えることにした。

	A	B	C	D
1	イ	ウ	オ	ク
2	ア	エ	オ	ク
3	ア	ウ	カ	キ
4	イ	ウ	カ	キ
5	ア	エ	カ	キ

【6】次のア～エの各文のうち，幼稚園教育要領解説(平成20年7月)領域「表現」の内容と内容の取扱いについての記述として，誤っているものの組合せはどれか。1～5から一つ選べ。

ア　幼児は，生活の中で体験したことや思ったことをかいたり，様々なものをつくったり，それを遊びに使ったり，飾ったりして楽しんでいる。幼児の場合，必ずしも，初めにはっきりとした必要性があって，かいたり，つくったりしているのではない。

イ　教師は，幼児が自分でかいたり，つくったりすることを楽しみながら，次第に遊びのイメージを広げる姿を捉え，その幼児なりの楽しみや願い，遊びのイメージを大切にして，幼児の表現技能を習得させることが重要である。

ウ　幼児が表現する楽しみや意欲を十分に発揮するためには，教師が特定の表現活動を繰り返しさせるとともに，幼児が幼稚園生活の中で自信をもって表現する場面を作り，表現を豊かにする環境としての遊具や用具などを指導の見通しをもって準備したり，他の幼児の表現に触れられるように配慮したりすることが大切である。

エ　幼児が心に感じていることは，それを表現する姿を通して他の幼児にも伝わり，他の幼児の心に響き，幼児同士の中で広がっていく。このように，幼児同士の表現が影響し合い，幼児の表現は一層豊かなものとなっていく。

1　ア　ウ
2　ア　イ
3　イ　ウ
4　ア　エ
5　イ　エ

【7】次の各文のうち，幼稚園教育要領解説(平成20年7月)領域「環境」の内容についての記述として正しいものの組合せはどれか。1～5から一つ選べ。

ア　幼児は，目に見えるものだけではなく，見えないものと対話し，幼児の遊びの中に取り入れている。例えば，風の動きを肌で感じ，自分で作った紙飛行機や凧(たこ)などを少しでも高く，遠くに飛ばそうと高い所を見付け，飛ばしたり，風の向きを考えたりして遊んでいる。

　このような遊びにより，幼児の自然などの身近な事象への関心が高まるようにするためには，自然の事象についての知識を得ることを目的とした遊びを取り入れていくことが大切である。

イ　幼児が，初めはウサギを人間の赤ちゃんのように抱き，語り掛けることもある。生き物を擬人的に理解し，扱ったりしている場合には，次第に人とは違うその生き物の特性が分かるようになり，その生き物が過ごしやすい飼い方にも目を向けるようにすることが大切である。

ウ　幼児が生き生きと数量や図形などに親しむことができるように環境を工夫し，援助していく必要がある。

　数量や図形についての知識だけを単に教えるのではなく，生活の中で幼児が必要感を感じて数えたり，量を比べたり，様々な形を組み合わせて遊んだり，積み木やボールなどの様々な立体に触れたりするなど，多様な経験を積み重ねながら数量や図形などに関心をもつようにすることが大切である。

エ　テレビやコンピュータなど情報機器の利用は，心身の健やかな育ちに少なからず好ましくない影響を与えることもあるので，特に幼児期の発達に害を及ぼすことから活用すべきではない。幼児期の正常な発達のためには，直接体験することが重要であることを踏まえ，さまざまな自然環境や事象を活用することが大切である。

オ　大人には単調な繰り返しに見えることが，幼児にとっては重要な意味をもっている場合もある。このような幼児なりの物とのかかわりを十分に楽しむことが大切であるが，ときには他の幼児が工夫していることに注目するよう促したり，また，ときには教師自らが工夫の仕方を示したりするなど，いろいろな物に興味をもってかかわる機会をつくることも必要である。

1　ア　イ　エ
2　イ　ウ　オ
3　ア　ウ　オ
4　ア　エ　オ
5　イ　ウ　エ

【8】次の各文のうち，幼児期運動指針(幼児期運動指針策定委員会　平成24年3月)の「2　幼児期における運動の意義」についての記述として誤っているものはどれか。1～5から一つ選べ。

ア　幼児期は，神経機能の発達が著しいものの，タイミングよく動いたり，力の加減をコントロールしたりするなどの運動を調整する能力が顕著に向上するとはいえない。そのため，周りの状況の的確な判断や予測に基づいた行動する能力を身に付けることで，けがや事故を防止することにもつながる。

イ　幼児期に適切な運動をすると，丈夫でバランスのとれた体を育みやすくなる。特に運動習慣を身に付けると，身体の諸機能における発達が促されることにより，生涯にわたる健康的で活動的な生活習慣の形成にも役立つ可能性が高く，肥満や痩身を防ぐ効果もあり，幼児期だけでなく，成人後も生活習慣病になる危険性は低くなると考えられる。

ウ　幼児にとって体を動かす遊びなど，思い切り伸び伸びと動くことは，健やかな心の育ちも促す効果がある。また，遊びから得られる成功体験によって育まれる意欲や有能感は，体を活発に動かす機会を増大させるとともに，何事にも意欲的に取り組む態度を養う。

エ　幼児期には，徐々に多くの友達と群れて遊ぶことができるようになっていく。その中でルールを守り，自己を抑制し，コミュニケーションを取り合いながら，協調する社会性を養うことができる。

オ　運動を行うときは状況判断から運動の実行まで，脳の多くの領域を使用する。すばやい方向転換などの敏捷な身のこなしや状況判断・予測などの思考判断を要する全身運動は，脳の運動制御機能や知的機能の発達促進に有効であると考えられる。

1　ア
2　イ
3　ウ
4　エ
5　オ

次の文章を読んで，問い【 9 】～【11】に答えよ。

遊びの効用はいろいろある。遊びは，人をリフレッシュさせ，人との社会的な関係を築いていくのに役立つ。運動をともなう遊びは運動能力の発達にも重要だ。しかし，それ以上に，子どもの時の遊びは知性の発達に非常に重要なのである。

知性の発達の根幹は，象徴する能力である。人間以外の動物と比べて人間が格段に違っているのは，この「象徴能力」であると言ってもよいだろう。一般的には「象徴」ということばは「ハトは平和の象徴」というように使われる。ここでの「象徴」は，目に見えない(　ア　)的な概念をある(　イ　)物に代表させる機能という意味で使われている。しかし，本来「象徴」というのはその逆の方向，つまり(　ウ　)から情報のエッセンスだけを取り出し(　エ　)化したものなのである。私たちが目の前にしているモノや出来事は，膨大な情報を含んでいる。同じモノでも光の当たり方によって目に入ってくる情報は違う。膨大な情報を必要最小限のエッセンスに圧縮し，(　オ　)化したものが象徴(シンボル)である。

私たちは絵を描くとき，程度の差はあれ，すべて自分で観た世界をシンボル化している。どんなに精密な具象画でも，目にした世界をある一定の光や環境のもとで切り取り，自分の解釈を加えて「心で観た世界」を描くのである。

言語は究極の象徴だ。ことばはモノや動作，出来事に対し，絞り込まれた特定の基準だけに注目してカテゴリーをつくる。つまり，言語は世界を多様な，しかし一貫した基準で切り取り，まとめ，象徴化し，さらに個々の象徴を関連づけてシステムをつくっているのである。世界の膨大な情報の中で不必要なものを捨象し，象徴にすることによって，私たちは一つの象徴を他の象徴と組み合わせ，新しい象徴，つまり「　カ　」をつくることができるようになる。

子どもは自然と「ごっこ遊び」をする。ごっこ遊びの中で子どもは，モノの特徴に惑わされずにモノを象徴的に扱う能力を発達させていく。例えば，子どもが，コップがないのに何かをコップに見立てて(あるいはモノなしで)コップで飲む真似をしていたら，コップの色や形に関係なく，コップの機能を理解し，それを象徴化して「コップで飲むふり」をしていたということだ。子どもは遊びを通じて，ことばを学ぶために必要な世界の様々な様相を切り取り象徴化することを試していると言ってもよい。

実際，ごっこ遊びと言語の発達は連動して起こっている。最初は哺乳瓶の形をしたおもちゃがないと人形にミルクを飲ませることができなかったのが，少し大きくなると積み木などの機能が定まっていないモノで代用できるようになる。そのうち，モノがなくても「ふり」だけで人形にミルクをあげることができる。あるいは哺乳瓶とはまったく形も機能も違うものを哺乳瓶に見立てることができるようになる。このように，ことばと象徴能力は遊びを仲介にしていっしょに発達していくのである。

出典：『学びとは何か　―〈探究人〉になるために』今井　むつみ/著

【9】本文中の空欄ア～オに入る言葉の組合せとして正しいものはどれか。1～5から一つ選べ。

	ア	イ	ウ	エ	オ
1	具体	抽象	具体	抽象	具体
2	抽象	具体	具体	抽象	具体
3	抽象	具体	具体	抽象	抽象
4	具体	抽象	抽象	具体	具体
5	抽象	具体	抽象	具体	抽象

【10】本文中の空欄カに入る言葉として正しいものはどれか。1～5から一つ選べ。

1 新しい知識
2 新しい情報
3 新しい遊び
4 新しい世界
5 新しい基準

【11】本文で述べられている内容として，最も適切な組合せはどれか。1～5から一つ選べ。

ア 私たちは目にした世界をある一定の光や環境のもとで切り取り，自分の解釈を加えて「心で観た世界」を描くことから，言語は究極の象徴だと言える。

イ ことばと象徴能力は遊びを仲介にしていっしょに発達していくことから，子ども時代は「ごっこ遊び」に取り組ませる必要がある。

ウ 子どもは「ごっこ遊び」を通じて，ことばを学ぶために必要な世界の様々な様相を切り取り象徴化することを試しながら，モノを象徴的に扱う能力を発達させていく。

エ 遊びの効用にはいろいろあるが，人との社会的な関係の構築や，運動能力の発達以上に，知性の発達が子どもの時の遊びの効用としては重要なものである。

1 ア・イ
2 ア・ウ
3 イ・ウ
4 イ・エ
5 ウ・エ

【12】小学校第4学年の国語の授業で，「『読書新聞』でお気に入りの物語を説明しよう」という単元を設定した。その学習活動の概要を次に示している。あとのア～キの各文について，小学校学習指導要領(平成20年3月告示)に照らし，この単元全体で指導する事項や留意点に関する記述として最も適切な組合せはどれか。1～5から一つ選べ。

単元名　「『読書新聞』でお気に入りの物語を説明しよう」（全８時間）
単元計画（全８時間）

	学習活動
第一次（2時間）	○　学習の見通しをもつ。 ・教材文の作者が書いた物語の読み聞かせを聞き、印象に残ったところ、心がひかれる場面などについて紹介し合う。 ・教師自作の読書新聞のモデルの紹介を聞き、自分のお気に入りの物語を読書新聞で紹介しようというめあてをもつ。 ・自分の好きな本を集めて、並行読書していく。
第二次（3時間）	○　教材文を読み、読書新聞を作る。 ・教材文を読み、気になったところ、好きなところを紹介し合う。 ・読書新聞で説明したいことを確かめながら繰り返し読んで記事を書く。 【読書新聞作りのための読みの視点】 ・あらすじ ・お気に入りの場面（場面が大きく変わる瞬間） ・主な登場人物の性格・気持ちの変化 ・美しい情景描写 ・自分のお薦めの叙述 ・記事を台紙に貼り付けて、教材文のおもしろさを説明する読書新聞を作る。
第三次（3時間）	○　好きな本を説明する読書新聞を作る。 ・自分の好きな物語を選び、読書新聞の割り付けを考える。 ・物語を読み返しながら、読書新聞の記事を書く。 ・読書新聞を張り出し、読んで感想を述べ合う。

ア　経験したことや想像したことなどから書くことを決め，書こうとする題材に必要な事柄を集めるように指導する。

イ　場面の移り変わりに注意しながら，登場人物の性格や気持ちの変化，情景などについて，叙述を基に想像して読むように指導する。

ウ　目的に応じて，中心となる語や文をとらえて段落相互の関係や事実と意見との関係を考え，文章を読むように指導する。

エ　目的や必要に応じて，文章の要点や細かい点に注意しながら読み，文章などを引用したり要約したりするように指導する。

オ　時間的な順序や事柄の順序などを考えながら内容の大体を読むように指導する。

カ　目的に応じて，文章の内容を的確に押さえて要旨をとらえたり，事実と感想，意見などとの関係を押さえ，自分の考えを明確にしながら読んだりするように指導する。

キ　目的に応じて，いろいろな本や文章を選んで読むように指導する。

1　ア・イ・キ

2　エ・オ・カ

3　イ・エ・キ
4　ウ・エ・オ
5　ア・ウ・カ

【13】次のア～エの表は，2013年のイギリス，フランス，ドイツ，イタリアの各国における商品の分類別輸出額(上位5位まで)を示したものである。これらの表と国の組合せとして正しいものはどれか。1～5から一つ選べ。

ア	
商品	輸出額（百万ドル）
機械類	134,447
自動車	34,971
医薬品	24,922
衣類	23,729
石油製品	21,645

イ	
商品	輸出額（百万ドル）
機械類	393,437
自動車	236,975
医薬品	75,108
精密機械	56,199
金属製品	46,039

ウ	
商品	輸出額（百万ドル）
機械類	111,534
航空機	56,423
自動車	44,820
医薬品	37,731
鉄鋼	16,099

エ	
商品	輸出額（百万ドル）
機械類	103,199
金（非貨幣用）	80,230
自動車	48,968
医薬品	32,868
原油	29,794

〔世界国勢図会2015/16より作成〕

	ア	イ	ウ	エ
1	イタリア	ドイツ	フランス	イギリス
2	フランス	イタリア	イギリス	ドイツ
3	イタリア	ドイツ	イギリス	フランス
4	イタリア	イギリス	フランス	ドイツ
5	ドイツ	イタリア	イギリス	フランス

【14】次の各文のうち，江戸時代における学問や文化に関する記述として，誤っているものの組合せはどれか。1～5から一つ選べ。

ア　伊能忠敬は，全国を測量して「大日本沿海輿地全図」の編纂に従事した。

イ　本居宣長は，国学を研究し，「古事記伝」を著した。

ウ　緒方洪庵は，鳴滝塾を大坂に開き，蘭学を教えた。

エ　杉田玄白や前野良沢が，「ターヘル＝アナトミア」を翻訳し，「解体新書」を完成させた。

オ　歌川広重は浮世絵師で，「富嶽三十六景」を作画し，人気絵師となった。

1　ア・イ
2　イ・エ
3　ア・ウ
4　エ・オ
5　ウ・オ

【15】次のア～オの各文にある「この王朝」の組合せとして正しいものはどれか。1～5から一つ選べ。

ア　菅原道真は，この王朝の擾乱や新羅海賊による航海の困難などを理由に，この王朝への使いの停止を要請した。

イ　平清盛は，この王朝との貿易や海上交通に深い関心を示し，摂津大輪田泊の改修を行って，この王朝の船を入航させた。

ウ　この王朝は，勘合をもった船のみに貿易を許可し，室町幕府とも貿易を行った。

エ　小野妹子は，この王朝への使いとして，「日出づる処の天子，書を日没する処の天子に致す，恙無きや」(原漢文)と記された国書を提出した。

オ　文永の役，弘安の役は，この王朝から日本への2回にわたる来攻のことである。

	ア	イ	ウ	エ	オ
1	隋	明	唐	元	宋
2	唐	明	宋	隋	元
3	隋	宋	明	唐	元
4	唐	宋	明	隋	元
5	唐	明	元	隋	宋

【16】小学校学習指導要領(平成20年3月告示)　社会　第6学年の「内容の取扱い」において，「児童の興味・関心を重視し，取り上げる人物や文化遺産

の重点の置き方に工夫を加えるなど，精選して具体的に理解できるようにすること。」と記されており，人物の働きを通して学習できるよう指導することとされている。次の各文は，小学校学習指導要領(平成20年3月告示)社会における，第6学年の「内容」の一部であるが，これらのうち「内容の取扱い」において，人物の例示がされていないものはどれか。1～5から一つ選べ。

1　狩猟・採集や農耕の生活，古墳について調べ，大和朝廷による国土の統一の様子が分かること。その際，神話・伝承を調べ，国の形成に関する考え方などに関心をもつこと。

2　大陸文化の摂取，大化の改新，大仏造営の様子，貴族の生活について調べ，天皇を中心とした政治が確立されたことや日本風の文化が起こったことが分かること。

3　京都の室町に幕府が置かれたころの代表的な建造物や絵画について調べ，室町文化が生まれたことが分かること。

4　歌舞伎(かぶき)や浮世絵，国学や蘭学(らんがく)について調べ，町人の文化が栄え新しい学問が起こったことが分かること。

5　日華事変，我が国にかかわる第二次世界大戦，日本国憲法の制定，オリンピックの開催などについて調べ，戦後我が国は民主的な国家として出発し，国民生活が向上し国際社会の中で重要な役割を果たしてきたことが分かること。

【17】$\sqrt{5}$の小数部分をaとするとき，$a(a+4)$の値として正しいものを1～5から一つ選べ。

1　0.84

2　1

3　2.25

4　12

5　$5+4\sqrt{5}$

【18】内角の和が1800°になる正多角形の一つの外角は何度か。1～5から一つ選べ。

1　18°

2　24°

3　30°

4　36°

5　45°

【19】A，B，C，D，Eの5人が横一列に並んだとき，AとBが隣り合う並び方は何通りになるか。1～5から一つ選べ。

1　6通り

2　20通り

3　24通り

4　48通り

5　60通り

【20】次の各文のうち，小学校学習指導要領(平成20年3月告示)の算数の第4学年の目標に記述されている内容として正しいものはどれか。1～5から一つ選べ。

1　数量やその関係を言葉，数，式，図，表，グラフなどに表したり調べたりすることができるようにする。

2　具体物を用いた活動などを通して，数量やその関係を言葉，数，式，図などに表したり読み取ったりすることができるようにする。

3　数量の関係を考察するとともに，百分率や円グラフなどを用いて資料の特徴を調べることができるようにする。

4　具体物を用いた活動などを通して，数量やその関係を言葉，数，式，図，表，グラフなどに表したり読み取ったりすることができるようにする。

5　数量やその関係を言葉，数，式，図，表，グラフなどに表したり読み取ったりすることができるようにする。

【21】次の図1のように，炭酸水素ナトリウムを乾いた試験管の中に入れ弱火で加熱すると，気体Aが発生するとともに，試験管内側の口のあたりに液体Bがついた。また加熱後，試験管の中には白い固体の物質Cが残った。次の文は，気体A・液体B・物質Cをそれぞれ，図2，図3等の方法を使って調べた内容について述べたものである。文中の(　ア　)～(　オ　)にあてはまる語句の組合せとして正しいものはどれか。1～5から一つ選べ。

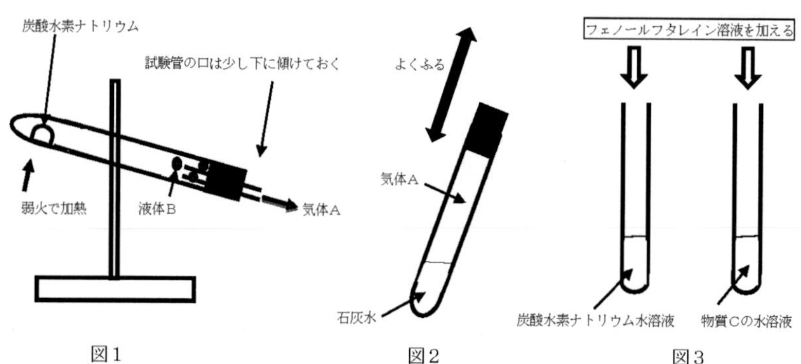

図1　図2　図3

発生した気体Aを(　ア　)法で試験管に集め，図2のように石灰水を入れてよくふり混ぜたところ白くにごった。このことから発生した気体Aは(　イ　)であるとわかった。

次に，試験管内側の口のあたりについた液体Bに青色の塩化コバルト紙をつけるとうすい赤色(桃色)に変化した。このことからこの液体Bは(　ウ　)であるとわかった。

さらに，炭酸水素ナトリウムと試験管の中に残った白い固体の物質Cを同量，それぞれ別の試験管にとり，図3のように水でとかし，水へのとけ方と水溶液の性質を調べると，物質Cは炭酸水素ナトリウムと比べて水に(　エ　)ことや(　オ　)性を示すことがわかった。

	ア	イ	ウ	エ	オ
1	水上置換	CO_2	水	よくとける	アルカリ
2	水上置換	H_2	エタノール	あまりとけない	酸
3	上方置換	CO_2	水	あまりとけない	アルカリ
4	上方置換	H_2	エタノール	あまりとけない	アルカリ
5	水上置換	CO_2	水	よくとける	酸

【22】次の図は地球の北極側から見た時の月の公転の様子である。地球と月，太陽とが図のような位置関係にあるとき，あとの文の(　ア　)～(　ウ　)にあてはまる語句の組合せとして正しいものはどれか。1～5から一つ選べ。

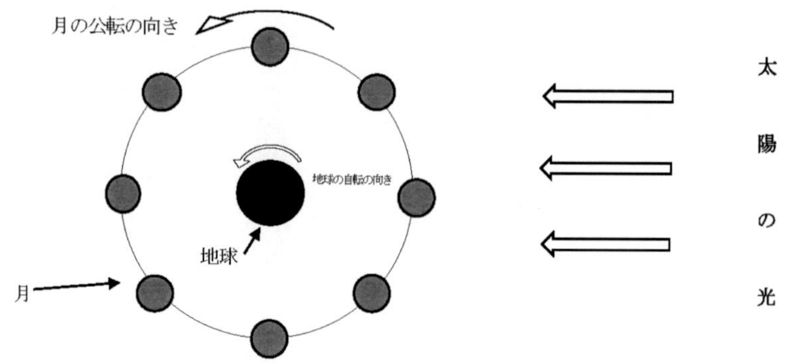

大阪で，空を見上げて見えた月の形や方角について調べた。

日の入りの頃に，ある方角の空を見上げると満月が見えた。この方角は(　ア　)である。

真夜中0時頃に，ある方角の空を見上げると下弦の月が見えた。この方角は(　イ　)である。

日の出の頃に，南の空を見上げると(　ウ　)が見えた。

	ア	イ	ウ
1	西	東	下弦の月
2	東	西	上弦の月
3	東	東	下弦の月
4	西	西	上弦の月
5	東	東	上弦の月

【23】次の図は，ヒトの消化に関する器官から出されているだ液，胃液，すい液，胆汁が食物中のタンパク質，デンプン，脂肪を消化する過程を模式的に示したものである。ア～ウはタンパク質，デンプン，脂肪のいずれかの物質を，エ，オは胆汁，すい液のいずれかをあらわしている。

ア～オに入る語句の組合せとして正しいものはどれか。1～5から一つ選べ。

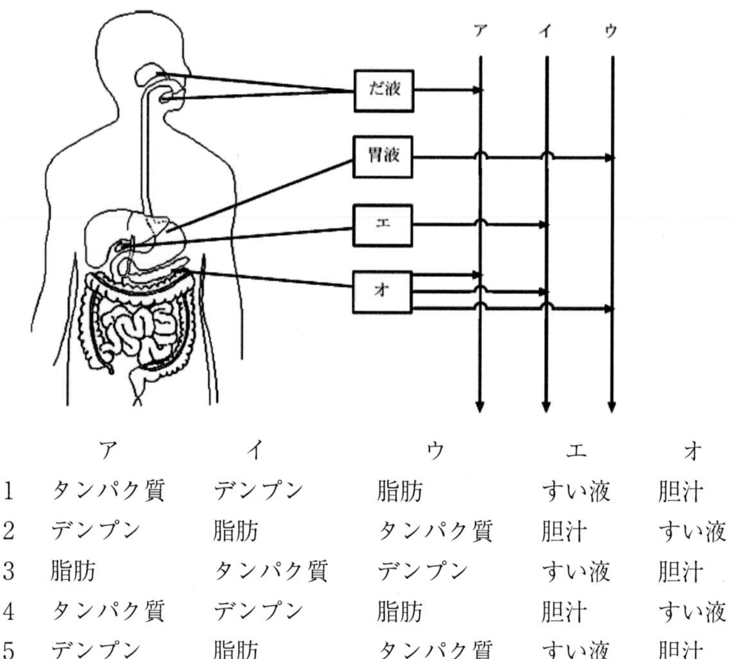

	ア	イ	ウ	エ	オ
1	タンパク質	デンプン	脂肪	すい液	胆汁
2	デンプン	脂肪	タンパク質	胆汁	すい液
3	脂肪	タンパク質	デンプン	すい液	胆汁
4	タンパク質	デンプン	脂肪	胆汁	すい液
5	デンプン	脂肪	タンパク質	すい液	胆汁

【24】次の各文は，小学校学習指導要領(平成20年3月告示)理科の各学年の「目標」に関する記述である。それぞれを目標としている学年の正しい組合せはどれか。1～5から一つ選べ。

ア　物の溶け方，振り子の運動，電磁石の変化や働きをそれらにかかわる条件に目を向けながら調べ，見いだした問題を計画的に追究したりものづくりをしたりする活動を通して，物の変化の規則性についての見方や考え方を養う。

イ　人の体のつくり，動物の活動や植物の成長，天気の様子，月や星の位置の変化を運動，季節，気温，時間などと関係付けながら調べ，見いだした問題を興味・関心をもって追究する活動を通して，生物を愛護する態度を育てるとともに，人の体のつくりと運動，動物の活動や植物の成長と環境とのかかわり，気象現象，月や星の動きについての見方や考え方を養う。

ウ　生物の体のつくりと働き，生物と環境，土地のつくりと変化の様子，月と太陽の関係を推論しながら調べ，見いだした問題を計画的に追究する活動を通して，生命を尊重する態度を育てるとともに，生物の体の働き，生物と環境とのかかわり，土地のつくりと変化のきまり，月の位置や特徴についての見方や考え方を養う。

エ　物の重さ，風やゴムの力並びに光，磁石及び電気を働かせたときの現象を比較しながら調べ，見いだした問題を興味・関心をもって追究したりものづくりをしたりする活動を通して，それらの性質や働きについての見方や考え方を養う。

オ　植物の発芽から結実までの過程，動物の発生や成長，流水の様子，天気の変化を条件，時間，水量，自然災害などに目を向けながら調べ，見いだした問題を計画的に追究する活動を通して，生命を尊重する態度を育てるとともに，生命の連続性，流水の働き，気象現象の規則性についての見方や考え方を養う。

	ア	イ	ウ	エ	オ
1	第6学年	第3学年	第6学年	第4学年	第5学年
2	第5学年	第4学年	第6学年	第3学年	第5学年
3	第6学年	第3学年	第5学年	第4学年	第6学年
4	第6学年	第4学年	第6学年	第3学年	第5学年
5	第5学年	第4学年	第5学年	第3学年	第6学年

解答・解説

【1】4

〈解説〉幼稚園教育要領解説第3章第2節1(5)では,「幼児の実態及び幼児を取り巻く状況の変化などに即して指導の過程についての反省や評価を適切に行い，常に指導計画の改善を図ること」としている。それを受け幼稚園教育指導資料第1集は指導計画の評価・改善のポイントを具体的に示している。ウについては，短期・長期の時間軸を組み合わせて発達の理解を深める観点から「幼児の育ちは，短期間で急激に成長することもあれば，長期間にわたり育つこともある」と述べている。またエについては，ふさわしい環境を構成する観点から「幼児の変化を的確に把握し，物や場といった物的環境をつくり直し，ねらいを達成する経験ができるような状況をつくることが求められる」と述べている。

【2】4

〈解説〉本資料では，エは「子育ての支援活動は多様であるが，幼稚園の実態に応じ，～。その際，教育課程に基づく活動の支障となることのないように配慮する必要がある」と述べている。オは「～関係機関との連携が必要となる。児童虐待の防止等に関する法律では，児童虐待を受けたと思われる子どもを発見した場合には，市町村又は児童相談所などに通告しなければならないとしている。この場合において，守秘義務は通告義務の遵守を妨げるものではない」と述べている。依然として児童虐待事件が多く発生している。児童虐待防止法について正しく理解しておくことが大切である。

【3】5

〈解説〉アは教育基本法第11条，イは教育基本法第10条第1項，ウは学校教育法第26条，エは学校教育法施行規則第37条。オは学校教育法第22条に即すなら,「～，幼児を保育し，幼児の健やかな成長のために適当な環境を与えて，～目的とする」となる。第3章は幼稚園のことについてなので暗記しておこう。

【4】5

〈解説〉本資料[内容の取扱い](3)では，イの後半分は「このように，幼児同士が試行錯誤しながら活動を展開していくようになるが，大切なことは，幼児自身が活動自体を楽しむことである」と述べている。ウは，同(4)では，「～，悪いと明確に示す必要がある。このように，教師はときには，善悪を直接的に示したり，また，集団生活のきまりに従うように促したりすることも必要になる」と述べている。

【5】2

〈解説〉事例1については,「要領」第2章「健康」で「先生や友達と触れ合い，安定感をもって行動する」と示している。「解説」第2章第2節1[内容](1)を参考にすると，幼児は大人から受け止められ見守られている安心感を得ると活動意欲が高まる。幼児が安定感をもって活動に取り組むようになるために，園生活で自分は受け止められているという思いをもつことが大切であると述べている。入園当初は，集団生活で緊張，不安が高い。教師は一人一人とかかわりながら，幼児の心のよりどころとなるよう幼児を受け止めなければならない。　事例2については,「要領」総則「幼稚園教育の基本」で，幼児期の教育を，生涯にわたる人格形成の基礎を培う重要なものとし，学校教育法第22条の目的を達成するため，幼児期の特性を踏まえ，環境を通して行うものであることを基本とする，と示している。それを受け「解説」第1章第1節5では，教師自身も環境の一つで，教師の動き，態度は幼児の安心感の源である。教師の姿によって幼児の興味や関心が生み出されると述べ，教師の役割の重要性を示している。

【6】3

〈解説〉本資料では，イについて，[内容](7)で，教師は「幼児が～楽しみながら，次第に遊びのイメージを広げたりする場合もある。～，幼児の表現意欲を満足させていくことが重要」と述べている。ウについて，[内容の取扱い](3)で，「～特定の表現活動に偏るのではなく，幼児が幼稚園生活の中で喜んで表現する場面をとらえ，～配慮することが大切である」と述べており，教師は特定の表現活動に偏らないよう留意したい。

【7】2

〈解説〉本資料[内容](4)では，アの後半部分で，「単に自然の事象についての知識を得ることではなく，自然の仕組みに心を動かし，ささいなことであってもその幼児なりに遊びの中に取り入れていくことが大切である」と述べており，知識を得ることを目的とした遊びということではない。エについては，[内容](10)で，テレビやコンピュータ利用について，幼児に新しい世界を開き，生活を豊かにするが，心身の健やかな育ちに好ましくない影響を与えることもあるとし，幼児期の発達に直接体験が重要だということを踏まえ，必要に応じて情報を選択，活用していくようにすることが大切だと述べている。

【8】1

〈解説〉幼児期運動指針は，アについて「幼児期は，神経機能の発達が著しく，～タイミングよく動いたり，力の加減をコントロールしたりするなどの運動を調整する能力が顕著に向上する時期である。この能力は，新しい動きを身に付けるときに重要な働きをする能力であるとともに，周りの状況の的確な判断や予測に基づいて行動する能力を含んでおり，けがや事故を防止することにもつながる」としている。

【9】3　【10】1　【11】5

〈解説〉【9】アは「目に見えない」という表現から「抽象的」が導き出せる。イはその抽象的な概念を目に見えるものに変換する，ということで「具体」が適切。ウとエは「その逆」の組み合わせなので，「具体」「抽象」となる。オは「情報のエッセンスだけを取り出し(　エ　)化」という内容の繰り返しなので，「抽象」となる。　【10】「システムの中で象徴を組み合わせて新しい象徴とする」という内容が同段落で書かれているので，最もふさわしい言葉は「知識」だろう。知識のネットワークの中で新しい情報を象徴化し，整理整頓して理解するのである。　【11】ア　「一定の光や環境のもとで切り取り」が絵画について述べている内容なので，「言語は究極の象徴」と関連しない。　イ　「「ごっこ遊び」に取り組ませる必要がある」は本文の主旨ではない。

【12】3

〈解説〉小学校学習指導要領(平成20年3月告示)国語　第3学年及び第4学年の「C　読むこと」の指導内容を把握できていること。なお，ウも第3学年及び第4学年の指導内容として適切な記述である。また，アとオは第1学年及び第2学年，カは第5学年及び第6学年の指導内容である。

【13】1

〈解説〉まず，輸出額の多さからドイツを判断するといい。ドイツはヨーロッパの中で有数の工業国であるから，イがあてはまる。イタリアやフランスは農業国というイメージがあるが，フランスは農業が盛んな一方で航空機産業が発達しているという一面もある。よって，航空機が2位に入っているウがフランスである。イギリスに関しては，金(非貨幣用)からエであると考えられる。したがって，残るアがイタリアとなる。

【14】5

〈解説〉ウ　「鳴滝塾」はシーボルトが長崎に開いた私塾で，教授内容も医学や自然科学であった。緒方洪庵が開いたのは「適塾」である。　オ　歌川広重の代表作は「東海道五十三次」である。「富嶽三十六景」は葛飾北斎である。

【15】4

〈解説〉ア　菅原道真が停止を要請したのは遣唐使である。　イ　平清盛が大輪田泊を改修させて行った貿易は日宋貿易である。ただし，正式な国交は結ばれていないことに注意。　ウ　勘合を用いた貿易方法から，日明貿易は勘合貿易と呼ばれることが多い。　エ　小野妹子は遣隋使として2度にわたって隋に派遣されている。　オ　この2つの乱をまとめて元寇とよぶ。

【16】5

〈解説〉小学校学習指導要領(平成20年3月告示)　社会で例示されている人物のうち，1については卑弥呼が，2については聖徳太子，小野妹子，聖武天皇，紫式部，清少納言が，3については足利義満，足利義政，雪舟が，4については近松門左衛門，歌川広重，本居宣長，杉田玄白，伊能忠敬が該当する。

【17】2

〈解説〉$2 = \sqrt{4}$，$3 = \sqrt{9}$なので，$2 < \sqrt{5} < 3$より，$\sqrt{5}$の整数部分は2。したがって，$a = \sqrt{5} - 2$　よって，$a(a + 4) = (\sqrt{5} - 2)(\sqrt{5} - 2 + 4) = (\sqrt{5} - 2)(\sqrt{5} + 2) = 1$

【18】3

〈解説〉n角形の内角の和は$180 \times (n - 2)$〔°〕だから，$180 \times (n - 2) = 1800$〔°〕より，$n = 12$で，本問の正多角形は正十二角形とわかる。多角形の外角の和は360°だから，正十二角形の1つの外角は，$\frac{360}{12} = 30$〔°〕

【19】4

〈解説〉AとBの2人1組と残り3人の並び方は4!通り。AとBの並び方は2!通り。よって求める並び方は，$4! \times 2! = 4 \cdot 3 \cdot 2 \cdot 1 \times 2 \cdot 1 = 48$〔通り〕。

【20】1

〈解説〉2は第1学年，3は第5学年，4は第2学年，5は第3学年の目標である。

【21】1

〈解説〉炭酸水素ナトリウムを加熱すると，$2NaHCO_3 \rightarrow Na_2CO_3 + CO_2 + H_2O$のように熱分解する。二酸化炭素は水に溶けにくいので水上置換で集める。この反応の後には炭酸ナトリウムが固体として残るが，炭酸ナトリウムは炭酸水素ナトリウムに比べて水に溶けやすく，より強いアルカリ性を示す。

【22】3

〈解説〉満月は日没時に東の空から昇り，真夜中に南中し，日の出時に西の空に沈む。下弦の月(左半分だけ輝いた月)は真夜中に東の空から昇り，日の出時に南中する。

【23】2

〈解説〉デンプンはだ液に含まれるアミラーゼによりマルトースにまで分解される。マルトースはすい臓から分泌されるすい液中に含まれるマルターゼによりグルコースにまで分解される。胆汁は脂肪を消化しやすくする働きがある。脂肪はすい液中に含まれるリパーゼにより脂肪酸とモノグリセリドに分解される。タンパク質は胃液中のペプシンやすい液中のペプチダーゼによりアミノ酸にまで分解される。

【24】2

〈解説〉各学年の目標について，第3学年は「比較しながら調べ」，第4学年は「関係付けながら調べ」，第5学年は「目を向けながら調べ」，第6学年は「推論しながら調べ」がキーワードとなる。

平成28年度

【1】幼稚園教育指導資料第5集(文部科学省　平成25年7月)には,「指導の過程における記録については,教師が自らの指導を振り返り,指導の改善に生かしていくために,全ての学校教育段階で重要視されています」と書かれている。また,記録への認識を深め保育に生かせるように,記録の意義について5つの視点から述べられている。

「幼児理解を基に次の保育を構成するために」という視点からの記述として,下線部の内容が正しいものを○,誤っているものを×とした場合,正しい組合せはどれか。1～5から一つ選べ。

保育実践の過程は循環しており,その起点となるのは幼児理解です。幼児理解に基づいて教師は指導計画を立て保育を展開します。では,どのような視点で幼児を理解すれば指導計画のねらいや内容の設定,環境の構成などの作成につながるのでしょうか。幼児の年齢や時期によって異なりますが,次のような点が挙げられます。

・　幼児の言動から,ア遊びの何に面白さを感じているのかを読み取る
・　イそこでものや人とどのような関係を結んでいるのかを理解するとともに,課題も見いだす
・　その課題を乗り越えるのにどのような経験が必要なのかを考える
・　その経験を満たす可能性のある環境(遊び・活動を含む)は何かを考え,ウ教師の場に応じた役割を考える(仲間になって動く,環境を提案・提示する等)
・　結果としてエ幼児一人一人の状態を平均的な発達の道筋に照らし合わせ,できるようになったかどうかを捉える

このような記録によって,オ教師は保育の過程を意識するようになり,幼児の実態に即した適切な環境を計画的に構成するようになります。

	ア	イ	ウ	エ	オ
1	○	×	×	×	×
2	×	○	○	○	○
3	×	○	○	×	○
4	×	×	×	○	×
5	○	○	○	×	○

【2】次の各文のうち，幼児期の教育と小学校教育の円滑な接続の在り方について(報告)(幼児期の教育と小学校教育の円滑な接続の在り方に関する調査研究協力者会議　平成22年11月)に記載された内容として正しいものを○，誤っているものを×とした場合，正しい組合せはどれか。1～5から一つ選べ。

ア　幼児期から児童期にかけては，学びの芽生えの時期から自覚的な学びの時期への円滑な移行をいかに図るかが重要となる。「学びの芽生え」とは，学ぶということを意識しはじめ，与えられた課題を自分なりに理解して活動に取り組んでいくことであり，幼児期における活動の中での学びがこれに当たる。

イ　児童期の教育は，各教科等から構成されているが，幼児期の教育には発達の段階を考慮して，遊びを通じた総合的な指導を行うという大きな違いがある。しかし，教育活動という視点から整理してみると，幼児期の教育と児童期(低学年)の教育は共に，直接的・具体的な対象とのかかわりを重視している点で共通点が見られる。

ウ　学びの基礎力の育成を図るため，幼児期(特に幼児期の終わり)から児童期(低学年)にかけての教育においては，「三つの自立」(学びの自立，生活上の自立，精神的な自立)を養うことが必要である。　(中略)　また，児童期及びそれ以降の教育においては，生涯にわたる学習基盤の形成，すなわち「学力の三つの要素」(「基礎的な知識・技能」，「課題解決のために必要な思考力，判断力，表現力等」，「主体的に学習に取り組む態度」)の育成に特に意を用いなければならない。

エ　幼児期から児童期にかけての教育においては，自制心や耐性，規範意識が十分に育っていない，小学校1年生などの教室において，学習に集中できない，教員の話が聞けずに授業が成立しない(いわゆる「小1プロブレム」)などの課題を抱えている学校が見られる。これらの課題は，幼児期の教育の責に帰するものであり，解決のための取組を進めていかなければならない。

オ　接続期は，学びの基礎力の育成期間である幼児期と児童期の教育双方が接続を意識する期間であり，幼児期の教育から児童期の教育への準備期間や馴れの期間と捉えるべきである。

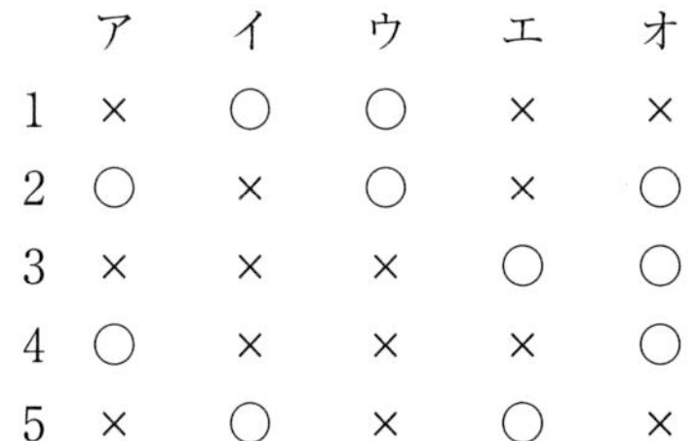

	ア	イ	ウ	エ	オ
1	×	○	○	×	×
2	○	×	○	×	○
3	×	×	×	○	○
4	○	×	×	×	○
5	×	○	×	○	×

【3】次の各文のうち，幼稚園教育要領(平成20年3月告示)領域「健康」の内容についての記述として，正しいものの組合せはどれか，1～5から一つ選べ。

ア　様々な活動に親しみ，楽しんで取り組む。

イ　先生や友達と共に過ごすことの喜びを味わう。

ウ　いろいろな遊びを楽しみながら物事をやり遂げようとする気持ちをもつ。

エ　先生や友達と触れ合い，安定感をもって行動する。

オ　幼稚園における生活の仕方を知り，自分たちで生活の場を整えながら見通しをもって行動する。

カ　自分で考え，自分で行動する。

1　ア，ウ，オ
2　イ，オ
3　ア，エ，オ
4　ア，エ，カ
5　イ，ウ，カ

【4】次の各文のうち，幼児期運動指針(幼児期運動指針策定委員会　平成24年3月)の「4　幼児期の運動の在り方」の中の「(2)運動の行い方」についての記述として正しいものの組合せはどれか。1～5から一つ選べ。

ア　幼児期に特定のスポーツ(運動)に取り組ませることは，運動を調整する能力の育成につながるため，毎日継続させることが望ましい。

イ　幼児期の運動は，体に過剰な負担が生じることのない遊びを中心に展開される必要がある。

ウ　多様な動きの獲得のためには，量(時間)的な保障も大切である。

エ　運動に関する幼児の興味や関心，意欲の芽生えには個人差が大きいため，運動時間について，目安を持つことは避ける方がよい。

1　ア，イ

2　イ，エ
3　イ，ウ
4　ア，ウ
5　ア，エ

【5】次の文章は，入園して間もない4歳児および当番活動を始めたばかりの5歳児と，教師のかかわりをとらえた事例である。幼稚園教育要領(平成20年3月告示)に照らし，幼児期における道徳性の芽生えを培うためにふさわしい教師のかかわりをA，Bにおいて選択し，その教師のかかわりに関する説明としてふさわしいものをC，Dにおいて選択したとき，正しいものの組合せはどれか。1～5から一つ選べ。

＜事例1＞(4歳児　5月)

幼稚園生活にもだいぶ慣れ，それぞれが思い思いの遊びを展開し始めた頃のことである。

T男とK太が，固定遊具の一つである吊り輪を巡って取り合いを始めた。吊り輪で遊んでいるT男に対して，K太が「かして」と何度も言っているが，T男は全く聞き入れない。K太の「かして」という言葉に対して，T男が「だめ」と，あっさりと答える。「かして」，「だめ」という2人のやり取りがしばらく続いていたが，T男が全く受け入れないのでK太はとうとう泣き出してしまった。

T男は，なぜK太が泣いているか理解していない様子なので，教師は，T男に対して「Tちゃんが使っているもの，Kちゃんも使いたいんだって。順番に使うように交代してあげてね」と言いながら，T男に対して，K太が悲しそうな表情をしていることに気付かせるようにした。

しかし，T男は「ぼく，乗ったばかりだから今はだめ」と言う。

A

ア.「じゃあ，10数えたら交代ね」と教師が提案すると，T男が，しぶしぶではあるが，理解した様子なので，教師はK太と一緒に10数えることにした。

10数え終わり，T男は，教師の言葉を聞き入れて交代をする。

イ.「Tちゃんが交代したくなるまで，先生と待とうね」と教師が提案すると，K太は理解した様子なので，教師はT男に「交代したくなったら教えてね」と声をかけた。T男が「もう，やめる」と言ったので，教師は，K太に対して「よく待ったね」と伝え，交代をさせる。

<事例2>(5歳児　5月)

昼食の時間になり，幼児たちはそれぞれにお弁当を並べ，食事をとる準備を始めている。S男は一人，ぼんやりとしてドアの近くに立ったままである。教師が，どうしたのか尋ねると，「今日は，ぼくが，やかんの当番なのに，Rちゃんがやっている」と悔しそうに答える。

この学級では，5歳児になって当番活動を始めたばかりである。幼児たちは，当番をすることを楽しみに待っている。特に，幼児たちの間では，やかんの当番に人気があり，やりたいと思う幼児たちが順番を決め，当番の表をつくっていた。S男も，昨日から，「明日は，ぼくが当番」と，うれしそうに話していたらしい。

せっかく「今日はできる」と思っていたところが，R太が先にやかんを持ってきて，麦茶をコップに注いでいるのを見て，あわてたらしい。

R太は，昨日の当番だったので，教師は「ありがとう。でも，Sちゃんが今日の当番だから，もう大丈夫。Sちゃんとかわってあげて」と言ってみた。しかし，R太はかわろうとしない。「ぼくが，やるから」と言って譲らない。S男は，悔しくてR太の手を無理やり引っ張ったので，とうとうやかんの麦茶をこぼしてしまった。

こぼれた麦茶を見て，R太ははっとしたようだ。R太は，S男が懸命に自分の順番を主張していることに気付き，やかんを素直にS男に渡している。

B

ウ．R太が自分の行動の問題に気付いた様子なので，教師は，「Rちゃん，順番を守っていたら，こうならなかったよね」と声を掛け，R太が拭くのを見て，最後までこぼれた麦茶を拭くように知らせた。

エ．R太が自分の行動の問題に気付いた様子なので，教師は，「Rちゃん，ありがとう」と声を掛け，R太が拭くのを見て，一緒にこぼれた麦茶を拭くことにした。

C　<事例1における教師のかかわりについての説明>

オ．幼児は，教師の働き掛けや誘い掛けが積極的であると，自らきまりの意味やその守り方に気付きにくくなる。したがって，幼児が，自ら行動するのを待つことが重要である。

カ．幼児は，教師と一緒に行動しながら，あるいは教師の言葉に誘われて行動することを通して，徐々にきまりの意味やその守り方を知っていくので，教師の積極的な働き掛けが重要である。

D　<事例2における教師のかかわりについての説明>

キ．R太は，麦茶をこぼしてしまったことで，自分の行動の問題に気付き，その状況を理解した様子であったが，教師は，R太のあやまりを指摘している。R太に悪いことをしたことを，知らせたいと考えたからである。

ク．R太が，麦茶をこぼしてしまったことで，自分の行動の問題に気付き，その状況をよく理解した様子なので，教師は，R太に対しそれ以上のことは言わずにいる。教師が一緒に寄り添い，その心を温かく受け止めることがR太の自信の回復につながると考えたからである。

	A	B	C	D
1	ア	ウ	カ	キ
2	イ	エ	オ	ク
3	イ	ウ	オ	キ
4	イ	エ	カ	ク
5	ア	エ	カ	ク

【6】次の各文のうち，幼稚園教育要領解説(平成20年7月)領域「環境」の内容についての記述として，誤っているものはどれか。1～5から一つ選べ。

1　幼児期において，自然に触れて生活することの意味は大きい。幼稚園生活の中でも，できるだけ身近な自然に触れる機会を多くし，幼児なりにその大きさ，美しさ，不思議さなどを全身で感じ取る体験をもつようにすることが大切である。

2　幼児は，初めて触る物に対して，感触を試したり確かめたりして，興味をもって物とのかかわりを楽しんでいるが，繰り返しかかわると次第に興味は失われる。幼児が積極的に物にかかわりをもてるよう，常に新しいものを取り入れていくことが大切である。

3　幼児は日々の生活の中で季節の変化を感じる場面に出会うことは多い。また，幼児が意識する，しないにかかわらず，その変化に伴い，食べ物や衣服，生活の仕方などが変化している。大切なことは，日常的に自然に触れる機会を通して，幼児が季節の変化に気付いていくようにすることである。

4　幼稚園生活の中で，身近な物を大切にし，無駄なことをしないようにする気持ちを育てることが大切である。幼児は物に愛着をもつことから，次第にそれを大切にする気持ちが育つので，一つ一つの物に愛着を抱くことができるように援助することが大切である。

5　幼稚園においては，国旗が掲揚されている運動会に参加したり，自分で国旗を作ったりして，日常生活の中で国旗に接するいろいろな機会をもたせることにより，自然に日本の国旗に親しみを感じるようにさせることが大切である。

【7】次の文中の下線部について，幼稚園教育要領解説(平成20年7月)領域「言葉」の内容についての記述として誤っているものはどれか。1～5から一つ選べ。

幼児は，家庭や地域の生活で，文字などの記号の果たす役割とその意味を理解するようになると，自分でも文字などの記号を使いたいと思うようになる。また，幼稚園生活においては，複数の学級や教師，さらには，多くの友達などがいるために，1その所属や名前の文字を読んだり，理解したりすることが必要になる。このような様々な必要感を背景にして幼児は文字などの記号に親しんでいくのである。

特に，友達と展開するごっこ遊びなどの中では，看板やメニュー，値段や名前などをそれぞれの幼児なりに読んだり，書いたりすることが少なくない。しかし，2まだ読み書きする関心や能力は個人差が大きいため，文字などの記号に親しむことができるように教師は幼児一人一人に対して配慮する必要がある。また，3文字などの記号に関心を抱く幼児は，5歳児になるとある程度平仮名は読めるようになっていく。しかし，4書くことについては，自分なりの書き方であることが多いので，そのようなときには，正しい文字や書き方を理解させることを念頭においた指導をすることが大切である。

幼稚園生活の中で，名前や標識，連絡や伝言，絵本や手紙などに触れながら，5文字などの記号の果たす機能と役割に対する関心と理解が，それぞれの幼児にできるだけ自然な形で育っていくよう環境の構成に配慮することが必要である。

【8】[A]に記載された各文は，幼稚園教育要領(平成20年3月告示)領域「表現」の「ねらい」および「内容」の一部抜粋である。[B]に記載されたア～エについて，[A]および幼稚園教育要領解説(平成20年7月)に照らし，教師の役割や教師として大切なこととして正しいものを○，誤っているものを×とした場合，正しい組合せはどれか。1～5から一つ選べ。

[A]

[ねらい]

いろいろなものの美しさなどに対する豊かな感性をもつ。

感じたことや考えたことを自分なりに表現して楽しむ。

生活の中でイメージを豊かにし，様々な表現を楽しむ。

[内容]

生活の中で美しいものや心を動かす出来事に触れ，イメージを豊かにする。

自分のイメージを動きや言葉などで表現したり，演じて遊んだりするなどの楽しさを味わう。

[B]

＜教師の役割や，教師として大切なこと＞

ア　幼児の感じている心の動きを受け止め，共感すること

イ　柔軟な姿勢で一人一人の幼児と接し，教師自身も豊かな感性をもっていること

ウ　一人一人の発想や素朴な表現を共感をもって受け止めること

エ　幼児のもっているイメージを，どのように表現していくかを具体的に示しながら，イメージの世界に合った道具や用具，素材を用意し，構成した環境の中で，幼児が楽しめるようにすること

	ア	イ	ウ	エ
1	○	×	○	○
2	×	○	○	×
3	×	×	×	○
4	○	○	×	○
5	○	○	○	×

〔【9】～【11】〕

次の文章を読んで，問い【9】～【11】に答えよ。

次の文章を読んで，問い(1)～(3)に答えよ。

議論は，正しい答えを「求める」ためにするものです。しかし，多くの議論では正しい答えとは何かということが明確でなく，①フン糾しがちです。しかしそれは，問題そのものがそういう性質を持つのですから，仕方がありません。議論が①フン糾するということは，それだけ難問だということです。「求める」ことイコール「手に入る」ことではありません。

議論をする際には，自分たちが解こうとしている問題が難問であることを認めて，それでも答えがあると信じて行動する必要があります。「答えはない」とか「自分たちには解けない」として，考えることを放棄するのではなく，かといって問題を単純化して「答えはこれですべてだ」と言って終わってしまうのでもない，第三の道を模②サクしなくてはなりません。これは難しいことですが，議論のためには必要なことです。

議論では，対立を恐れてはいけません。正しい答えがあるのなら，そこには必ず対立が起きるのです。対立を避けるということは，正しい答えの存在そのものを否定することであり，ひいては議論そのものの否定につながります。議論は，まずは主張同士を対立させてみるところから始まります。しかし，同じところでずっと対立したまま留まってしまうのも良くありません。対立することを認め，そこから抜け出る方策を考えなくてはなりません。

正しい答えは存在します。しかし，それは無限に複雑なため，我々はその全てを得ることはできません。できるのは，努力によってそこに近づくことだけです。これはたとえて言えば，円周率の値を計算するようなものです。円周率の値はただ一つだけ存在します。しかし，それはいくつなのかを正確に言うことはできません。どれだけ頑張っても，円周率のすべての桁(けた)を計算しつくすことはできません。

これを見て「(　ア　)」と思う人もあるでしょう。しかし，円周率の値が分からないことには様々な計算ができないのも確かです。現実の生活では，円周率の全部を知る必要はなく，その人がその時に必要とする桁数だけを手に入れておけばいいのです。3桁で十分なら3.14でいいし，1万桁必要なら1万桁分知ればいい。完③ペキに正しい答えでなくては意味がないと考えてしまうと，何もできなくなってしまいます。そうではなく，自分にとってどれだけ正確な答えが必要なのかをまず考えて，それに十分なだけ議論をすればいいのです。

また，円周率がいくつなのかを求めることだけが，円周率の謎を解き明かすことではありません。高等数学を学ぶと，一見円とは関係のないあちこちの式に円周率が出てきます。そこではもはや円周率がいくつであるかということはあまり問題にされず，円周率にはどんな性質があってどのように使われるかということの方が重要になります。算数から数学に昇格した時点で，円周率は3でも3.14でもなく，πと表記されるようになります。ある問題についてひたすら議論を続けるのではなく，見方を変えることで新しい世界が開けてくるのです。

円周率の値を求めるためには，まず計算をする方法を見つけなくてはなりません。逆に，計算の方法さえ見つければ，後はその手順に従って比較的簡単に答えを出すことができるようになります。ですから，複雑な問題をいきなり解こうとするのではなく，その問題がどういう性質のものであってどのように議論を進めていけば良いかということをまず議論します。そのために議論の方法について議論をすることは，決してムダなことではありません。

議論において一番大切なのは，「正しい答えを知りたい」と思う心です。

（岩田　宗之『議論のルールブック』）

【9】次のうち，本文中の下線部①「フン」下線部②「サク」下線部③「ペキ」に相当する漢字を含むものの組合せとして正しいものはどれか。1～5から一つ選べ。

	①	②	③
1	書類をフン失する	古都を散サクする	文壇の双へキ
2	書類をフン失する	巻末の音訓サク引	文壇の双へキ
3	書類をフン失する	巻末の音訓サク引	鉄ペキの陣
4	フン慨に堪えない	巻末の音訓サク引	鉄ペキの陣
5	フン慨に堪えない	古都を散サクする	鉄ペキの陣

【10】本文中の空欄(　ア　)に入る言葉として，正しいものはどれか。1～5から一つ選べ。

1　ゆえに，円周率を計算することはムダではないんだ
2　けれど，円周率を計算することはムダなんだ
3　それでも，円周率を計算することはムダではないんだ
4　だから，円周率を計算することはムダなんだ
5　したがって，円周率を計算することはムダではないんだ

【11】本文で述べられている内容として，最も適切なものの組合せはどれか。1～5から一つ選べ。

ア　高等数学では，円周率の値を求め続けることより，円周率の性質や使い方について考えることが大切である。同様に，議論においても，ある問題についてひたすら議論を続ける方が，問題に対する見方を変えることより大切である。

イ　議論は，主張同士を対立させてみるところから始まるものであり，正しい答えがあるなら必ず対立は起こるので，議論では対立を恐れてはならない。

ウ　円周率の値を求める場合，計算方法が見つかれば比較的簡単に答えは出るように，議論においても，複雑な問題に取り組む場合，まず，議論の方法について議論することは絶対ムダではない。

エ　正しい答えの全てを得なくては意味がないと考えてしまうと，何もできなくなってしまうので，自分にとってどれだけ正確な答えが必要なのかをまず考えて，それに十分なだけ議論をすればよい。

1　ア・イ
2　ア・ウ
3　イ・ウ・エ
4　ア・ウ・エ
5　イ・エ

【12】小学校第5学年の国語の授業で,「古文を声に出して読んでみよう」という単元を設定した。その学習活動の概要を次に示している。下のア～キの各文について,小学校学習指導要領(平成20年3月告示)に照らし,この単元全体で指導する事項や留意点に関する記述として,最も適切なものの組合せはどれか。1～5から一つ選べ。

単元名「古文を声に出して読んでみよう」
単元計画(全3時間)

時	学習活動
1	○　古文の読み聞かせを聞き,古文について知る。 ・「竹取物語」(冒頭部)の読み聞かせを聞く。 ・「竹取物語」は「かぐやひめ」の原作であることを知り古文という言葉を知る。 ・「竹取物語」の冒頭を教師の範読に続いて音読し,内容の大体を知る。
2	○　古文の冒頭を音読する。 ・「徒然草」「平家物語」の冒頭を音読する。 ・それぞれの解説の文章を読んで内容の大体を知る。 ・言葉のリズムや響き,文章の内容などに着目し,興味をもったところを紹介し合う。
3	○　他の古文へと興味を広げ,音読する。 ・「枕草子」「奥の細道」「方丈記」「土佐日記」「源氏物語」などの冒頭を示し,教師の範読に続いて音読する。 ・各自お気に入りの古文の冒頭を選び,視写や暗唱をした後,グループ内で発表する。

ア　場面の移り変わりに注意しながら,登場人物の性格や気持ちの変化,情景などについて,叙述を基に想像して読むように指導する。

イ　自分の思いや考えが伝わるように音読や朗読をするように指導する。

ウ　古文に親しみがもてるように,複数の作品を選んで比べて読むように指導する。

エ　内容の中心や場面の様子がよく分かるように音読するように指導する。

オ　書いたものを発表し合い,表現の仕方に着目して助言し合うように指導する。

カ　古文や漢文は，読んで楽しいものであること，自分を豊かにするものであることを実感させるように指導する。

キ　書いたものを読み合い，よいところ見つけて感想を伝え合うように指導する。

1　イ・ウ・カ
2　ア・ウ・オ
3　ウ・エ・カ
4　エ・カ・キ
5　ア・エ・カ

【13】次のア～エの各文は，1920年代から1930年代の各国の政治状況や政策を述べたものである。これらの文と国の組合せとして正しいものはどれか。1～5から一つ選べ。

ア　この国は，工業化や農業の集団化による社会主義政策を進め，「五カ年計画(第1次)」とよばれる経済政策を始めた。

イ　この国は，ファシスト党が政権につき独裁政治を行っていたが，恐慌の影響を受けて，経済の混乱を打開するため，エチオピアを侵略した。

ウ　この国は，オタワ協定によって伝統的な自由貿易主義を捨て，植民地と結んで経済地域を設定し，その内部だけの安定と保護をはかった。

エ　この国は，失業者救済を目的にダム建設などの公共事業をおこし，労働者の権利を保護するなど政府の積極的な不況対策により，景気の回復を図った。

	ア	イ	ウ	エ
1	ソ連	イタリア	イギリス	アメリカ
2	ソ連	ドイツ	イギリス	アメリカ
3	中国	ドイツ	フランス	イギリス
4	ソ連	イタリア	フランス	イギリス
5	中国	ドイツ	イギリス	アメリカ

【14】次の各文は，明治時代における国力の充実と条約改正に関する記述である。年代順に並べた場合，3番目にあたる内容はどれか。1～5から一つ選べ。

1　政府は，欧米列強と対等な地位を確立するために法典編纂を進め，この年に大日本帝国憲法を公布した。

2　小村寿太郎外相は，アメリカ・イギリス・ドイツなどとの条約を改正し，関税自主権を回復した。

3　政府は，主として軍需用鉄鋼を生産するため，八幡製鐵(鉄)所の操業を開始した。

4　日本は朝鮮・満州の支配をめぐってロシアと戦争を始め，翌年，講和条約に調印した。

5　陸奥宗光外相の在任中，清との戦争が始まる直前に，政府は日英通商航海条約を結び，領事裁判権(治外法権)を撤廃した。

【15】次の各文は，ユネスコ(UNESCO)の世界自然遺産に登録されている日本の4つの地域についての記述である。文中のア～エにあてはまる語句の組合せとして正しいものはどれか。1～5から一つ選べ。

・知床は，北海道の(　ア　)部に位置し，火山活動などによって形成された山々，切り立つ海岸断崖，湿原・湖沼群などにより構成され，海と陸の生態系の相互関係や，生物多様性を見ることができる。

・白神山地は，(　イ　)と秋田県にまたがる山岳地帯で，広大で原生的な状態で残存するブナ林は，動植物相の多様性で世界的に特異な森林である。

・屋久島は，(　ウ　)と太平洋の間に位置し，温暖多雨な気候で，多数の河川と深い谷の自然景観，多くの固有種や希少種を含む生物相，植生の典型的な垂直分布が見られる。

・小笠原諸島は，東京から南に約(　エ　)離れた位置にあり，海洋生物種から陸上生物種への進化等，大陸と一度も陸続きとなったことがない海洋生態系における進化の過程が見られる。

	ア	イ	ウ	エ
1	北東	青森県	東シナ海	500km
2	北西	岩手県	東シナ海	500km
3	北東	岩手県	日本海	500km
4	北西	青森県	日本海	1000km
5	北東	青森県	東シナ海	1000km

【16】小学校第4学年の社会科の授業で，廃棄物の処理について学習する単元を設定した。小学校学習指導要領(平成20年3月告示)に照らし，次の各文のうち，この単元における指導内容や留意点に関する記述として，適切でないものはどれか。1～5から一つ選べ。

1　廃棄物の処理については，ごみ，下水のいずれかを選択して取り上げ，廃棄物を資源として活用していることについても扱う。

2　廃棄物の処理に必要な費用は租税によってまかなわれていること，それらは国民によって納められていることなどを理解し，租税が大切な役割を果たしていることを考える。

3　廃棄物の処理についての対策や事業は地域の人々の健康な生活や良好な生活環境の維持と向上に役立っていることを考える。

4　廃棄物の処理についての対策や事業は計画的，協力的に進められていることを，見学，調査したり資料を活用したりして調べる。

5　廃棄物の処理にかかわって，地域の社会生活を営む上で大切な法やきまりについて扱う。

【17】1から50までの整数の中に，素数はいくつあるか。1～5から一つ選べ。

1　14個

2　15個

3　16個

4　17個

5　18個

【18】図のように，直線AB：$y=x+4$，直線CD：$y=-\frac{1}{2}x-2$，直線BC：$x=4$，直線AD：$x=-2$がある。この4つの直線に囲まれた四角形ABCDの面積はいくらか。1～5から一つ選べ。

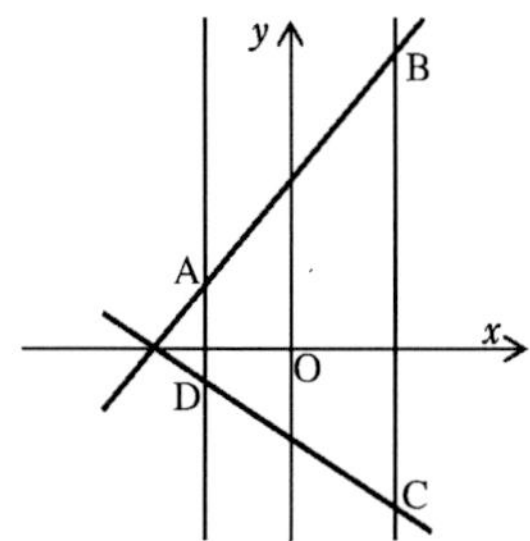

1　36
2　42
3　45
4　48
5　51

【19】図の立方体ABCD－EFGHにおいて，辺BFの中点を点Mとする。この立方体を点A，M，Gを通る平面で切断したとき，切り口はどのような図形になるか。1～5から一つ選べ。

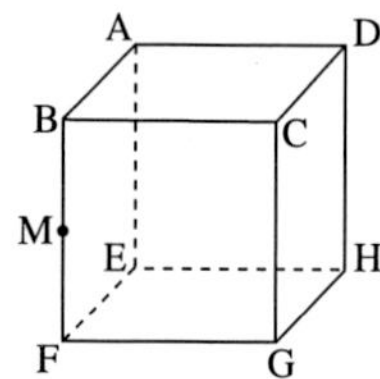

1　ひし形
2　二等辺三角形
3　直角三角形
4　正方形
5　長方形

【20】小学校学習指導要領(平成20年3月告示)算数における，第4学年の内容「A 数と計算」には，次のような記述がある。

> (5)　小数とその加法及び減法についての理解を深めるとともに，小数の乗法及び除法の意味について理解し，それらを用いることができるようにする。
> ア　小数が整数と同じ仕組みで表されていることを知るとともに，数の相対的な大きさについての理解を深めること。

以上のことをふまえ，次の文のうち，1.68を「数の相対的な大きさ」としてとらえているものを1～5から一つ選べ。

1　1.68は，1よりも0.68だけ大きい数である。
2　1.68は，1.2に1.4をかけた数である。
3　1.68は，1と0.68を合わせた数である。

4　1.68は，0.01が168集まった数である。

5　1.68は，1.6と0.08を合わせた数である。

【21】5つの気体A～Eがある。それらは，H_2，Cl_2，CO_2，O_2，NH_3のいずれかである。次のア～ウの記述より，それらの気体A～Eの組合せとして正しいものはどれか。1～5から一つ選べ。

ア　気体A～Eの水に対する溶け方は，気体B，Eは水に溶けやすく，気体Cは気体B，Eほどではないが水に溶け，気体A，Dは溶けにくい。

イ　気体Bをフェノールフタレイン溶液に溶かすと，赤色に変化する。

ウ　気体Aは，うすい過酸化水素水に二酸化マンガンを加えると発生する。

	A	B	C	D	E
1	O_2	NH_3	CO_2	H_2	Cl_2
2	H_2	CO_2	Cl_2	O_2	NH_3
3	O_2	NH_3	Cl_2	H_2	CO_2
4	H_2	NH_3	Cl_2	O_2	CO_2
5	O_2	CO_2	H_2	NH_3	Cl_2

【22】次のア～オの各文のうち，内容が正しいものを○，誤っているものを×とした場合，正しい組合せはどれか。1～5から一つ選べ。

ア　イルカは，体温がほぼ一定で肺呼吸する特徴があり，哺乳類に分類される。

イ　カメは，陸上で産卵する特徴があり，爬虫類に分類される。

ウ　コウモリは，翼をもち飛行する特徴があり，鳥類に分類される。

エ　ダンゴムシは，外骨格をもち陸上で生活する特徴があり，甲殻類に分類される。

オ　チョウは，頭部に口や触角，胸部に3対のあし，腹部に2対のはねをもつ特徴があり，昆虫類に分類される。

	ア	イ	ウ	エ	オ
1	○	○	×	×	×
2	×	×	○	○	○
3	×	○	○	×	○
4	○	○	×	○	×
5	○	×	○	×	×

【23】次の図のように，天井からつりさげた糸におもりをつるして静止させた。矢印A～Eは，天井，糸やおもりにはたらく力の一部を示したものである。このとき，下の文中の(　ア　)～(　エ　)にあてはまる語句の組合せとして正しいものはどれか。1～5から一つ選べ。ただし，糸の質量は考えないものとする。

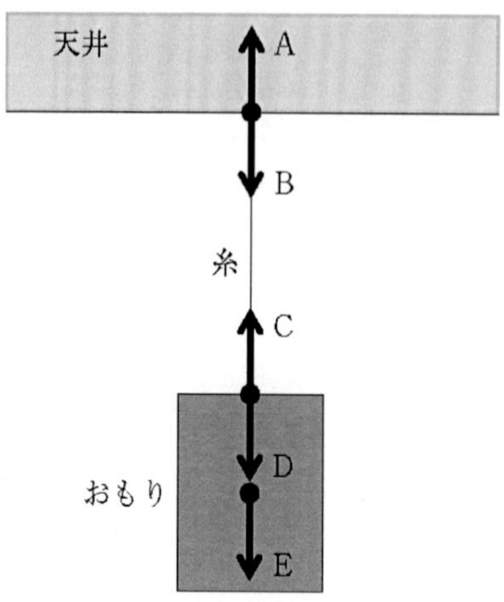

つり合いの関係にあるのは(　ア　)と(　イ　)で，作用・反作用の関係にあるのは(　ウ　)と(　エ　)である。

	ア	イ	ウ	エ
1	AとB	CとD	AとE	CとE
2	AとD	CとE	AとB	CとD
3	AとE	CとD	AとB	CとE
4	CとD	CとE	AとB	AとD
5	AとD	AとE	CとD	CとE

【24】次の各文のうち，小学校学習指導要領(平成20年3月告示)理科の内容区分「A　物質・エネルギー」における記述として，下線部が誤っているものはどれか。1～5から一つ選べ。

1　第3学年には，「鏡などを使い，光の進み方や物に光が当たったときの明るさや暖かさを調べ，光の性質についての考えをもつことができるようにする」と記述されている。

2　第4学年には，「乾電池や光電池に豆電球やモーターなどをつなぎ，乾電池や光電池の働きを調べ，電気の働きについての考えをもつことができるようにする」と記述されている。

3　第5学年には,「電磁石の導線に電流を流し, 電磁石の強さの変化を調べ, 電流の働きについての考えをもつことができるようにする」と記述されている。

4　第5学年には,「てこを使い, 力の加わる位置や大きさを変えて, てこの仕組みや働きを調べ, てこの規則性についての考えをもつことができるようにする」と記述されている。

5　第6学年には,「手回し発電機などを使い, 電気の利用の仕方を調べ, 電気の性質や働きについての考えをもつことができるようにする」と記述されている。

解答・解説

【1】5

〈解説〉文部科学省は幼稚園教育における記録の重要性に鑑み, 教師の専門性を高めるための記録の在り方や, その記録を実際の指導や評価にどのように生かしていくのかなどについて実践事例を取り上げて解説する『幼稚園教育指導資料第5集　指導と評価に生かす記録』を平成25年発刊した。その中でエについては「結果として遊びや幼児一人一人の状態をどのように変化するのかを見る」としている。

【2】1

〈解説〉幼児期の教育と小学校教育の円滑な接続の在り方に関する調査研究協力者会議は出題の報告を平成22年11月とりまとめた。その中で, アについては「幼児期から児童期にかけては, 学びの芽生えの時期から自覚的な学びの時期への円滑な移行をいかに図るかが重要となる。『学びの芽生え』とは, 学ぶということを意識しているわけではないが, 楽しいことや好きなことに集中することを通じて, 様々なことを学んでいくことであり, 幼児期における遊びの中での学びがこれに当たる」, エについては「幼児期から児童期にかけての教育においては, 自制心や耐性, 規範意識が十分に育っていない, 小学校1年生などの教室において, 学習に集中できない, 教員の話が聞けずに授業が成立しない(いわゆる『小1プロブレム』などの課題を抱えている学校が見られる。これらの課題は, 幼児期の教育の責のみに帰することも, 児童期の教育の責のみに帰することもできず, 両者が課題を共有し, 共に手を携えて解決のための取組を進めていかなければならない」, オについては「接続期は，幼児期の教育から児童期の教育への単なる準備期間や馴れの期間と捉えるべきではなく，幼児期全体と児童期全体を通じた子どもの発達や学びの連続性を意識する中で，幼児期の年長から児童期(低学年)の期間における子どもの発達や学びの連続性を踏まえて捉えることが必要」としている。

【3】3

〈解説〉選択肢イ，ウ，カは人とのかかわりに関する領域「人間関係」の内容である。『幼稚園教育要領』は心身の健康に関する領域「健康」の内容としては出題のほかに,「いろいろな遊びの中で十分に体を動かす」,「進んで戸外で遊ぶ」,「健康な生活のリズムを身に付ける」,「身の回りを清潔にし，衣服の着脱，食事，排泄(せつ)などの生活に必要な活動を自分でする」,「自分の健康に関心をもち，病気の予防などに必要な活動を進んで行う」,「危険な場所，危険な遊び方，災害時などの行動の仕方が分かり，安全に気を付けて行動する」の合計10項目があげている。

【4】3

〈解説〉文部科学省は，平成19年度から21年度に「体力向上の基礎を培うための幼児期における実践活動の在り方に関する調査研究」を実施し，幼児期に獲得しておくことが望ましい基本的な動き，生活習慣及び運動習慣を身に付けるための効果的な取組などについての実践研究を行った。その成果を踏まえ，幼児期運動指針策定委員会を設置し，幼児期における運動の在り方についての指針の策定作業を行い,『幼児期運動指針』を取りまとめた。その中で選択肢アについては「幼児にとっての遊びは，特定のスポーツ(運動)のみを続けるよりも，動きの多様性があり，運動を調整する能力を身に付けやすくなる」，選択肢エについては「文部科学省調査では，外遊びの時間が多い幼児ほど体力が高い傾向にあるが，4割を超える幼児の外遊びをする時間が一日1時間(60分)未満であることから，多くの幼児が体を動かす実現可能な時間として「毎日，合計60分以上」を目安として示すこととした」としている。

【5】5

〈解説〉『幼稚園教育要領』第2章「ねらい及び内容」の領域「人間関係」の「内容の取扱い」の留意事項として「道徳性の芽生えを培うに当たっては，基本的な生活習慣の形成を図るとともに，幼児が他の幼児とのかかわりの中で他人の存在に気付き，相手を尊重する気持ちをもって行動できるようにし，また，自然や身近な動植物に親しむことなどを通して豊かな心情が育つようにすること。特に，人に対する信頼感や思いやりの気持ちは，葛藤(かっとう)やつまずきをも体験し，それらを乗り越えることにより次第に芽生えてくることに配慮すること」を示している。また『幼稚園教育要領解説』はこの留意事項について「幼児は信頼し，尊敬している大人の言葉や行動に基づいて何がよくて何が悪いのかの枠をつくっており，教師の言動の影響は大きい。特に，人としてしてはいけないことに対しては，悪いと明確に示す必要がある。このように，教師はときには，善悪を直接的に示したり，また，集団生活のきまりに従うように促したりすることも必要になる。また，それだけでなく，他者とのやり取りの中で幼児が自他の行動の意味を理解し，何がよくて何が悪かったのか考えることができるように，それまで気付かなかったことに気付くように働き掛け，援助していくことが重要である」，「幼児は他者と様々なやり取りをする中で，自分や他者の気持ち，自他の行動の結果などに徐々に気付くようになり，道徳性の芽生えをより確かなものにしていく。特に，仲間と楽しく過ごす一方で，いざこざや葛藤(かっとう)の体験を重ね，それについて考えたり，教師や仲間と話し合ったりすることは，自他の気持ちや欲求は異なることに気付かせ，自分の視点からだけでなく相手の視点からも考えることを促して，他者への思いやりや善悪のとらえ方を発達させる」と解説している。

【6】2

〈解説〉『幼稚園教育要領解説』は領域「環境」の内容「生活の中で，様々な物に触れ，その性質や仕組みに興味や関心をもつ」について，「幼児は，様々な物に囲まれて生活し，それらに触れたり，確かめたりしながら，その性質や仕組みなどを知っていく。初めは，感触を試し，物とのかかわりを楽しんでいるが，興味をもって繰り返しかかわる中で，次第にその性質や仕組みに気付き，幼児なりに使いこなすようになる」と解説している。

【7】4

〈解説〉『幼稚園教育要領解説』は領域「言葉」の内容「日常生活の中で，文字などで伝える楽しさを味わう」について，「しかし，書くことはまだ難しく，自分なりの書き方であることが多い。そのようなときにおいても，文字を使う喜びを味わうことができることを念頭においた指導をすることが大切である」と解説している。

【8】5

〈解説〉『幼稚園教育要領解説』は領域「表現」の内容「自分のイメージを動きや言葉などで表現したり，演じて遊んだりするなどの楽しさを味わう」について「教師は，幼児のもっているイメージがどのように遊びの中に表現されているかを理解しながら，そのイメージの世界を十分に楽しめるように，イメージを表現するための道具や用具，素材を用意し，幼児と共に環境を構成していくことが大切である」と解説している。

【9】2

〈解説〉下線部①は「紛糾」で，選択肢の2つは「紛失」と「憤慨」である。なお「憤慨」は「ひどく腹を立てること」という意味である。下線部②は「模索」で，選択肢の2つは「散策」と「索引」である。下線部③は「完璧」で，選択肢の2つは「双璧」と「鉄壁」である。「璧」と「壁」は紛らわしいので注意する必要がある。

【10】4

〈解説〉空欄アの直前の「どれだけ頑張っても，円周率のすべての桁を計算しつくすことはできません」という内容を手がかりにして考えてみるとよい。これに続いて「これを見て「ア」と思う人もあるでしょう」となっている。そのように考えると，1，3，5の「ムダではないんだ」という内容にはつながらない。2か4ということになるが，「ムダなんだ」という内容にするためには，文頭は順接の接続語にしなければつながらない。

【11】3

〈解説〉ア　「ある問題についてひたすら議論を続ける方が，問題に対する見方を変えることより大切である」という部分が，第6段落の最後の1文の内容と逆になっており，適切でない。

【12】1

〈解説〉アとエは第3学年及び第4学年の「C　読むこと」，オは第5学年及び第6学年の「B　書くこと」，キは第1学年及び第2学年の「B　書くこと」の指導事項として，小学校学習指導要領(平成20年3月告示)国語に示されている内容である。

【13】1

〈解説〉ア　「五カ年計画(第1次)」を打ち出したのは，ソ連のスターリン政権である。なお，同時代の中国はまだ中華民国の時代であり，社会主義国ではない。　イ　この当時のファシスト党統領はムッソリーニである。

ウ　オタワ協定は，1932年にカナダのオタワで開催されたイギリス連邦経済会議で締結された。イギリスを中心とする英連邦がブロック経済方式を採用することを決定した。　エ　ローズヴェルト大統領が行った一連の不況対策をニューディール政策という。

【14】3

〈解説〉年代順に並べると，1(1889年)→5(1894年)→3(1901年)→4(1904～05年)→2(1911年)となる。

【15】5

〈解説〉ア　知床は，北海道の北東部，オホーツク海に面した知床半島に位置する。　イ　白神山地の世界自然遺産に指定されている区域の面積のうち，約4分の3を青森県側が占めている。　ウ　日本列島とユーラシア大陸を隔てる海のうち，対馬以南で中国と朝鮮半島に囲まれた黄海を除き，屋久島を含む南西諸島に面している部分を東シナ海と捉えればよい。　エ　小笠原諸島のうち有人島である父島は東京から南に約984km，母島は同じく約1032kmに位置する。

【16】2

〈解説〉租税の役割は第6学年で取り扱う内容であり，第4学年での指導内容としては適切ではない。

【17】2

〈解説〉2，3，5，7，11，13，17，19，23，29，31，37，41，43，47である。

【18】3

〈解説〉各点の座標を求めると，A(−2，2)，B(4，8)，C(4，−4)，D(−2，−1)。四角形ABCDは，線分ADを上底，線分BCを下底とする高さ6の台形なので求める面積は，(線分AD＋線分BC)$\times 6\times\frac{1}{2}=(3+12)\times 6\times\frac{1}{2}=45$

【19】1

〈解説〉切り口は次の図のようになる。M′はDHの中点。よって切り口はひし形。

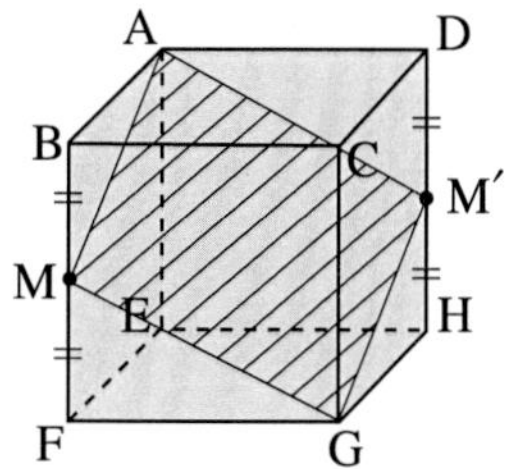

【20】4

〈解説〉数の相対的な大きさ(ある位の単位に着目してその幾つ分とみる見方)については第2学年で，小数の意味や表し方については第3学年での指導内容である。第4学年ではこれらを踏まえ，小数も整数と同じように十進位取り記数法によっていることが理解できるよう指導する。また，小数第2位まである小数についても第4学年からの取り扱いとなる。

【21】1

〈解説〉NH_3(アンモニア)，Cl(塩素)は水に溶けやすい。CO_2(二酸化炭素)は少し水に溶け，H_2(水素)やO_2(酸素)は水に溶けにくい。NH_3は水に溶けるとアルカリ性を示すことからBはNH_3である。フェノールフタレイン溶液は，アルカリ性の検出に用いられる。また，うすい過酸化水素水に二酸化マンガンを加えると，$2H_2O_2 \rightarrow 2H_2O + O_2$のように反応し，$O_2$が発生する。

【22】4

〈解説〉ウ　コウモリは哺乳類に分類される。　オ　昆虫類のはねは胸部にある。

【23】2

〈解説〉つりあいの関係にある力は同一作用線上にあり，大きさは等しく，向きは反対で同一の物質に働いている。作用・反作用の関係にある力は，同一作用線上にあり，大きさは等しく，向きは反対で別々の物体に働いている。Aは天井が糸を引く力，Bは糸が天井を引く力，Cは糸がおもりを引く力，Dはおもりが糸を引く力，Eは地球がおもりを引く力である。

【24】4

〈解説〉てこは第6学年の内容である。

平成27年度

【1】次の文は，幼稚園教育要領解説(平成20年7月)領域「人間関係」の内容についての記述の一部である。空欄A～Cに当てはまる文をそれぞれア，イから選ぶとき，最も適切な組合せはどれか。1～5から一つ選べ。

幼児は，他者とかかわる中で，[　A　]。特に信頼し，尊敬している大人がどう反応するかは重要であり，幼児は大人の諾否に基づいて善悪の枠を作り，また，それを大人の言動によって確認しようとする。したがって，教師は幼児が何をしなければならなかったのか，その行動の何が悪かったのかを考えることができるような働き掛けをすることが必要である。そして，人としてしてはいけないことは「悪い行為である」ということを明確に示す必要がある。

ただし，幼児であっても，友達とのやり取りの中で，自分の行動の結果，友達が泣いたり，怒ったり，喜んだりするのを見て，自分が何をやったのか，それがよいことなのか悪いことなのか自分なりに考えることはできる。教師は，[　B　]。そして，幼児が自分で気付かないことに気付くようにすることが大切である。例えば，物を壊してしまったというような物理的な結果は分かっても，相手の心を傷つけたという心理的・内的側面には気付かない幼児に[　C　]が必要である。

A　ア　自他の行動に対する様々な反応を通して，よい行動や悪い行動について，周りの人に善悪の基準を示してもらう

　　イ　自他の行動に対する様々な反応を得て，よい行動や悪い行動があることに気付き，自分なりの善悪の基準を作っていく

B　ア　まずは善悪について知らせ，幼児が正しい基準で考えるように援助することが重要である

　　イ　ただ善悪を教え込むのではなく，幼児が自分なりに考えるように援助することが重要である

C　ア　相手の意図や気持ち，そして，自分の行動が相手にもたらした心理的な結果に気付くように働き掛けること

　　イ　相手の意図や気持ち，そして，自分の行動が相手にもたらした心理的な結果を知らせ，十分な反省を促すこと

	A	B	C
1	ア	ア	イ
2	イ	イ	イ

3	ア	イ	イ
4	イ	ア	ア
5	イ	イ	ア

【2】次の各文は，幼稚園教育要領(平成20年3月告示)領域「表現」の内容についての記述を抜粋したものである。空欄A～Eに当てはまる文をそれぞれア，イから選ぶとき，最も適切な組合せはどれか。1～5から一つ選べ。

○　生活の中で様々な[　A　]などして楽しむ。

○　生活の中で美しいものや心を動かす出来事に触れ，[　B　]。

○　様々な出来事の中で，感動したことを[　C　]を味わう。

○　音楽に親しみ，歌を歌ったり，[　D　]などする楽しさを味わう。

○　自分のイメージを動きや言葉などで[　E　]するなどの楽しさを味わう。

A　ア　音，色，形，手触り，動きなどに気付いたり，感じたりする
　　イ　音楽，物語，絵画などを見たり，聞いたりする

B　ア　イメージを豊かにする
　　イ　イメージを具現化する

C　ア　絵で表現する楽しさ
　　イ　伝え合う楽しさ

D　ア　簡単なリズム楽器を使ったり
　　イ　様々な楽器の演奏方法を身に付けたり

E　ア　表出したり，再現して遊んだり
　　イ　表現したり，演じて遊んだり

	A	B	C	D	E
1	イ	ア	イ	イ	ア
2	ア	ア	イ	ア	イ
3	イ	イ	ア	イ	ア
4	イ	ア	ア	ア	イ
5	ア	イ	イ	ア	イ

【3】次の各文は，幼稚園教育要領(平成20年3月告示)第1章総則を抜粋したものである。空欄A～Fに当てはまる文をそれぞれア，イから選ぶとき，最も適切な組合せはどれか。1～5から一つ選べ。

第1　幼稚園教育の基本

幼児期における教育は，生涯にわたる人格形成の基礎を培う重要なものであり，幼稚園教育は，学校教育法第22条に規定する目的を達成するため，幼児期の特性を踏まえ，[　A　]であることを基本とする。

このため，教師は幼児との信頼関係を十分に築き，幼児と共によりよい[　B　]努めるものとする。これらを踏まえ，次に示す事項を重視して教育を行わなければならない。

1　幼児は安定した情緒の下で自己を十分に発揮することにより[　C　]を得ていくものであることを考慮して，幼児の主体的な活動を促し，幼児期にふさわしい生活が展開されるようにすること。

2　幼児の自発的な活動としての遊びは，心身の調和のとれた発達の基礎を培う重要な学習であることを考慮して，遊びを通しての指導を中心として第2章に示すねらいが総合的に達成されるようにすること。

3　幼児の発達は，心身の諸側面が相互に関連し合い，多様な経過をたどって成し遂げられていくものであること，また，幼児の生活経験がそれぞれ異なることなどを考慮して，[　D　]，発達の課題に即した指導を行うようにすること。

（　略　）

第2　教育課程の編成

幼稚園は，家庭との連携を図りながら，この章の第1に示す幼稚園教育の基本に基づいて展開される幼稚園生活を通して，生きる力の基礎を育成するよう学校教育法第23条に規定する幼稚園教育の目標の達成に努めなければならない。幼稚園は，このことにより，[　E　]の基礎を培うものとする。

これらを踏まえ，各幼稚園においては，教育基本法及び学校教育法その他の法令並びにこの幼稚園教育要領の示すところに従い，創意工夫を生かし，幼児の心身の発達と幼稚園及び地域の実態に即応した適切な教育課程を編成するものとする。

（　略　）

第3　教育課程に係る教育時間の終了後等に行う教育活動など

幼稚園は，[　F　]により教育課程に係る教育時間の終了後等に希望する者を対象に行う教育活動について，学校教育法第22条及び第23条並びにこの章の第1に示す幼稚園教育の基本を踏まえ実施すること。また，幼稚園の目的の達成に資するため，幼児の生活全体が豊かなものとなるよう家庭や地域における幼児期の教育の支援に努めること。

A　ア　環境を通して行うもの
　　イ　遊びを通して総合的に行うもの
B　ア　集団生活を過ごせるように
　　イ　教育環境を創造するように
C　ア　社会生活に必要な体験
　　イ　発達に必要な体験
D　ア　幼児一人一人の特性に応じ
　　イ　幼児一人一人の家庭環境を踏まえ
E　ア　小学校における教育
　　イ　義務教育及びその後の教育
F　ア　幼児の実態や保護者の状況
　　イ　地域の実態や保護者の要請

	A	B	C	D	E	F
1	ア	イ	ア	ア	イ	ア
2	イ	ア	ア	イ	イ	ア
3	ア	イ	イ	ア	イ	イ
4	イ	イ	イ	イ	ア	ア
5	ア	ア	イ	ア	ア	イ

【4】次の各文のうち，幼稚園教育要領(平成20年3月告示)領域「言葉」の内容についての記述として，誤っているものはどれか。1～5から一つ選べ。

1　先生や友達の言葉や話に興味や関心をもち，親しみをもって聞いたり，話したりする。

2　したり，見たり，聞いたり，感じたり，考えたりなどしたことを，美しい言葉で表現する。

3　したいこと，してほしいことを言葉で表現したり，分からないことを尋ねたりする。

4　生活の中で必要な言葉が分かり，使う。

5　絵本や物語などに親しみ，興味をもって聞き，想像をする楽しさを味わう。

【5】次の文は，幼稚園教育要領解説(平成20年7月)領域「環境」の内容についての記述の一部である。空欄Ａ～Ｄに当てはまる文をそれぞれア，イから選ぶとき，最も適切な組合せはどれか。1～5から一つ選べ。

幼稚園生活の中で，身近に感じられる情報に接したり，それを生活に取り入れたりする体験を重ねる中で，次第に自分の生活に関係の深い情報に興味や関心をもつようにすることが大切である。

特に，3歳や4歳の時期，あるいは幼稚園生活に慣れていない時期には，様々な情報を断片的にしか理解できないことが多い。友達とのつながりが深まるにつれて，[　Ａ　]。友達同士が目的をもって遊ぶようになると，遊びに必要な情報を獲得し，活用する姿が見られるようになり，生活の豊かさにつながっていく。

幼児が周りの情報に関心をもつようになるためには，例えば，教師自身が興味深く見た放送の内容，地域の催しや出来事などの様々な情報の中から[　Ｂ　]，幼児の興味や関心を引き出していくことも大切である。

また，図書館や高齢者福祉施設などの様々な公共の施設を利用したり，訪問したりする機会を設け，幼児が豊かな生活体験を得られるようにすることが大切である。公共の施設などを利用する際は，[　Ｃ　]，訪問の仕方を工夫したりする必要がある。その際，このような施設が皆のものであり，大切に利用しなければならないことを指導することにより，公共心の芽生えを培っていくことも大切である。

なお，テレビやコンピュータなど情報機器の利用は，幼児に新しい世界を開き，生活を豊かにするが，一方で，心身の健やかな育ちに少なからず好ましくない影響を与えることもある。このことに配慮するとともに，[　Ｄ　]，必要に応じて情報を選択し，活用していくようにすることが大切である。

Ａ　ア　自分の得た情報を友達に伝えたり，友達のもっている情報に関心をもったりして，情報の交換を楽しむようになる

　　イ　自分の中で情報を蓄積したり，情報を処理したりして，情報に対しての関心が高まるようになる

Ｂ　ア　幼児が少しでも多くの情報に触れられるよう環境を整えていくなど

　　イ　幼児の生活に関係の深い情報を適切に選択し，折に触れて提示していくなど

C　ア　地域の歴史にかかわりが深く，幼児が伝統文化に触れられるような施設を選択したり

　　イ　幼児の生活にかかわりが深く，幼児が興味や関心をもてるような施設を選択したり

D　ア　小学校教育への接続を踏まえ情報機器も取り入れながら

　　イ　幼児期の発達のためには直接体験が重要であることも踏まえながら

	A	B	C	D
1	ア	イ	イ	イ
2	イ	ア	ア	ア
3	イ	イ	イ	イ
4	ア	ア	ア	イ
5	イ	イ	イ	ア

【6】次の文は，学校教育法第23条の全文を記述したものである。下線部ア～オについて正しいものを○，誤っているものを×とした場合，正しい組合せはどれか。1～5から一つ選べ。

幼稚園における教育は，前条に規定する目的を実現するため，次に掲げる目標を達成するよう行われるものとする。

一　健康，安全で幸福な生活のために必要な[ア]基本的な習慣を養い，身体諸機能の調和的発達を図ること。

二　集団生活を通じて，喜んでこれに参加する態度を養うとともに[イ]教員や友達など身近な人とかかわる力を身に付け，自主，自律及び協同の精神並びに規範意識の芽生えを養うこと。

三　身近な社会生活，生命及び自然に対する興味を養い，それらに対する正しい理解と態度及び[ウ]思考力の芽生えを養うこと。

四　日常の会話や，絵本，童話等に親しむことを通じて，[エ]言葉の使い方を正しく導くとともに，相手の話を理解しようとする態度を養うこと。

五　音楽，身体による表現，造形等に親しむことを通じて，[オ]創作に対する興味を養い，技法を身に付けること。

	ア	イ	ウ	エ	オ
1	○	×	○	○	×
2	×	○	×	○	×

3	×	○	×	×	○
4	○	×	○	×	×
5	○	×	○	×	○

【7】次の各文は,「幼児期運動指針」(幼児期運動指針策定委員会　平成24年3月)の「4　幼児期の運動の在り方」についての一部である。下線部の内容として正しいものを○, 誤っているものを×とした場合, 正しい組合せはどれか。1～5から一つ選べ。

運動の在り方に示した内容を推進するに当たっては, 次のような配慮をすることが望まれる。

A　幼児期は発達が著しいが, 年齢ごとに運動の質を高めながら多様な運動を行い, 同じ年齢の幼児が同様な発達を遂げられるよう, 年齢に応じた援助をすること。

B　友達と一緒に楽しく遊ぶ中で同じ遊びを繰り返し行い, 運動能力が向上するよう環境の構成を工夫すること。

C　幼児の動きに合わせて保育者が必要に応じて手を添えたり見守ったりして安全を確保するとともに, 固定遊具や用具などの安全な使い方や, 周辺の状況に気付かせるなど, 安全に対する配慮をすること。

D　体を動かすことが幼稚園や保育所などでの一過性のものとならないように, 家庭や地域にも情報を発信し, 共に育てる姿勢をもてるようにすること。

	A	B	C	D
1	×	×	○	○
2	×	○	×	○
3	○	×	×	×
4	×	×	○	×
5	○	○	×	○

【8】次のア～エの各文は, 幼稚園について定めている関係法規を抜粋したものである。正しいものを○, 誤っているものを×とした場合, 正しい組合せはどれか。1～5から一つ選べ。

ア　教育基本法

第11条　幼児期の教育は, 生涯にわたる人格形成の基礎を培う重要なものであることにかんがみ，国及び地方公共団体は，幼児の健やかな成長に資する良好な環境の整備その他適当な方法によって，その振興に努めなければならない。

イ　学校教育法施行規則

第37条　幼稚園の毎学年の教育週数は，特別の事情のある場合を除き，三十九週を下つてはならない。

第38条　幼稚園の教育課程その他の保育内容については，この章に定めるもののほか，教育課程その他の保育内容の基準として文部科学大臣が別に公示する幼稚園教育要領によるものとする。

ウ　幼稚園設置基準

第9条　幼稚園には，次の施設及び設備を備えるよう努めなければならない。ただし，特別の事情があるときは，保育室と遊戯室及び職員室と保健室とは，それぞれ兼用することができる。

一　職員室
二　保育室
三　遊戯室
四　保健室
五　便所
六　飲料水用設備，手洗用設備，足洗用設備
七　水遊び場

エ　学校保健安全法

第19条　校長は，感染症にかかつており，かかつている疑いがあり，又はかかるおそれのある児童生徒等があるときは，政令で定めるところにより，臨時に，学校の全部又は一部の休業を行うことができる。

	ア	イ	ウ	エ
1	○	×	○	×
2	×	×	○	×
3	×	×	×	○
4	○	○	×	×
5	×	○	×	○

〔【９】〜【11】〕

次の文章を読んで，問い【９】〜【11】に答えよ。

『氷川清話』は，勝海舟が話した言葉を聞き書きした本ですが，勝海舟の語る言葉は当時たいへんな人気で，勝海舟のもとに訪ねた記者の手で，いろいろな新聞が争ってその聞き書きを載せた。話しぶりは①自由闊達（かったつ）ですが，それは会話の記録ではありません。勝海舟の一人語りの本ですが，それは対話の記録です。語っているのは勝海舟一人ですが，勝海舟はあたかも百年後の今日にむかって，どこまでもこちら側にまっすぐ話しかけるようにして，とても②直截（ちょくせつ）な語り方で話している。

読みかえすたびに惹（ひ）きつけられる本ですが，そのなかで，勝海舟はしばしば談判について語り，明治維新から日本の新しい国のかたちができてゆくまでのあいだに非常に重要だった方策として，談判というものを挙げています。

談判というのは，いろいろなことを始末したり，おおよその事を取り決めたりするときに，論じ合い，談じ合って交渉すること。つまり，対話することです。いまでは「談判」という言葉そのものもだんだんもちいられなくなり，人と人とが交わす言葉のあり方にのこっているのは会話ばかりで，対話，談判という話し方はいつか遠ざけられるままになってしまったように思えます。

そうであって，のぞましくない事件などが生ずるたびにきまって指摘されるのが，対話の不在，あるいは対話の不足です。しかしそれは，日常ふだんに対話という考え方がうすく，たがいに向き合って問題を差しだしあって話すという習慣を欠いているという状況が，事あるたびに露出してしまうためではないでしょうか。

会話といっても，多くは言葉を使い捨てにするお喋りを，いまは会話と言っていることが多いように思います。たがいに向き合って，違ったものの見方をかさねてみる代わりに，考え方が違えば同席せず，目が合えば衝突，喧嘩（けんか）という格好になりがちなのは，結局，対話という考え方，あるいは勝海舟の言う談判の考え方こそ，この百年，時の過ぎゆくままに，この国が失いつづけてきた大事なものではなかったか，と案じるのです。

たとえば，勝海舟はふりかえって，談判というのはたがいに「少しの傲慢の風なく，同席する」こと，そうしてたがいに「赤心（せきしん）を披（ひら）く」

ことだったとしています。すなわち，「野暮」を言わないで，相手に対する「敬礼を失わない」ことが，談判の作法だった。会話が会話を楽しむことだとすれば，対話，談判というのは，問題の引き受け方というか，心の決め方というふうに言っていいかもしれません。

いまは，問題は引き受けたくない，心は決めたくないという，何でもかんでも先延ばしにして疑われない時代になっています。たがいのあいだに，言葉の破片はたくさん飛び散ってはいるけれども，まかりとおるのは一人勝手と無愛想だけで，元気はなく，[　ア　]が考えを伝える力をもつことがどんどん難しくなってゆくような状況が，逆に広まってきている，ということを考えます。

[　イ　]を楽しむことには巧みになった。だが，[　ウ　]を活かすことが足らなくなった。あるいは，できなくなった。けれども，対話のないところ，談判のないところ，『氷川清話』の主人の言葉で言うと，「時と場合に応じてそれぞれの思慮分別」がでてこなくなってしまいます。そしてそのことが，いまのわたしたちのあり方を脆(もろ)くしています。

『氷川清話』から百年，あらためて考えたいのは，対話のもつちからです。

(長田弘『なつかしい時間』)

【9】次のうち，①自由闊達(かったつ)と②直截(ちょくせつ)の意味について，組合せとして最も適切なものはどれか。1～5から一つ選べ。

	①自由闊達(かったつ)	②直截(ちょくせつ)
1	周りのことを気にかけず，自分の思い通りに振る舞う様子	まわりくどくなく，きっぱりしていること
2	心がひろくのびやかで，何のこだわりもなく振る舞うさま	言葉づかいがすらすらとしてよどみのないこと
3	周りのことを気にかけず，自分の思い通りに振る舞う様子	遠回しに示すこと
4	心がひろくのびやかで，何のこだわりもなく振る舞うさま	まわりくどくなく，きっぱりしていること
5	心のまま，かってきまま	言葉づかいがすらすらとしてよどみのないこと

【10】本文中の空欄ア，イ，ウに入る言葉の組合せとして，正しいものはどれか。1～5から一つ選べ。

	ア	イ	ウ
1	会話	対話	談判
2	言葉	対話	会話
3	対話	会話	言葉
4	談判	対話	会話
5	言葉	会話	対話

【11】本文で述べられている内容として，最も適切なものの組合せはどれか。1～5から一つ選べ。

ア　問題の引き受け方，言い換えれば心の決め方が会話だとすれば，会話を楽しむことが対話あるいは談判である。

イ　談判，または対話というのは，いろいろなことを始末したり，おおよその事を取り決めたりするときに，論じ合い，談じ合って交渉することである。

ウ　談判は，明治維新から日本の新しい国のかたちができてゆくまでのあいだに非常に重要だったが，失われつつある。

エ　会話や対話のないところでは，時と場合によりそれぞれの思慮分別がでてこなくなり，それはいまのわたしたちのあり方を脆くしている。

オ　人と人とが交わす言葉のあり方にのこっているのは対話，談判ばかりで，会話という話し方はいつか遠ざけられるままになっている。

1　ア・イ
2　ア・エ
3　イ・ウ
4　イ・エ
5　エ・オ

【12】小学校第6学年の国語の授業で，「本の魅力を推薦しよう」という単元を設定した。その学習活動の概要を次に示している。あとのア～オの各文は，この単元全体で指導する事項や留意点に関する記述である。小学校学習指導要領(平成20年3月告示)に照らし，6学年への指導内容として合致するものを○，そうでないものを×とした場合，正しい組合せはどれか。1～5

から一つ選べ。

単元名　本の魅力を推薦しよう　(全8時間)
【第1次】(2時間)
・これまでの読書体験を基に，本の選び方について振り返る。
・本や文章のよさや特徴などを明らかにして，「5年生が読みたくなるように推薦しよう」という学習課題を設定し，学習計画を立てる。
・推薦文の構成要素や文章の特徴を調べる。
【第2次】(4時間)
・教材文を読み，場面や心情の描写などとの関係に着目しながら，「読み手である自分の心に強く響いてきた叙述」を見付ける。
・教材文を再読し，教材文の心に響く叙述との関連を考え，推薦文にまとめる。
・互いの心に響く叙述について，理由を明らかにしながら推薦文を紹介し合い，グループで交流する。
【第3次】(2時間)
・自分の心に響いてきた叙述の魅力が伝わるように書くことができたかを振り返りながら，推薦文を紹介するための準備を行う。
・推薦文を5年生に紹介し，感想をもらう。
・これまでの学習を振り返る。

ア　グループで交流する際は，推薦文について，表現の仕方に着目して助言し合うよう指導する。

イ　教材文を再読する際は，主に中心となる語や文を捉え，段落相互の関係を考えるよう指導する。

ウ　教材文から自分の心に響く叙述を見つける際には，登場人物の行動を中心に，想像を広げながら読むよう指導する。

エ　推薦文を紹介するための準備をする際は，表現の効果などについて確かめたり工夫したりするよう指導する。

オ　推薦文の構成要素や文章の特徴を調べる際は，推薦文と読書感想文を読み比べるなど効果的な読み方を工夫するよう指導する。

	ア	イ	ウ	エ	オ
1	○	×	×	○	×

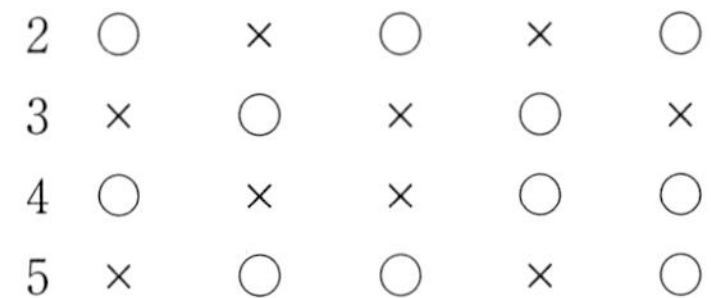

2	○	×	○	×	○
3	×	○	×	○	×
4	○	×	×	○	○
5	×	○	○	×	○

【13】次の各文のうち，第一次世界大戦前後の各国の情勢に関する記述として正しいものの組合せはどれか。1～5から一つ選べ。

ア　サラエボで起こった，セルビア人青年によるオーストリア皇太子夫妻の暗殺事件を発端に，イギリス・フランス・ロシアを中心とした国々と，ドイツ・オーストリアを中心とした国々の戦争に発展し，海外の植民地まで巻き込んだ世界大戦に拡大していった。

イ　日本は，日英同盟によりドイツに宣戦布告して，ドイツが支配していた中国の山東（シャントン）半島(青島（チンタオ）を含む)や太平洋の南洋諸島を占領した。

ウ　戦争で国民の生活が苦しくなったロシアでは，皇帝が退位し，労働者や兵士の代表者会議がフルシチョフの指導で政府をつくった。

エ　ドイツ降伏後，講和会議が開かれ，ポーツマス条約によってドイツはすべての植民地と本国の一部を失い，巨額の賠償金を支払うことになった。

オ　講和条約締結後，世界平和の確保と国際協力の促進を目的とした世界初の国際機構として国際連盟がつくられたが，議会の反対でアメリカは参加しなかった。

1　ア・イ・エ
2　ウ・エ・オ
3　ア・イ・オ
4　イ・ウ・エ
5　ア・ウ・オ

【14】次のア～オの地図記号と，その名称の組合せとして正しいものはどれか。1～5から一つ選べ。

ア	イ	ウ	エ	オ

1　ア　広葉樹林　イ　工場　ウ　官公署　エ　消防署
　オ　警察署
2　ア　広葉樹林　イ　発電所　ウ　史跡・名勝　エ　裁判所
　オ　市役所
3　ア　茶畑　イ　発電所　ウ　官公署　エ　裁判所
　オ　市役所
4　ア　桑畑　イ　灯台　ウ　果樹園　エ　消防署
　オ　市役所
5　ア　桑畑　イ　工場　ウ　果樹園　エ　消防署
　オ　警察署

【15】次の各文は，19世紀後半の日本のできごとについて述べたものである。内容として誤っているものの組合せはどれか。1～5から一つ選べ。

ア　1868年に五箇条の誓文(御誓文)が発布され，新政府の政治の方針が示された。

イ　懐徳堂で学んだ福沢諭吉は，江戸幕府による遣外使節に随行し，帰国後「西洋紀聞」や「学問のすゝめ」を著した。

ウ　政府は，1869年に版籍奉還を命じ，1871年には廃藩置県を断行して，中央集権体制を進めた。

エ　政府は，不平等条約について改正の希望を諸外国に告げることと，制度や文物を調査することを目的として，岩倉具視・大久保利通・木戸孝允らの使節一行を欧米に派遣した。

オ　政府は1873年に徴兵令を公布し，満18歳に達した男子に3年間の兵役を義務付けた。

1　ア・イ
2　ウ・オ
3　ア・エ
4　ウ・エ
5　イ・オ

【16】次の各文のうち，小学校学習指導要領(平成20年3月告示)の社会の「第1　目標」を記述したものとして正しいものはどれか。1～5から一つ選べ。

1　社会生活についての正しい理解を深め，民主的な国家，社会の成員として必要な公民的資質の基礎を養う。

2　社会生活についての理解を図り，我が国の国土と歴史に対する理解と愛情を育て，国際社会に生きる平和で民主的な国家・社会の形成者として必要な公民的資質の基礎を養う。

3　広い視野に立って，現代の社会について主体的に考察させ，理解を深めさせるとともに，人間としての在り方生き方についての自覚を育て，平和で民主的な国家・社会の有為な形成者として必要な公民としての資質を養う。

4　横断的・総合的な学習や探究的な学習を通して，自ら課題を見付け，自ら学び，自ら考え，主体的に判断し，よりよく問題を解決する資質や能力を育成するとともに，学び方やものの考え方を身に付け，問題の解決や探究活動に主体的，創造的，協同的に取り組む態度を育て，自己の生き方を考えることができるようにする。

5　広い視野に立って，社会に対する関心を高め，諸資料に基づいて多面的・多角的に考察し，我が国の国土と歴史に対する理解と愛情を深め，公民としての基礎的教養を培い，国際社会に生きる平和で民主的な国家・社会の形成者として必要な公民的資質の基礎を養う。

【17】A小学校の児童数はB小学校の児童数の8割5分である。C小学校の児童数はB小学校の児童数の8割である。C小学校の児童数が544人のとき，A小学校の児童数は何人か。1～5から一つ選べ。

1　435人
2　512人

3　578人
4　640人
5　800人

【18】図の四角形ABCDにおいて，∠A = 90°，∠B = 75°，∠D = 105°である。CD = CB = 2cmのとき，四角形ABCDの面積は何cm²か。1～5から一つ選べ。

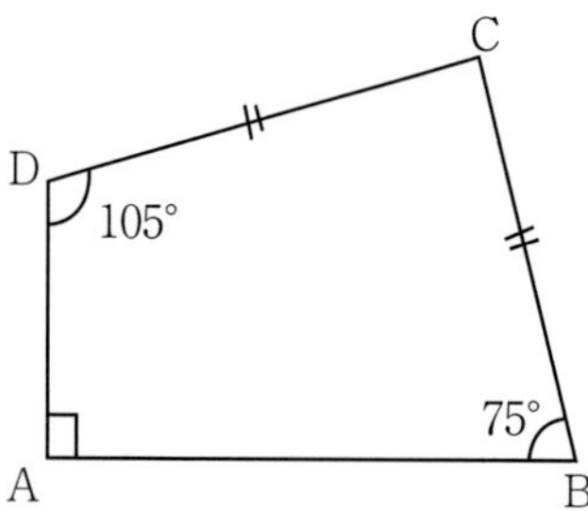

1　$(2+\sqrt{3})$cm²
2　4cm²
3　$(2+2\sqrt{3})$cm²
4　$(4+\sqrt{3})$cm²
5　$(4+2\sqrt{3})$cm²

【19】次の図は，立方体の展開図である。組み立てて立方体を作ったとき，辺ABとねじれの位置にあるすべての辺を太線で正しく示している展開図はどれか。1～5から一つ選べ。

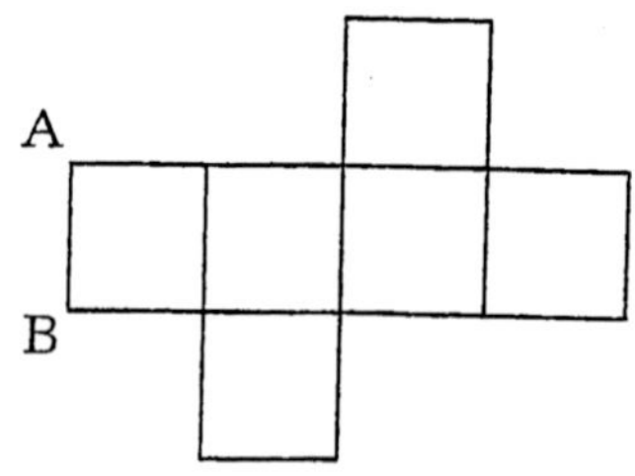

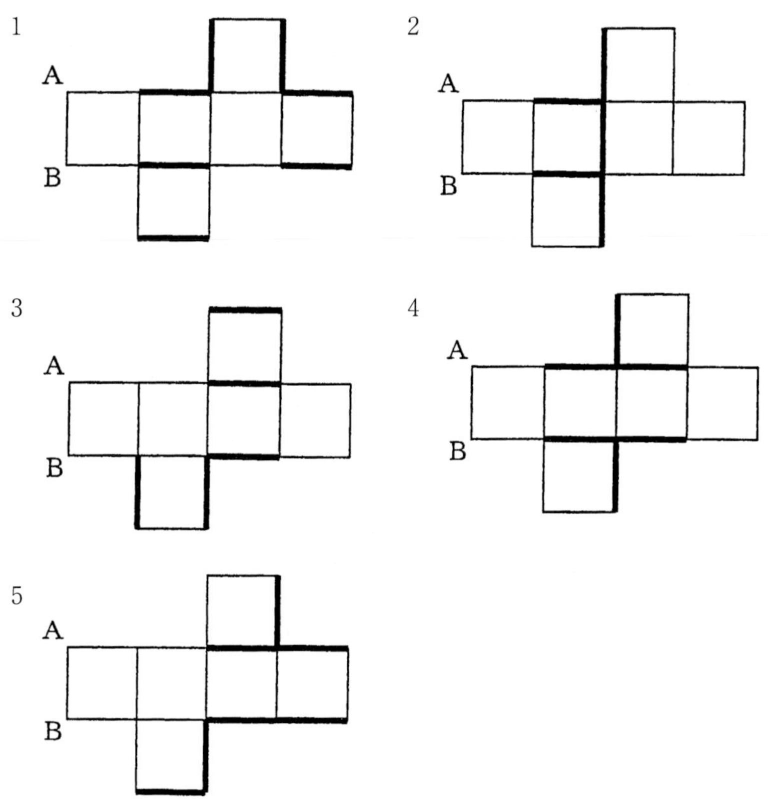

【20】 小学校学習指導要領解説算数編(平成20年8月)には,「図形」領域において,「第5学年では,三角形や四角形の性質を見いだし説明することを通して,論理的な考えを育成することが大切である」こと,「論理的な考えには,幾つかの具体的な例に共通する一般的な事柄を見いだすという帰納的な考え,既習の内容との類似性に着目して新しい事柄を見いだすという類推的な考え,すでに正しいことが明らかになっている事柄を基にして別の新しい事柄が正しいことを説明していくという演繹的な考えがある」ことが書かれている。

また,「論理的な考えの育成は,各学年,各領域を通して行われるものである」と記述されている。

以上のことをふまえ,次の文章のうち,演繹的な考えについて書かれているものを1～5から一つ選べ。

1　面積の場合，例えば一辺の長さが1cmの正方形の面積のいくつ分として数値化できたことから，立体の体積も，例えば一辺の長さが1cmの立方体の体積のいくつ分として数値化すればいいと考える。
2　いろいろな大きさの円について，直径の長さと円周の長さを測定することから，円周の直径に対する割合が一定であることを見いだす。
3　乗法九九の表から，2×3＝3×2，4×5＝5×4等になっていることから，「乗数と被乗数を交換しても積は同じになる」という計算の性質を見付ける。
4　直方体の体積は，(直方体の体積)＝(縦)×(横)×(高さ)＝(底面積)×(高さ)となることから，角柱の体積も(角柱の体積)＝(底面積)×(高さ)で求めることができると考える。
5　三角形の三つの角の大きさの和が180°であり，四角形が三角形二つに分割されることから，四角形の四つの角の大きさの和は180°の2倍であると考える。

【21】次の各文は，水を電気分解して水素と酸素を発生させることについて記述したものである。文中の(　ア　)～(　エ　)にあてはまる語句の組合せとして正しいものはどれか。1～5から一つ選べ。
・純粋な水には電流がほとんど流れないため，(　ア　)を溶かして電流を流れやすくする。
・電流を流すと陽極に(　イ　)，陰極に(　ウ　)が発生する。
・この反応の化学反応式は(　エ　)と表すことができる。

	ア	イ	ウ	エ
1	塩化水素	酸素	水素	$2H_2O \rightarrow 2H_2 + O_2$
2	塩化水素	水素	酸素	$H_2O \rightarrow 2H + O$
3	水酸化ナトリウム	酸素	水素	$2H_2O \rightarrow 2H_2 + O_2$
4	水酸化ナトリウム	水素	酸素	$2H_2O \rightarrow 2H_2 + O_2$
5	水酸化ナトリウム	水素	酸素	$H_2O \rightarrow 2H + O$

【22】次の文中の(　ア　)～(　エ　)にあてはまる語句の組合せとして正しいものはどれか。1～5から一つ選べ。

　ある夜の午後9時に大阪でオリオン座が真南に見えた。オリオン座は(　ア　)と(　イ　)の2つの1等星があり，ななめ1列に並んだ三つ星が特徴的である。

このオリオン座を観測し続けると，約(　ウ　)時間後に西の地平線に沈んだ。

このように，すべての星座はしばらく時間がたつと，その位置が天の北極と天の南極を結ぶ軸を中心に，東から西に向かって動いているように見える。これは，地球が(　エ　)という運動をしているために起こる見かけの動きである。

	ア	イ	ウ	エ
1	ベテルギウス	リゲル	6	自転
2	アルデバラン	リゲル	3	自転
3	アルデバラン	シリウス	6	公転
4	ベテルギウス	シリウス	3	公転
5	ベテルギウス	シリウス	6	自転

【23】 次の文章は被子植物に関して述べたものである。文中の(　ア　)～(　オ　)にあてはまる語句の組合せとして正しいものはどれか。1～5から一つ選べ。

図のように，花粉はめしべの柱頭につくと，花粉管をのばし，花粉管は，(　ア　)の中の(　イ　)に向かってのびていく。花粉管の先が(　イ　)の中の卵細胞に達すると，花粉管の中を移動してきた精細胞の核と卵細胞の核が合体する。これが被子植物の受精である。

受精卵は，細胞分裂を繰り返して胚となる。胚を含む(　イ　)全体は(　ウ　)となり，(　ア　)は(　エ　)となる。

(　ウ　)が発芽すると，胚はさらに細胞分裂を繰り返し，次第に親と同じ形に成長していく。このような植物のふえ方を，(　オ　)生殖という。

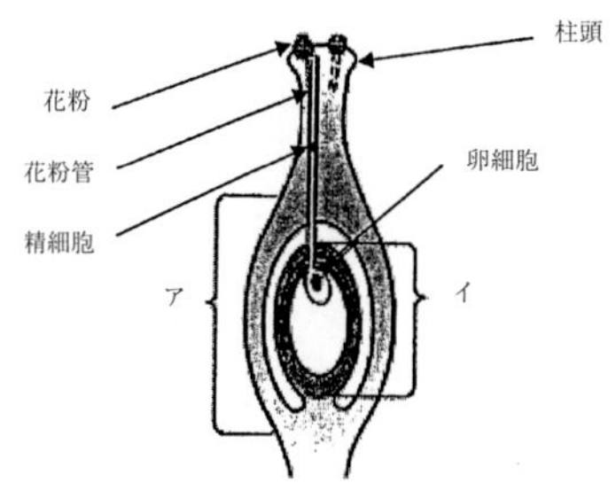

	ア	イ	ウ	エ	オ
1	胚珠	子房	果実	種子	無性
2	胚珠	子房	種子	果実	有性
3	子房	胚珠	種子	果実	有性
4	胚珠	子房	果実	種子	有性
5	子房	胚珠	種子	果実	無性

【24】次の各文は，小学校学習指導要領(平成20年3月告示)理科における各学年の内容「A　物質・エネルギー」の区分で指導する学習内容に関する記述である。それぞれを学習する学年の正しい組合せはどれか。1～5から一つ選べ。

ア　いろいろな水溶液を使い，その性質や金属を変化させる様子を調べ，水溶液の性質や働きについての考えをもつことができるようにする。

イ　粘土などを使い，物の重さや体積を調べ，物の性質についての考えをもつことができるようにする。

ウ　物を燃やし，物や空気の変化を調べ，燃焼の仕組みについての考えをもつことができるようにする。

エ　金属，水及び空気を温めたり冷やしたりして，それらの変化の様子を調べ，金属，水及び空気の性質についての考えをもつことができるようにする。

オ　物を水に溶かし，水の温度や量による溶け方の違いを調べ，物の溶け方の規則性についての考えをもつことができるようにする。

	ア	イ	ウ	エ	オ
1	第6学年	第3学年	第6学年	第4学年	第5学年
2	第6学年	第4学年	第6学年	第3学年	第5学年
3	第5学年	第4学年	第6学年	第3学年	第6学年
4	第6学年	第3学年	第5学年	第4学年	第6学年
5	第5学年	第4学年	第5学年	第3学年	第6学年

解答・解説

【1】5

〈解説〉幼稚園教育要領解説(平成20年7月)領域「人間関係」の「(9)よいことや悪いことがあることに気付き，考えながら行動する。」からの出題である。

「幼稚園教育要領」(平成20年3月告示)についての理解を深めるためには，幼稚園教育要領解説にもきちんと目を通しておくこと。保育という営みにおいて，幼児が自分なりの善悪の基準を作っていくこと，自分なりに考えるように援助すること，自分の行動が相手にもたらした心理的な結果に気付くように働き掛けることなどは,「人間関係」の中でも，難しくかつ，重要な事項である。

【2】2

〈解説〉幼稚園教育要領(平成20年3月告示)領域「表現」の目標は,「感じたことや考えたことを自分なりに表現することを通して，豊かな感性や表現する力を養い，創造性を豊かにする。」である。これを達成するためには，幼児が自分の好きな表現の方法を見付け出したり，自分の気持ちを一番適切に表現する方法を選んだりすることができるように，様々な表現の素材や方法を経験させることが大切である。

【3】3

〈解説〉幼稚園教育要領(平成20年3月)第1章総則では，幼稚園教育の基本や教育課程に関する基本となる事項を規定している。幼稚園教育では，人格形成の基礎を培うこと，環境を通して教育を行うことが重要であることは必ずおさえておくこと。また，学校教育法第22条に定められた「義務教育及びその後の教育の基礎を培うものとして，幼児を保育し，幼児の健やかな成長のために適当な環境を与えて，その心身の発達を助長すること」という幼稚園教育の目的や，同法第23条に定められた5つの目標も合わせて理解しておきたい。

【4】2

〈解説〉正しくは,「したり，見たり，聞いたり，感じたり，考えたりなどしたことを自分なりに言葉で表現する。」である。幼児の言葉で表現しようとする意欲を高め，思考力の芽生えを培っていけるように,「自分なりに言葉で表現する」ことを援助するための保育者の姿勢についても考えてみよう。

【5】1

〈解説〉幼稚園教育要領解説(平成20年7月)領域「環境」の「(10)生活に関係の深い情報や施設などに興味や関心をもつ。」からの出題である。幼稚園教育要領(平成20年3月)で示されている「環境」のねらいのなかでも,「身近な環境に自分からかかわり，発見を楽しんだり，考えたりし，それを生活に取り入れようとする。」ことに特に関係する活動内容となっている。

【6】1

〈解説〉学校教育法第23条は，幼稚園における教育の目的を実現するために達成すべき目標を定めている。目的を定めている同法第22条と合わせて覚えておくこと。条文中の正しい表記について，イは「家族や身近な人への信頼感を深め」，オは「豊かな感性と表現力の芽生えを養うこと」である。

【7】1

〈解説〉基本的な運動能力の低下が指摘されている昨今の子どもの体力の現状を踏まえ，文部科学省スポーツ青少年局より，平成19～21年度にかけて「体力向上の基礎を培うための幼児期における実践活動の在り方に関する調査研究」において，幼児期に獲得しておくことが望ましい基本的な動き，生活習慣及び運動習慣を身に付けるための効果的な取組などについての実践研究が行われた。この成果を踏まえ，幼児期における運動の在り方についての指針として策定されたのが，「幼児期運動指針」である。なお，正しい表記について，Aの下線部は「同じ年齢であってもその成長は個人差が大きいので，一人一人の発達に応じた」，Bの下線部は「多様な動きを経験できるよう，幼児が自発的に体を動かしたくなる」である。

【8】4

〈解説〉ウ　「備えるよう努めなければ」ではなく「備えなければならない」が正しい。職員室，保育室，遊戯室，保健室，便所，飲料水用設備，手洗用設備，足洗用設備は，幼稚園設置基準第9条第1項において備えることが義務づけられている施設・設備である(特別の事情があるときは，保育室と遊戯室及び職員室と保健室とは，それぞれ兼用可)。水遊び場は，同基準第11条において設置に努力することが定められているにとどまっている。　エ　学校保健安全法第19条において政令で定めるところにより規定される校長の権限は，「臨時に，学校の全部又は一部の休業を行うことができる」ではなく「出席を停止させることができる」である。学校の臨時休業の権限は，同法第20条により学校の設置者に認められているものである。

【9】4

〈解説〉①の「闊達」は，心が大きく，小さな物事にこだわらないさまや，度量の大きいさまを表す。②の「直截」は，すぐに裁断を下すことや，回りくどくなく，ずばりと言うこと。また，そのさまを表す。なお，慣用読みで「ちょくさい」と読まれることもある。

【10】5

〈解説〉ア　該当箇所の前に「言葉の破片は…」という記述がなされている。イ～ウ　該当箇所を含む文の直後に逆接の「だが」があるので，ウと対立する言葉が入ることがわかる。第5段落で，いまの「会話」について記されていることにも着目するとよい。

【11】3

〈解説〉ア 「問題の引き受け方，言い換えれば心の決め方」は対話，談判を指す。　エ　対話と談判のないところが正しい。　オ 「会話」と「対話，談判」が逆になっている。

【12】4

〈解説〉イ 「主に中心となる語や文を捉え，段落相互の関係を考える」は，第3学年及び第4学年の指導内容である。第5学年及び第6学年の指導内容でこれと近似するのは，「目的に応じて，文章の内容を的確に押さえて要旨をとらえたり，事実と感想，意見などとの関係を押さえ，自分の考えを明確にしながら読んだりすること」である。　ウ 「登場人物の行動を中心に想像を広げながら読むこと」は，第1学年及び第2学年の指導内容である。第5学年及び第6学年の指導内容でこれと近似するのは，「登場人物の相互関係や心情，場面についての描写をとらえ，優れた叙述について自分の考えをまとめること」である。

【13】3

〈解説〉ウ　フルシチョフではなくレーニンが正しい。なお，このときレーニンの指導のもとに政府をつくった，労働者や兵士の代表者会議のことをソヴィエトという。フルシチョフは，スターリンの死後にソヴィエト連邦の共産党第一書記となった人物である。　エ　ポーツマス条約ではなくヴェルサイユ条約が正しい。ヴェルサイユ条約により，ドイツは軍備制限もされることとなった。ポーツマス条約は，1905年にアメリカ合衆国が仲介となって結ばれた日露戦争の講和条約である。

【14】1

〈解説〉地図記号は，小学校第3・4学年の社会科で学習する。発電所，史跡・名勝，裁判所，市役所，茶畑，桑畑，灯台，果樹園などの地図記号も確認しておくこと。また，2014年には避難所等の地図記号が新たに追加されたこともおさえておきたい。

【15】5

〈解説〉イ　福沢諭吉が学んだのは大阪の私塾である適塾。懐徳堂は大阪の豪商たちが学んだ後，官許学問所となった。また，帰国後に当時の欧米の状況を紹介した著書は『西洋事情』で，『西洋紀聞』を著したのは江戸時代中期の新井白石である。　オ　徴兵令により3年間の兵役を義務付けられたのは，満20歳に達した男子である。

【16】2

〈解説〉1　昭和43年告示の小学校学習指導要領の社会の目標である。　3　高等学校学習指導要領(平成21年3月告示)の共通教科「公民」の目標である。　4　小学校学習指導要領(平成20年3月告示)及び中学校学習指導要領(平成20年3月告示)の総合的な学習の時間の目標である。　5　中学校学習指導要領(平成20年3月告示)の社会の目標である。

【17】3

〈解説〉B小学校の児童数をxとおくと，A小学校の児童数は$0.85x$，C小学校の児童数は$0.8x$と表せる。C小学校の児童数が544人のとき，$0.8x = 544$なので，$x = 680$(人)。したがってA小学校の児童数は，$0.85 \times 680 = 578$(人)。

【18】1

〈解説〉まず，四角形ABCDを，△BADと△BCDに分けて考える。四角形の内角の和は360°なので，∠C = 90°。したがって条件より△BCDは直角二等辺三角形である。よって，∠CBD = ∠CDB = 45°となるので，∠ADB=105° − 45° = 60°，∠ABD = 75° − 45° = 30°となることがわかる。また，BDの長さが$2\sqrt{2}$cmとなるので，AB = $\sqrt{6}$cm，AD = $\sqrt{2}$cm。四角形ABCDの面積は，△BCDの面積と△ABDの面積の合計となるので，△BCD + △ABD = $\dfrac{2 \times 2}{2} + \dfrac{\sqrt{6} \times \sqrt{2}}{2} = 2 + \sqrt{3}$　よって，四角形ABCDの面積は$(2 + \sqrt{3})$cm^{2}である。

【19】4

〈解説〉「ねじれの位置」とは，2本の直線が，平行でなく，かつ交わっていない位置関係のことである。この条件を満たす辺を探す。

【20】5

〈解説〉1と4は，類推的な考え方，2と3は帰納的な考え方である。

【21】3

〈解説〉電気分解は中学校第2学年の単元で，水は電流によって水素と酸素に分解されること，分解して生成した物質から元の物質が推定できること，分解反応に伴い，性質の異なる2種類以上の物質に分れることなどを理解しておく。

【22】1

〈解説〉ベテルギウスはオリオン座のα星で，赤い色の超巨星である。リゲルはオリオン座のβ星で，青い色の超巨星である。また，地球の自転軸と天球とが交わる点のうち，北側を天の北極，南側を天の南極という。天の北極はこぐま座の中にあり，天の北極に最も近い恒星は北極星とよばれている。

【23】3

〈解説〉ア　子房は，被子植物のめしべの内，下方に膨らんだ部分のことである。　イ　裸子植物では，めしべは子房を作らないので，胚珠はむき出しになっている。　ウ　種子の主な部分は，発芽後新しい植物になる胚で，種皮によって保護されている。その他，胚の発育するエネルギー源として，胚乳を持つものもある。　エ　なお，子房だけが発達したものを真果という。また，花床が子房と密着して果実の一部となっているものを偽果という。　オ　無性生殖の植物は，ジャガイモの塊茎やオニユリのむかごなどの栄養生殖や，シダ植物やコケ植物は無性胞子を作って繁殖するものなどがある。

【24】1

〈解説〉ア　第6学年の「水溶液の性質や働き」の指導内容である。　イ　第3学年の「物と重さ」の指導内容である。　ウ　第6学年の「燃焼の仕組み」の指導内容である。　エ　第4学年の「金属，水および空気の性質」の指導内容である。　オ　第5学年「物の溶け方」の指導内容である。

第3章

専門試験
幼稚園教育要領

幼稚園教育要領

幼稚園教育要領解説

専門試験　幼稚園教育要領／幼稚園教育要領

POINT

幼稚園教育において育成する資質・能力

平成29年改訂の「幼稚園教育要領」では，改訂の趣旨，教育基本法，学校教育法の内容等を踏まえ，以下の資質・能力を一体的に育むこととしている。

・豊かな体験を通じて，感じたり，気付いたり，分かったり，できるようになったりする「**知識及び技能の基礎**」
・気付いたことや，できるようになったことなどを使い，考えたり，試したり，工夫したり，表現したりする「**思考力，判断力，表現力等の基礎**」
・心情，意欲，態度が育つ中で，よりよい生活を営もうとする「**学びに向かう力，人間性等**」

そして，「幼児期の終わりまでに育ってほしい姿」として，下記の項目の面から具体的に示されている。

(1)健康な心と体，(2)自立心，(3)協同性，(4)道徳性・規範意識の芽生え，(5)社会生活との関わり，(6)思考力の芽生え，(7)自然との関わり・生命尊重，(8)数量や図形，標識や文字などへの関心・感覚，(9)言葉による伝え合い，(10)豊かな感性と表現

教育課程の役割

教育課程は幼稚園教育におけるねらいが，幼稚園生活の全体を通して，総合的に達成されるよう，教育期間や幼児の生活経験，発達の過程などを考慮して作成される。また，留意点の一つとして，次の内容が示されている。

幼児の生活は，入園当初の一人一人の遊びや教師との触れ合いを通して幼稚園生活に親しみ，安定していく時期から，他の幼児との関わりの中で幼児の主体的な活動が深まり，幼児が互いに必要な存在であることを認識するようになり，やがて幼児同士や学級全体で目的をもって協同して幼稚園生活を展開し，深めていく時期などに至るまでの過程を様々に経ながら広げられていくものであることを考慮し，活動がそれぞれの時期にふさわしく展開されるようにすること。

なお，特別の事情のある場合を除き教育週数は39週を下ってはならず，1日の教育時間は4時間を標準としているが，幼児の心身の発達の程度や季節などに適切に配慮することも，ただし書きとして加えられている。

指導計画作成と留意事項

指導計画は年，学期，月単位の長期計画と週，日単位の短期計画を作成する必要がある。特に短期計画については「幼児の生活のリズムに配慮し，幼児の意識や興味の連続性のある活動が相互に関連して幼稚園生活の自然な流れの中に組み込まれるようにすること」としている。

作成にあたっては具体性が求められるが「幼児の発達の過程を見通し，幼児の生活の連続性，季節の変化などを考慮して，幼児の興味や関心，発達の実情などに応じて設定する」としている。また，環境については「幼児の生活する姿や発想を大切にし，常にその環境が適切なものとなるようにすること」とある。その他，留意事項として多様な体験と成長，言語活動の充実，見通しや振り返りの機会を持つこと，行事に関する指導が示されている。

教育時間の終了後等に行う教育活動

保護者の要請等により，教育時間の終了後などに希望する者を対象に行う教育活動の留意点として，主に以下のことが掲げられている。

- 教育課程に基づく活動を考慮し，幼児期にふさわしい無理のないものとなるようにすること。その際，教育課程に基づく活動を担当する教師と緊密な連携を図るようにすること。
- 家庭や地域での幼児の生活も考慮し，教育課程に係る教育時間の終了後等に行う教育活動の計画を作成するようにすること。その際，地域の人々と連携するなど，地域の様々な資源を活用しつつ，多様な体験ができるようにすること。
- 家庭との緊密な連携を図るようにすること。その際，情報交換の機会を設けたりするなど，保護者が，幼稚園と共に幼児を育てるという意識が高まるようにすること。
- 地域の実態や保護者の事情と共に幼児の生活のリズムを踏まえつつ，例えば実施日数や時間などについて，弾力的な運用に配慮すること。

さらに幼稚園における幼児期教育のセンター的機能について言及されており，その具体的内容として，①子育ての支援のために保護者や地域の人々に機能や施設を開放，②園内体制の整備や関係機関との連携及び協力，③幼児期の教育に関する相談や情報提供に応じる，④幼児と保護者との登園の受け入れ，⑤保護者同士の交流機会の提供をあげている。

演習問題

1 幼稚園教育要領(平成 29 年 3 月告示)についての記述として正しいものを，次の①～⑤から 1 つ選びなさい。 (難易度■■□□□)

① 幼稚園教育要領は，平成 29 年 3 月に改訂され，このときはじめて文部科学省告示として公示され，教育課程の基準としての性格が明確になった。

② 幼稚園教育要領については，学校教育法において「教育課程その他の保育内容の基準」として規定されている。

③ 幼稚園教育要領は第 1 章「総則」，第 2 章「ねらい及び内容」，第 3 章「教育課程に係る教育時間の終了後等に行う教育活動などの留意事項」，の全 3 章からなる。

④ 「指導計画の作成と幼児理解に基づいた評価」は，第 2 章「ねらいおよび内容」に書かれている。

⑤ 新幼稚園教育要領は，旧幼稚園教育要領(平成 20 年 3 月告示)が重視した「生きる力」という理念を継承しているわけでない。

2 平成 29 年 3 月に告示された幼稚園教育要領の「前文」に示されている内容として誤っているものを，次の①～⑤から 1 つ選びなさい。

(難易度■■■□□)

① これからの幼稚園には，学校教育の始まりとして，こうした教育の目的及び目標の達成を目指しつつ，一人一人の幼児が，将来，自分のよさや可能性を認識するとともに，あらゆる他者を価値のある存在として尊重し，多様な人々と協働しながら様々な社会的変化を乗り越え，豊かな人生を切り拓(ひら)き，持続可能な社会の創り手となることができるようにするための基礎を培うことが求められる。

② 教育課程を通して，これからの時代に求められる教育を実現していくためには，よりよい学校教育を通してよりよい社会を創るという理念を学校と社会とが共有し，それぞれの幼稚園において，幼児期にふさわし

い生活をどのように展開し，どのような資質・能力を育むようにするのかを教育課程において明確にしながら，社会との連携及び協働によりその実現を図っていくという，社会に開かれた教育課程の実現が重要となる。

③　幼稚園においては，学校教育法第24条に規定する目的を実現するための教育を行うほか，幼児期の教育に関する各般の問題につき，保護者及び地域住民その他の関係者からの相談に応じ，必要な情報の提供及び助言を行うなど，家庭及び地域における幼児期の教育の支援に努める。

④　各幼稚園がその特色を生かして創意工夫を重ね，長年にわたり積み重ねられてきた教育実践や学術研究の蓄積を生かしながら，幼児や地域の現状や課題を捉え，家庭や地域社会と協力して，幼稚園教育要領を踏まえた教育活動の更なる充実を図っていくことも重要である。

⑤　幼児の自発的な活動としての遊びを生み出すために必要な環境を整え，一人一人の資質・能力を育んでいくことは，教職員をはじめとする幼稚園関係者はもとより，家庭や地域の人々も含め，様々な立場から幼児や幼稚園に関わる全ての大人に期待される役割である。

3 **次の文は幼稚園教育要領(平成29年3月告示)の第1章「総則」第1「幼稚園教育の基本」である。空欄(　A　)～(　E　)に当てはまる語句を語群から選ぶとき，正しい組み合わせを，あとの①～⑤から1つ選びなさい。**　**(難易度■■■■□)**

幼児期の教育は，生涯にわたる(　A　)の基礎を培う重要なものであり，幼稚園教育は，(　B　)に規定する目的及び目標を達成するため，幼児期の特性を踏まえ，(　C　)を通して行うものであることを基本とする。

このため教師は，幼児との信頼関係を十分に築き，幼児が身近な(　C　)に(　D　)に関わり，環境との関わり方や意味に気付き，これらを取り込もうとして，試行錯誤したり，考えたりするようになる幼児期の教育における見方・考え方を生かし，幼児と共によりよい教育(　C　)を(　E　)するように努めるものとする。これらを踏まえ，次に示す事項を重視して教育を行わなければならない。

〔語群〕

ア	労働意欲	**イ**	人間形成	**ウ**	人格形成
エ	日本国憲法	**オ**	学校教育法	**カ**	幼稚園教育要領

キ　状況　　ク　環境　　ケ　概念
コ　主体的　　サ　積極的　　シ　協同的
ス　形成　　セ　構築　　ソ　創造

① A－ア　B－エ　C－ク　D－サ　E－ス
② A－ア　B－カ　C－ケ　D－コ　E－セ
③ A－イ　B－オ　C－キ　D－シ　E－ス
④ A－ウ　B－オ　C－ク　D－コ　E－ソ
⑤ A－ウ　B－エ　C－ク　D－サ　E－ソ

4 次は幼稚園教育要領の第１章「総則」の第１「幼稚園教育の基本」にある重視すべき３つの事項についての記述である。A～Cに続く記述をア～ウから選ぶとき，正しい組み合わせを，あとの①～⑤から１つ選びなさい。

(難易度■■■■□)

A　幼児は安定した情緒の下で自己を十分発揮することにより発達に必要な体験を得ていくものであることを考慮して，

B　幼児の自発的な活動としての遊びは，心身の調和のとれた発達の基礎を培う重要な学習であることを考慮して，

C　幼児の発達は，心身の諸側面が相互に関連し合い，多様な経過をたどって成し遂げられていくものであること，また，幼児の生活経験がそれぞれ異なることなどを考慮して，

ア　幼児一人一人の特性に応じ，発達の課題に即した指導を行うようにすること。

イ　幼児の主体的な活動を促し，幼児期にふさわしい生活が展開されるようにすること。

ウ　遊びを通しての指導を中心として第２章に示すねらいが総合的に達成されるようにすること。

① A－ア　B－イ　C－ウ
② A－イ　B－ウ　C－ア
③ A－イ　B－ア　C－ウ
④ A－ウ　B－ア　C－イ
⑤ A－ウ　B－イ　C－ア

5 次は幼稚園教育要領(平成29年3月告示)の第1章「総則」の第3「教育課程の役割と編成等」にある事項である。空欄(A)～(E)に当てはまる語句を語群から選ぶとき，正しい組み合わせを，あとの①～⑤から1つ選びなさい。 (難易度■■□□□)

1 ……特に，(A)が芽生え，他者の存在を意識し，自己を(B)しようとする気持ちが生まれる幼児期の発達の特性を踏まえ，入園から修了に至るまでの長期的な視野をもって充実した生活が展開できるように配慮するものとする。

2 幼稚園の毎学年の教育課程に係る教育週数は，特別の事情のある場合を除き，(C)週を下ってはならない。

3 幼稚園の1日の教育課程に係る教育時間は，(D)時間を標準とする。ただし，幼児の心身の発達の程度や(E)などに適切に配慮するものとする。

〔語群〕

ア	自立	イ	依存	ウ	自我
エ	主張	オ	抑制	カ	調整
キ	38	ク	39	ケ	40
コ	4	サ	5	シ	6
ス	習慣	セ	家庭環境	ソ	季節

①	A－ア	B－エ	C－ク	D－サ	E－ス
②	A－ア	B－カ	C－ケ	D－コ	E－セ
③	A－イ	B－オ	C－キ	D－シ	E－ス
④	A－ウ	B－オ	C－ク	D－コ	E－ソ
⑤	A－ウ	B－エ	C－ク	D－サ	E－ソ

6 次の文は幼稚園教育要領(平成29年3月告示)の第1章「総則」の第2「幼稚園教育において育みたい資質・能力及び『幼児期の終わりまでに育ってほしい姿』」である。文中の下線部のうち誤っているものを，文中の①～⑤から1つ選びなさい。 (難易度■■□□□)

1 幼稚園においては，①<u>生きる力</u>の基礎を育むため，この章の第1に示す幼稚園教育の基本を踏まえ，次に掲げる資質・能力を一体的に育むよう努めるものとする。

(1) ②<u>様々な経験</u>を通じて，感じたり，気付いたり，分かったり，できるようになったりする「③知識及び技能の基礎」

(2) 気付いたことや，できるようになったことなどを使い，考えたり，試したり，工夫したり，表現したりする「④思考力，判断力，表現力等の基礎」

(3) ⑤心情，意欲，態度が育つ中で，よりよい生活を営もうとする「学びに向かう力，人間性等」

7 幼稚園教育要領(平成29年3月告示)の第1章「総則」の第2「幼稚園教育において育みたい資質・能力及び『幼児期の終わりまでに育ってほしい姿』」3では，10点の幼児期の終わりまでに育ってほしい姿があげられている。その内容として正しいものを，次の①～⑤から1つ選びなさい。 (難易度■■■□□)

① (1) 豊かな心／ (2) 自立心

② (3) 協調性 ／ (4) 道徳性・規範意識の芽生え

③ (5) 社会生活との関わり ／ (6) 創造力の芽生え

④ (7) 自然との関わり・生命尊重
(8) 数量や図形，標識や文字などへの関心・感覚

⑤ (9) 非言語による伝え合い ／ (10) 豊かな感性と表現

8 幼稚園教育要領(平成29年3月告示)の第1章「総則」の第3「教育課程の役割と編成等」の内容として正しいものを，次の①～⑤から1つ選びなさい。 (難易度■■□□□)

① 教育課程の編成に当たっては，幼稚園教育において育みたい資質・能力を踏まえつつ，各幼稚園の教育目標を明確にするとともに，教育課程の編成についての基本的な方針が家庭や地域とも共有しなければならない。

② 幼稚園生活の全体を通して第2章に示すねらいが総合的に達成されるよう，教育課程に係る教育期間や幼児の生活経験や発達の過程などを考慮して具体的なねらいと内容を保護者に示さなければならない。

③ 自我が芽生え，他者の存在を意識し，自己を抑制しようとする気持ちが生まれる幼児期の発達の特性を踏まえ，入園から修了に至るまでの長期的な視野をもって充実した生活が展開できるように配慮する。

④ 幼稚園の毎学年の教育課程に係る教育週数は，特別の事情のある場合を除き，35週を下ってはならない。

⑤　幼稚園の1日の教育課程に係る教育時間は，3時間を標準とする。ただし，幼児の心身の発達の程度や季節などに適切に配慮するものとする。

9 次の文は幼稚園教育要領(平成29年3月告示)の第1章「総則」の第5「特別な配慮を必要とする幼児への指導」の「1　障害のある幼児などへの指導」である。文中の下線部のうち誤っているものを，文中の①～⑤から1つ選びなさい。　(難易度■■■□□)

障害のある幼児などへの指導に当たっては，集団の中で生活することを通して①全体的な発達を促していくことに配慮し，②医療機関などの助言又は援助を活用しつつ，個々の幼児の障害の状態などに応じた指導内容や指導方法の工夫を③組織的かつ計画的に行うものとする。また，家庭，地域及び医療や福祉，保健等の業務を行う関係機関との連携を図り，④長期的な視点で幼児への教育的支援を行うために，個別の教育支援計画を作成し活用することに努めるとともに，個々の幼児の実態を的確に把握し，個別の指導計画を作成し⑤活用することに努めるものとする。

10 幼稚園教育要領(平成29年3月告示)の第2章「ねらい及び内容」について正しいものを，次の①～⑤から1つ選びなさい。(難易度■■■□□)

①　ねらいは，幼稚園教育において育みたい資質・能力であり，内容は，ねらいを達成するために指導する事項を幼児の生活する姿から捉えたものである。

②　領域は「健康」「人間関係」「環境」「言葉」「表現」の5つからなり，「人間関係」では「他の人々と協調し，支え合って生活するために，情操を育て，人と関わる力を育てる」とされている。

③　各領域に示すねらいは，小学校における教科の展開と同様にそれぞれに独立し，幼児が様々な体験を積み重ねる中で個別的に次第に達成に向かうものである。

④　各領域に示す内容は，幼児が環境に関わって展開する具体的な活動を通して総合的に指導されるものである。

⑤　幼稚園教育要領は「教育課程その他の保育内容の基準」という性格から，幼稚園教育要領に示した内容に加えて教育課程を編成，実施することはできない。

11 次は幼稚園教育要領(平成29年3月告示)の領域「環境」の「内容の取扱い」にある文章である。空欄(A)～(E)に当てはまる語句を語群から選ぶとき，正しい組み合わせを，あとの①～⑤から1つ選びなさい。

(難易度■■■■□)

○幼児が，(A)の中で周囲の環境と関わり，次第に周囲の世界に好奇心を抱き，その意味や操作の仕方に関心をもち，物事の(B)に気付き，自分なりに考えることができるようになる過程を大切にすること。また，他の幼児の考えなどに触れて新しい考えを生み出す喜びや楽しさを味わい，自分の(C)をよりよいものにしようとする気持ちが育つようにすること。

○身近な事象や動植物に対する(D)を伝え合い，共感し合うことなどを通して自分から関わろうとする意欲を育てるとともに，様々な関わり方を通してそれらに対する親しみや畏敬の念，(E)を大切にする気持ち，公共心，探究心などが養われるようにすること。

〔語群〕

ア 活動	イ 生活	ウ 遊び	エ 真理
オ 法則性	カ 不思議	キ 考え	ク 発想
ケ 意見	コ 愛情	サ 感動	シ 慈しみ
ス 生命	セ 自然	ソ 環境	

① A－ウ　B－オ　C－キ　D－サ　E－ス
② A－ウ　B－エ　C－キ　D－コ　E－ソ
③ A－ア　B－エ　C－ケ　D－コ　E－ス
④ A－イ　B－オ　C－ク　D－コ　E－セ
⑤ A－イ　B－カ　C－ケ　D－シ　E－ソ

12 幼稚園教育要領(平成29年3月告示)の第1章「総則」の第4「指導計画の作成と幼児理解に基づいた評価」の内容として正しいものを，次の①～⑤から1つ選びなさい。

(難易度■■■■□)

① 指導計画は，幼児が集団による生活を展開することにより，幼児期として必要な発達を得られるよう，具体的に作成する必要がある。

② 指導計画の作成に当たっては，幼児の具体的な活動は，生活の流れの中で一定の方向性をもっていることに留意し，それを望ましい方向に向かって自ら活動を展開していくことができるように必要な援助を行うこ

とに留意する。

③ 長期的に発達を見通した年，学期，月などにわたる長期の指導計画については，幼児の生活のリズムに配慮し，幼児の意識や興味の連続性のある活動が相互に関連して幼稚園生活の自然な流れの中に組み込まれるようにする。

④ 行事の指導に当たっては，それぞれの行事においてはその教育的価値を十分検討し，適切なものを精選し，幼児の負担にならないようにすることにも留意する。

⑤ 幼児一人一人の発達の理解に基づいた評価の実施に当たっては，評価の客観性や連続性が高められるよう，組織的かつ計画的な取組を推進する。

13 幼稚園教育要領(平成 29 年 3 月告示)についての記述として適切なものを，次の①～⑤から 1 つ選びなさい。 (難易度■■■□□)

① 幼稚園教育要領については，学校教育法に，「教育課程その他の保育内容の基準として文部科学大臣が別に公示する幼稚園教育要領によるものとする」と規定されている。

② 学校教育法施行規則には，「幼稚園の教育課程その他の保育内容に関する事項は，文部科学大臣が定める」と規定されている。

③ 幼稚園教育要領は教育課程，保育内容の基準を示したものであり，国公立幼稚園だけでなく私立幼稚園においてもこれに準拠する必要がある。

④ 保育所保育指針，幼稚園教育要領はともに平成 29 年 3 月に改定(訂)されたが，保育所保育指針は厚生労働省雇用均等・児童家庭局長の通知であるのに対し，幼稚園教育要領は文部科学大臣の告示である。

⑤ 幼稚園教育要領は平成 29 年 3 月に改訂され，移行措置を経て平成 31 年度から全面実施された。

14 幼稚園教育要領(平成 29 年 3 月告示)に関する記述として正しいものを，次の①～⑤から 1 つ選びなさい。 (難易度■■□□□)

① 幼稚園教育要領の前身は昭和 23 年に刊行された「保育要領」であり，これは保育所における保育の手引き書であった。

② 幼稚園教育要領がはじめて作成されたのは昭和 31 年であり，このときの領域は健康，社会，自然，言語，表現の 5 つであった。

③ 幼稚園教育要領は昭和31年3月の作成後，平成29年3月の改訂まで，4回改訂されている。

④ 幼稚園教育要領は幼稚園における教育課程の基準を示すものであり，文部科学省告示として公示されている。

⑤ 平成29年3月に改訂された幼稚園教育要領では，健康，人間関係，環境，言葉，表現に新たに音楽リズムの領域が加わった。

15 **幼稚園教育要領(平成29年3月告示)第1章「総則」に関する記述として正しいものを，次の①～⑤から1つ選びなさい。　(難易度■■■□□)**

① 従来，幼稚園教育の基本としてあげられていた「幼児期における教育は，生涯にわたる人格形成の基礎を培う重要なもの」とする記述は，改正教育基本法に明記されたことから，幼稚園教育要領からは削除されている。

② 幼稚園教育の基本について，教師は，幼児の主体的な活動が確保されるよう幼児の集団としての行動の理解と予想に基づき，計画的に環境を構成しなければならないことがあげられている。

③ 幼稚園教育の目標の1つとして，健康，安全で幸福な生活のための基本的な生活習慣・態度を育て，健全な心身の基礎を培うようにすることがあげられている。

④ 教育課程について，各幼稚園においては，教育課程に基づき組織的かつ計画的に各幼稚園の教育活動の質の向上を図っていくことに努めるものとされている。

⑤ 毎学年の教育週数は，特別の事情のある場合を除き，39週を下ってはならないこと，また1日の教育時間は，4時間を標準とすることが明記されている。

16 **幼稚園教育要領(平成29年3月告示)第1章「総則」の第1「幼稚園教育の基本」においてあげている重視すべき事項として，適切ではないものを，次の①～⑤から1つ選びなさい。　(難易度■■■□□)**

① 幼児期にふさわしい生活が展開されるようにすること。

② 施設設備を工夫し，物的・空間的環境を構成すること。

③ 幼児の自発的な活動としての遊びは，遊びを通しての指導を中心とすること。

④　一人一人の特性に応じた指導が行われるようにすること。
⑤　幼児一人一人の行動の理解と予想に基づき，計画的に環境を構成すること。

17 幼稚園教育要領(平成 29 年 3 月告示)の第 2 章「ねらい及び内容」について，適切なものを，次の①～⑤から 1 つ選びなさい。

(難易度■■■□□)

①　「ねらい」は，幼稚園教育において育みたい資質・能力を幼児の遊ぶ姿から捉えたものである。
②　「内容」は，「ねらい」を達成するために指導する事項であり，幼児が環境に関わって展開する具体的な活動を通して個別的に指導される。
③　「ねらい」は，幼稚園における生活の全体を通じ，幼児が様々な体験を積み重ねる中で相互に関連をもちながら次第に達成に向かうものである。
④　幼稚園の教育における領域は，小学校の教科にあたるものであり，領域別に教育課程を編成する。
⑤　特に必要な場合は，各領域のねらいが達成できるようであれば，具体的な内容についてこれを指導しないことも差し支えない。

18 幼稚園教育要領(平成 29 年 3 月告示)の第 2 章「ねらい及び内容」について，領域「健康」の中の「2　内容」のうち，平成 29 年 3 月告示の幼稚園教育要領において改訂された項目を，次の①～⑤から 1 つ選びなさい。

(難易度■■■■■)

①　先生や友達と触れ合い，安定感をもって行動する。
②　いろいろな遊びの中で十分に体を動かす。
③　進んで戸外で遊ぶ。
④　様々な活動に親しみ，楽しんで取り組む。
⑤　先生や友達と食べることを楽しみ，食べ物への興味や関心をもつ。

19 幼稚園教育要領(平成 29 年 3 月告示)の第 1 章「総則」の第 4「指導計画の作成と幼児理解に基づいた評価」における「指導計画の作成上の基本的事項」として，適切ではないものを，次の①〜⑤から 1 つ選びなさい。

(難易度■■■□□)

① 指導計画は，幼児の発達に即して一人一人の幼児が幼児期にふさわしい生活を展開し，必要な体験を得られるようにするために，具体的に作成するものとする。

② 具体的なねらい及び内容は，幼稚園生活における幼児の発達の過程を見通し，幼児の生活の連続性，季節の変化などを考慮して，幼児の興味や関心，発達の実情などに応じて設定する。

③ 環境は，具体的なねらいを達成するために適切なものとなるように構成し，幼児が自らその環境にかかわることにより様々な活動を展開しつつ必要な体験を得られるようにする。

④ 幼児は環境をつくり出す立場にはないことから，教師は幼児の生活する姿や発想を大切にし，常にその環境が適切なものとなるようにする。

⑤ 幼児の行う具体的な活動は，生活の流れの中で様々に変化するものであり，幼児が望ましい方向に向かって自ら活動を展開していくことができるよう必要な援助を行う。

20 幼稚園教育要領(平成 29 年 3 月告示)の第 1 章「総則」の第 4「指導計画の作成と幼児理解に基づいた評価」について，「指導計画の作成上の留意事項」として適切なものを，次の①〜⑤から 1 つ選びなさい。

(難易度■■■□□)

① 長期的に発達を見通した長期の指導計画を作成する際は，幼児の生活のリズムに配慮し，幼児の意識や興味の連続性のある活動が相互に関連して幼稚園生活の自然な流れの中に組み込まれるようにする必要がある。

② 幼児の行う活動は，個人，グループ，学級全体などで多様に展開されるが，一人一人の幼児が興味や欲求を満足させるため，特に個人の活動については幼稚園全体の教師による協力体制をつくり，援助していかなければならない。

③ 幼児の主体的な活動を促すためには，教師は多様な関わりをもつが，基本は共同作業者ではなく，理解者としての役割を果たすことを通して，幼児の発達に必要な豊かな体験が得られるよう適切な指導を行うように

する。

④ 言語に関する能力の発達と思考力の発達が関連していることを踏まえ，幼稚園生活全体を通して，幼児の発達を踏まえた言語環境を整え，言語活動の充実を図る。

⑤ 視聴覚教材やコンピュータなど情報機器を活用する際には，幼稚園生活で体験したことの復習に用いるなど，幼児の体験との関連を考慮する。

21 幼稚園教育要領(平成29年3月告示)の第3章「教育課程に係る教育時間の終了後等に行う教育活動などの留意事項」について，適切でないものを，次の①～⑤から1つ選びなさい。 (難易度■■■□□)

① 教育課程に基づく活動との連続を考慮し，幼児期にふさわしい無理のないものとなるようにする。

② 家庭や地域での幼児の生活も考慮し，教育課程に係る教育時間の終了後等に行う教育活動の計画を作成するようにする。

③ 家庭との緊密な連携を図るようにする。

④ 地域の実態や保護者の事情とともに幼児の生活のリズムを踏まえつつ，例えば実施日数や時間などについて，弾力的な運用に配慮する。

⑤ 適切な責任体制と指導体制を整備した上で行うようにする。

22 次は幼稚園教育要領(平成29年3月告示)の第3章「教育課程に係る教育時間の終了後等に行う教育活動などの留意事項」について，幼稚園の運営に当たっての留意事項に関する文章である。空欄(A)～(C)に当てはまる語句を語群から選ぶとき，語句の組み合わせとして正しいものを，あとの①～⑤から1つ選びなさい。 (難易度■■■□□)

幼稚園の運営に当たっては，(A)のために保護者や地域の人々に機能や施設を開放して，園内体制の整備や関係機関との連携及び協力に配慮しつつ，幼児期の教育に関する相談に応じたり，情報を提供したり，幼児と保護者との登園を受け入れたり，保護者同士の交流の機会を提供したりするなど，幼稚園と家庭が一体となって幼児と関わる取組を進め，地域における幼児期の教育の(B)としての役割を果たすよう努めるものとする。その際，心理や(C)の専門家，地域の子育て経験者等と連携・協働しながら取り組むよう配慮するものとする。

〔語群〕

ア　情報提供　　イ　保護者の交流　　ウ　子育ての支援
エ　保健　　オ　医療　　カ　福祉
キ　情報発信の場　　ク　センター　　ケ　相談・援助機関

① A－イ　B－ケ　C－カ
② A－ウ　B－ク　C－エ
③ A－ア　B－キ　C－オ
④ A－ア　B－ク　C－エ
⑤ A－ウ　B－ケ　C－オ

23 以下の幼稚園教育要領(平成29年3月告示)における指導計画の作成上の留意事項について，空欄(　A　)～(　C　)にあてはまる語句として適切なものの組み合わせを，あとの①～⑤から1つ選びなさい。

(難易度■■■■□)

○行事の指導に当たっては，幼稚園生活の自然の流れの中で生活に変化や潤いを与え，幼児が(　A　)に楽しく活動できるようにすること。なお，それぞれの行事についてはその(　B　)価値を十分検討し，適切なものを精選し，幼児の負担にならないようにすること。

○幼児期は(　C　)な体験が重要であることを踏まえ，視聴覚教材やコンピュータなど情報機器を活用する際には，幼稚園生活では得難い体験を補完するなど，幼児の体験との関連を考慮すること。

ア　主体的　　イ　保育的　　ウ　具体的　　エ　文化的
オ　積極的　　カ　直接的　　キ　能動的　　ク　教育的
ケ　双方的

① A－ア　B－イ　C－ウ
② A－オ　B－イ　C－カ
③ A－キ　B－ク　C－ケ
④ A－ア　B－ク　C－カ
⑤ A－オ　B－エ　C－ウ

解答・解説

 ③

解説

① 幼稚園教育要領がはじめて文部省（当時）による告示となったのは昭和39年改訂時である。これにより，教育課程の基準としての性格が明確になった。

② 学校教育法ではなく学校教育法施行規則（第38条）である。「幼稚園の教育課程その他の保育内容については，この章に定めるもののほか，教育課程その他の保育内容の基準として文部科学大臣が別に公示する幼稚園教育要領によるものとする」とされている。

③ 正しい。

④ 「指導計画の作成と幼児理解に基づいた評価」は，第1章「総則」の第4に書かれている。旧幼稚園教育要領（平成20年3月告示）では，指導計画に関する記載は第3章にあった。

⑤ 「生きる力」の理念は継承されている。幼稚園教育要領第1章「総則」第2の1においても「幼稚園においては，生きる力の基礎を育むため，この章の第1に示す幼稚園教育の基本を踏まえ，次に掲げる資質・能力を一体的に育むよう努めるものとする。」としている。

2 ③

解説

今回の幼稚園教育要領の改訂の大きな特徴として，総則の前に「前文」が示されたことがある。前文では「小学校以降の教育や生涯にわたる学習とのつながりを見通しながら，幼児の自発的な活動としての遊びを通しての総合的な指導をする際に広く活用されるものとなることを期待して，ここに幼稚園教育要領を定める。」とあり，小学校教育以降の教育の基礎や幼稚園教育要領を通じてこれからの時代に求められる教育を実現するため，幼児期における教育の重要性を述べている。③は誤りで学校教育法第24条の内容となっている。

3 ④

解説

幼稚園教育要領の改訂にともない，特に「幼児が身近な環境に主体的に関わり，環境との関わり方や意味に気付き，これらを取り込もうとして，試行錯誤したり，考えたりするようになる幼児期の教育における見方・考え方を生かし，」の部分が新たに追加されているように，教師が幼児に対して主体的に考え行動する力を付けさせるようにすることが重視されている。

4 ②

解説

組み合わせは，A－イ，B－ウ，C－アとなる。3つの事項のあとに，「その際，教師は，幼児の主体的な活動が確保されるよう幼児一人一人の行動の理解と予想に基づき，計画的に環境を構成しなければならない」としている。

5 ④

解説

1は第1章「総則」第3の3(1)による。Aには「自我」，Bには「抑制」が当てはまる。2は第1章「総則」第3の3(2)による。Cには「39」が当てはまる。記述にある「特別の事情」とは台風，地震，豪雪などの非常変災，その他急迫の事情があるときや伝染病の流行などの事情が生じた場合である。3は第1章「総則」第3の3(3)による。Dには「4」，Eには「季節」が当てはまる。教育課程に係る1日の教育時間については，幼児の幼稚園における教育時間の妥当性および家庭や地域における生活の重要性を考慮して4時間が標準となっている。

6 ②

解説

第1章「総則」の第2は，今回の幼稚園教育要領の改訂にともない，新たに追加された文である。②は「様々な経験」ではなく「豊かな体験」が正しい。

7 ④

解説

「幼児期の終わりまでに育ってほしい姿」は，第2章に示すねらい及び内容に基づく活動全体を通して資質・能力が育まれている幼児の幼稚園修了時の具体的な姿であり，教師が指導を行う際に考慮するものである。

① 「(1)　豊かな心」ではなく「(1)　健康な心と体」が正しい。

② 「(3)　協調性」ではなく「(3)　協同性」が正しい。

③ 「(6)　創造力の芽生え」ではなく「(6)　思考力の芽生え」が正しい。

⑤ 「(9)　非言語による伝え合い」ではなく「(9)　言葉による伝え合い」が

正しい。

8 ③

解説

①は「2　各幼稚園の教育目標と教育課程の編成」，②～⑤は「3　教育課程の編成上の基本的事項」の内容である。

① 誤り。「共有しなければならない。」ではなく「共有されるよう努めるものとする。」が正しい。

② 誤り。「内容を保護者に示さなければならない。」ではなく「内容を組織するものとする。」が正しい。

④ 誤り。「35 週」ではなく「39 週」が正しい。

⑤ 誤り。「3 時間を標準とする。」ではなく「4 時間を標準とする。」が正しい。

9 ②

解説

子どもたちの発達の支援は今回の幼稚園教育要領改訂の特徴の１つである。特別支援学級や通級による指導における個別の指導計画等の全員作成，各教科等における学習上の困難に応じた指導の工夫などがある。②は「医療機関」ではなく「特別支援学校」が正しい。

10 ④

解説

① ねらいは「幼稚園教育において育みたい資質・能力を幼児の生活する姿から捉えたもの」，内容は「ねらいを達成するために指導する事項」である。

② 「人間関係」では「他の人々と親しみ，支え合って生活するために，自立心を育て，人と関わる力を養う」とされている。

③ 各領域に示すねらいは，幼稚園における生活の全体を通じ，幼児が様々な体験を積み重ねる中で相互に関連をもちながら次第に達成に向かうものである。それぞれ独立した授業として展開される小学校の教科とは異なる。

④ 正しい。

⑤ 「特に必要な場合には，各領域に示すねらいの趣旨に基づいて適切な，具体的な内容を工夫し，それを加えても差し支えない」とされている。ただしその場合は，「幼稚園教育の基本を逸脱しないよう慎重に配慮す

る必要がある」とされている。

11 ①

解説

最初の文章は「内容の取扱い」の (1), 次の文章は (3)からである。Aには「遊び」, Bには「法則性」, Cには「考え」, Dには「感動」, Eには「生命」が当てはまる。出題の文章は基本的に旧幼稚園教育要領 (平成20年3月告示)のものと変わりない。ただし, 新幼稚園教育要領 (平成29年3月告示)における環境の内容の取扱いでは, 新たに「文化や伝統に親しむ際には, 正月や節句など我が国の伝統的な行事, 国歌, 唱歌, わらべうたや我が国の伝統的な遊びに親しんだり, 異なる文化に触れる活動に親しんだりすることを通じて, 社会とのつながりの意識や国際理解の意識の芽生えなどが養われるようにすること。」という項目が設けられたので確認されたい。

12 ④

解説

① 「集団による生活」ではなく「幼児期にふさわしい生活」,「発達」ではなく「体験」が正しい。

② 「一定の方向性を持っていることに留意し, それを」ではなく「様々に変化するものであることに留意し, 幼児が」が正しい。

③ 「長期的に発達を見通した年, 学期, 月などにわたる長期の指導計画」ではなく「具体的な幼児の生活に即した週, 日などの短期の指導計画」が正しい。

④ 正しい。

⑤ 「客観性や連続性」ではなく「妥当性や信頼性」が正しい。

13 ③

解説

① 学校教育法施行規則第38条に規定されている。学校教育法には幼稚園教育要領についての規定はない。

② 学校教育法施行規則にはこの規定はなく, 学校教育法第25条に「幼稚園の教育課程その他の保育内容に関する事項は, 第22条及び第23条の規定に従い, 文部科学大臣が定める」との規定がある。学校教育法第22, 23条は幼稚園の教育目的, 幼稚園の教育目標について述べた条文である。

③ 正しい。

④ 保育所保育指針は，それまで局長通知であったが平成 20 年 3 月の改定から厚生労働大臣の告示とされている。このため「改訂」ではなく「改定」が使われる。

⑤ 新幼稚園教育要領 (平成 29 年 3 月告示)は平成 30 年度から実施された。

14 ④

解説

幼稚園教育要領は，明治 32 年幼稚園保育及設備規定 (省令)→大正 15 年幼稚園令 (勅令)→昭和 23 年保育要領 (刊行)→昭和 31 年幼稚園教育要領 (刊行)→昭和 39 年幼稚園教育要領 (告示)→平成元年，10 年，20 年，29 年改訂 (いずれも告示)と変遷してきている。

① 保育所だけでなく，幼稚園，さらに家庭における保育の手引き書であった。

② 昭和 31 年の幼稚園教育要領は健康，社会，自然，言語，音楽リズム，絵画製作の 6 領域であった。なお，このときの幼稚園教育要領は告示ではない。

③ 昭和 39 年，平成元年，10 年，20 年，29 年と 5 回改訂されている。

④ 正しい。昭和 39 年改訂から文部 (科学)省告示として公示されている。

⑤ 従前 (平成 20 年 3 月告示)と同様，健康，人間関係，環境，言葉，表現の 5 領域で構成されている。

15 ④

解説

① 逆である。教育基本法第 11 条に「幼児期の教育は，生涯にわたる人格形成の基礎を培う重要なものである」と規定されたことから，従来は記述がなかった幼稚園教育要領にもこれが明記されることとなった。

② 「幼児の集団としての行動の理解と予想」ではなく，「幼児一人一人の行動の理解と予想」が正しい。

③ 第 1 章「総則」からは平成 20 年の改訂より「幼稚園教育の目標」は削除されている。学校教育法における幼稚園教育の目標が見直されたことを踏まえたものである。

④ 正しい。この内容をカリキュラム・マネジメントという。

⑤ 「教育時間」ではなく，「教育課程に係る教育時間」が正しい。

16 ②

解説

① 適切。重視すべき事項の1としてあげられている。

② 不適切。「施設設備」ではなく「教材」が適切である。

③ 適切。重視すべき事項の2としてあげられている。

④ 適切。重視すべき事項の3としてあげられている。

⑤ 適切。1～3の事項を重視して教育を行う際，同時に必要なこととして「教師は…幼児一人一人の行動の理解と予想に基づき，計画的に環境を構成」する，「教師は…幼児一人一人の活動の場面に応じて，様々な役割を果たし，その活動を豊かに」することである。

17 ③

解説

① 「遊ぶ姿」ではなく「生活する姿」である。

② 「個別的」ではなく「総合的」である。

③ 適切である。

④ 幼稚園の教育における領域は，それぞれ独立した授業として展開される小学校の教科とは異なる。領域別の教育課程の編成や，特定の活動と結び付けた指導などはしない。

⑤ 「特に必要な場合には，各領域に示すねらいの趣旨に基づいて適切な，具体的な内容を工夫し，それを加えても差し支えない」とされている。「指導しないことも差し支えない」のではなく，「加えても差し支えない」である。ただし，その場合は「幼稚園教育の基本を逸脱しないよう慎重に配慮する」とされている。

18 ⑤

解説

平成20年3月改訂時に加えられた「先生や友達と食べることを楽しむ」が，平成29年3月改訂時に「先生や友達と食べることを楽しみ，食べ物への興味や関心をもつ」へと改訂された。これについて「3　内容の取扱い」では「健康な心と体を育てるためには食育を通じた望ましい食習慣の形成が大切であることを踏まえ，幼児の食生活の実情に配慮し，和やかな雰囲気の中で教師や他の幼児と食べる喜びや楽しさを味わったり，様々な食べ物への興味や関心をもったりするなどし，食の大切さに気付き，進んで食べようとする気持ちが育つようにすること」としている。

19 ④

解説

幼稚園教育要領 (平成 29 年 3 月告示)第 1 章第 4 節の 2 は，旧幼稚園教育要領 (平成 20 年 3 月告示)の第 3 章第 1 節の 1 (1) (2)と同様の内容となる。

① 適切である。指導計画の作成においては，学級や学年の幼児たちがどのような時期にどのような道筋で発達しているかという発達の過程を理解することも必要になる。その際，幼児期はこれまでの生活経験により，発達の過程の違いが大きい時期であることに留意しなければならない。特に，3 歳児では個人差が大きいので，一人一人の発達の特性としてこのような違いを踏まえて，指導計画に位置付けていくことが必要である。

② 適切である。また，前の時期の指導計画のねらいや内容がどのように達成されつつあるかその実態を捉え，次の時期の幼稚園生活の流れや遊びの展開を見通すことなどが大切である (幼稚園教育要領解説 (平成 30 年 2 月，文部科学省)第 1 章第 4 節の 2 (2))。

③ 適切である。

④ 適切ではない。「幼児は環境をつくり出す立場にはない」ということはない。「いつも教師が環境をつくり出すのではなく，幼児もその中にあって必要な状況を生み出すことを踏まえることが大切である」(幼稚園教育要領解説(平成 30 年 2 月，文部科学省)第 1 章第 4 節の 2 (3))。

⑤ 適切である。具体的な活動は，やりたいことが十分にできなかったり，途中で挫折したり，友達との葛藤により中断したりすることがある。教師はその状況を放置しないで，必要な援助をすることが重要である。

20 ④

解説

① 記述は週，日などの短期の指導計画についてである。

② いずれの活動についても，幼稚園全体の教師による協力体制をつくり，一人一人の幼児が興味や欲求を満足させるよう適切な援助を行う必要がある。

③ 教師は理解者を基本とするものではない。共同作業者でもあるほか様々な役割を果たす。

④ 適切である。平成 29 年の改訂時に新規に記述された項目である。

⑤ 「幼稚園生活で体験したことの復習に用いる」ではなく「幼稚園生活で

は得難い体験を補完する」である。これは，幼児期において直接的な体験が重要であることを踏まえた記述である。

21 ①

解説

① 適切ではない。正しくは「教育課程に基づく活動を考慮し，」である。幼稚園教育要領解説(平成 30 年 2 月)第 3 章 1 を参考にすると，「教育課程に基づく活動を考慮するということは，必ずしも活動を連続させることではない」とある。例えば，教育課程に基づく教育時間中は室内での遊びを中心に活動を行った場合は，教育課程に係る教育時間の終了後等に行う教育活動では戸外での遊びを積極的に取り入れるなどである。いずれにしても，教育課程に基づく活動を担当する教師と緊密な連携を図る。

② 適切である。その際，地域の様々な資源を活用しつつ，多様な体験ができるようにする。

③ 適切である。その際，情報交換の機会を設けたりするなど，保護者が，幼稚園と共に幼児を育てるという意識が高まるようにする。

④ 適切である。

⑤ 適切である。

22 ②

解説

Aには「子育ての支援」が入る。Bには「センター」が入る。Cには「保健」が入る。旧幼稚園教育要領 (平成 20 年 3 月)と比較して，「幼稚園と家庭が一体となって幼児と関わる取組を進め」という部分と「心理や保健の専門家，地域の子育て経験者等と連携・協働しながら取り組むよう配慮する」という部分が付け加えられた。改訂された部分は出題されやすいので念入りに確認されたい。

23 ④

解説

A 幼児が行事に期待感をもち，主体的に取り組んで，喜びや感動，さらには，達成感を味わうことができるように配慮する必要がある。

B その行事が幼児にとってどのような意味をもつのかを考えながら，それぞれの教育的価値を十分に検討する必要がある。

C　幼稚園生活では得難い体験の例としては，園庭で見付けた虫をカメラで接写して肉眼では見えない体のつくりや動きを捉えたりすることなどが考えられる。

専門試験　幼稚園教育要領／幼稚園教育要領解説

演習問題

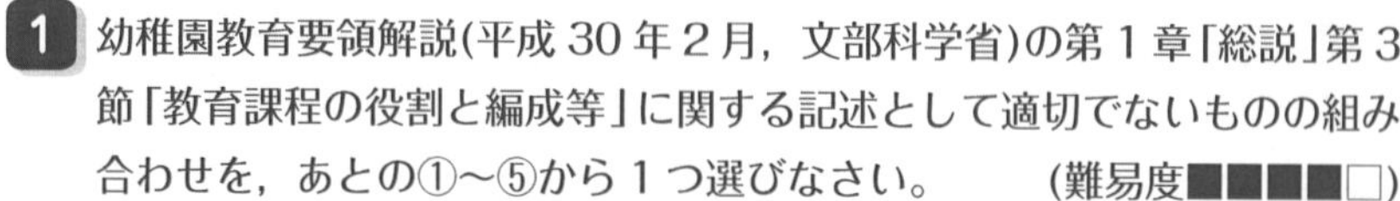

1 幼稚園教育要領解説(平成 30 年 2 月，文部科学省)の第 1 章「総説」第 3 節「教育課程の役割と編成等」に関する記述として適切でないものの組み合わせを，あとの①～⑤から 1 つ選びなさい。　(難易度■■■■□)

ア　幼稚園は，法令と幼稚園教育要領の示すところに従い，創意工夫を生かし，幼児の心身の発達と幼稚園及び地域の実態に即応した適切な教育課程を編成するものとする。

イ　幼稚園生活の全体を通して幼稚園教育要領第 2 章に示すねらいが総合的に達成されるよう，教育期間や幼児の生活経験や発達の過程などを考慮して具体的なねらいと内容を組織しなければならない。

ウ　幼稚園では，自我が芽生え，他者の存在を意識し，他者を抑制しようとする気持ちが生まれる幼児期の発達の特性を矯正する教育が達成できるよう配慮しなければならない。

エ　幼稚園の毎学年の教育週数は，特別の事情のある場合を除き，40 週を下ってはならない。

オ　幼稚園の 1 日の教育課程に係る教育時間は，幼児の心身の発達の程度や季節などに適切に配慮しながら，4 時間を標準とする。

①　ア，ウ，オ　　②　イ，ウ　　③　ウ，エ　　④　イ，エ，オ
⑤　ウ，オ

2 幼稚園教育要領解説(平成 30 年 2 月，文部科学省)の第 1 章「総説」の第 1 節「幼稚園教育の基本」にある「環境を通して行う教育」に関する記述として，適切なものの組み合わせを，あとの①～⑤から 1 つ選びなさい。
(難易度■■■■□)

ア　幼児が自ら周囲に働き掛けてその幼児なりに試行錯誤を繰り返し，自ら発達に必要なものを獲得しようとするようになる姿は，いろいろな活動を教師が計画したとおりに，全てを行わせることによって育てられる。

イ　活動の主体は幼児であり，教師は活動が生まれやすく，展開しやすいように意図をもって環境を構成していく。

ウ　幼児が何を体験するかは幼児の活動にゆだねるほかはないのであり，「幼児をただ遊ばせている」だけでも，幼児の主体的活動を促すことになる。

エ　環境を通して行う教育は，教師の支えを得ながら文化を獲得し，自己の可能性を開いていくことを大切にした教育である。

オ　幼児の周りに遊具や用具，素材を配置し，幼児の動くままに任せることによって，その対象の潜在的な学びの価値を引き出すことができる。

①　ア，イ　　②　ア，ウ，オ　　③　イ，エ　　④　ウ，エ，オ
⑤　エ，オ

3 **幼稚園教育要領解説(平成30年2月，文部科学省)で重視されている「計画的な環境の構成」に関する記述として適切なものを，次の①～⑤から1つ選びなさい。　(難易度■■□□□)**

①　幼児は常に積極的に環境に関わって遊び，望ましい方向に向かって発達していくので，教師は児童が遊ぶのを放っておいてよい。

②　幼児が望ましい方向に発達していくために，環境の構成については十分見通しをもって計画を立てる必要があり，構成したあともなるべく見直しがないようにする。

③　幼児の周りにある様々な事物や生き物，他者，事象が幼児にとってどのような意味をもつのか教師自身がよく理解する必要がある。

④　教師は適切な環境を構成する必要があるが，教師自身は環境の一部にはなり得ないことに留意する必要がある。

⑤　幼児が積極的に環境に関わり，活動を展開できるように，1つの活動に没頭して取り組むよりは，なるべく様々な形態の活動が行われるように環境を構成する。

4 **幼稚園教育要領解説(平成30年2月，文部科学省)が「幼稚園教育の基本」で述べている「教師の役割」として適切なものを，次の①～⑤から1つ選びなさい。　(難易度■■□□□)**

①　教師は幼児の自発的な活動としての遊びを生み出すために必要な教育環境を整える役割があるが，それは幼児と共につくり出されるものでは

ない。

② 重要なことは，幼児一人一人が主体的に取り組んでいるかどうかを見極めることであり，そのため状況を判断して，適切な関わりをその時々にしていく必要がある。

③ 入園当初や学年の始めは不安を抱き緊張しているため，主体的な活動ができないことが多いが，時機をみて援助していけばよい。

④ 友達との葛藤が起こることは幼児の発達にとって妨げとなるので，それが起きないように常に援助を行っていく必要がある。

⑤ 年齢の異なる幼児間の関わりは，互いの緊張感を生み出しやすいので，環境の構成にあたっては，異年齢の幼児の交流の機会はなるべくもたないように配慮する。

5 **幼稚園教育要領解説(平成30年2月，文部科学省)で幼稚園の適切な教育課程の編成としてあげられている内容として，適切でないものはどれか，次の①～⑤から1つ選びなさい。** **(難易度■■■□□)**

① 幼児の調和のとれた発達を図るという観点から，幼児の発達の見通しなどをもつ。

② 特に，教職員の構成，遊具や用具の整備状況などについて分析し，教育課程の編成に生かす。

③ 近隣の幼稚園・認定こども園・保育所・小学校，図書館などの社会教育施設，幼稚園の教育活動に協力することのできる人などの実態を考慮し，教育課程を編成する。

④ 保護者や地域住民に対して幼稚園の教育方針，特色ある教育活動や幼児の基本的な情報を積極的に提供する。

⑤ 地域や幼稚園の実態及び保護者の養護の基本方針を十分に踏まえ，創意工夫を生かし特色あるものとする。

6 **幼稚園教育要領解説(平成30年2月，文部科学省)で示されている幼稚園の教育課程の編成として，適切なものはどれか，次の①～⑤から1つ選びなさい。** **(難易度■■■□□)**

① ねらいと内容を組織する際は，幼稚園教育要領に示されている「ねらい」や「内容」をそのまま教育課程における具体的な指導のねらいや内容とする。

② 教育目標の達成を図るには，入園から修了までをどのように指導しなければならないかを，各領域に示す事項を参考に明らかにしていく。

③ 幼児期は自己を表出することが中心の生活から，次第に他者の存在を理解し，同年代での集団生活を円滑に営むことができるようになる時期へ移行するので，これらの幼児の発達の特性を踏まえる必要がある。

④ 発達の各時期にふさわしい具体的なねらいや内容は，各領域に示された「ねらい」や「内容」の関係部分を視野に入れるとともに，幼児の生活の中で，それらがどう相互に関連しているかを十分に考慮して設定していく。

⑤ 教育課程はそれぞれの幼稚園において，全教職員の協力の下に各教員がそれぞれの責任において編成する。

7 次のア〜オは幼稚園教育要領解説(平成 30 年 2 月，文部科学省)で幼稚園の教育課程の編成の実際としてあげられている編成手順の参考例の内容である。それぞれを編成の手順として順を追って並べたとき，適切なものを，あとの①〜⑤から 1 つ選びなさい。ただし，アは最初，オは最後にくる。 (難易度■■■□□)

ア 編成に必要な基礎的事項についての理解を図る。

イ 幼児の発達の過程を見通す。

ウ 具体的なねらいと内容を組織する。

エ 各幼稚園の教育目標に関する共通理解を図る。

オ 教育課程を実施した結果を評価し，次の編成に生かす。

① ア→イ→ウ→エ→オ

② ア→イ→エ→ウ→オ

③ ア→ウ→イ→エ→オ

④ ア→ウ→エ→イ→オ

⑤ ア→エ→イ→ウ→オ

8 幼稚園教育要領解説(平成 30 年 2 月，文部科学省)で説明されている教育週数，教育時間について，正しいものを，次の①〜⑤から 1 つ選びなさい。 (難易度■■■□□)

① 毎学年の教育課程に係る教育週数は，特別の事情のある場合を除き，39 週を上回ってはならない。

② 教育週数から除く特別の事情がある場合とは，主として幼児の疾病の場合のことである。

③ 教育課程に係る時間は幼児の幼稚園における教育時間の妥当性，家庭や地域における生活の重要性を考慮して，最長４時間とされている。

④ 幼稚園における教育時間は，保育所の整備が進んでいるかどうかはかかわりなく定める必要がある。

⑤ 幼稚園において教育が行われる時間は登園時刻から降園時刻までである。

9 幼稚園教育要領解説(平成 30 年２月，文部科学省)で述べられている「教育課程の編成」について，適切なものはどれか。次の①～⑤から１つ選びなさい。　　(難易度■■□□□)

① 幼稚園教育要領に示されている「ねらい」や「内容」をそのまま教育課程における具体的な指導のねらいや内容とする。

② 幼稚園生活の全体を通して，幼児がどのような発達をするのか，どの時期にどのような生活が展開されるのかなどの発達の節目を探り，短期的に発達を見通す。

③ 教育課程の改善の手順として，一般的には改善案を作成することと，評価の資料を収集し，検討することは同時に行われる。

④ 教育課程の改善については，指導計画で設定した具体的なねらいや内容などは比較的直ちに修正できるものである。

⑤ 教育課程は，全て幼稚園内の教職員や設置者の努力によって改善すべきである。

10 次は幼稚園教育要領解説(平成 30 年２月，文部科学省)で，幼稚園教育要領(平成 29 年３月告示)の第２章「ねらい及び内容」の領域「表現」について述べている文章である。空欄(　A　)～(　D　)に当てはまる語句を語群から選ぶとき，語句の組み合わせとして正しいものを，あとの①～⑤から１つ選びなさい。　　(難易度■■■■□)

豊かな感性や自己を表現する(　A　)は，幼児期に自然や人々など身近な(　B　)と関わる中で，自分の感情や体験を自分なりに(　C　)する充実感を味わうことによって育てられる。したがって，幼稚園においては，日常生活の中で出会う様々な事物や事象，文化から感じ取るものやそのときの気持ちを友達や教師と共有し，表現し合うことを通して，豊かな(　D　)を養うようにすることが大切である。

〔語群〕

ア　態度　　イ　意欲　　ウ　習慣　　エ　事象
オ　生き物　カ　環境　　キ　表現　　ク　表出
ケ　開放　　コ　感性　　サ　感覚　　シ　心

① A－ア　B－エ　C－キ　D－シ
② A－イ　B－カ　C－ク　D－シ
③ A－イ　B－カ　C－キ　D－コ
④ A－ウ　B－オ　C－ケ　D－サ
⑤ A－ウ　B－エ　C－ク　D－コ

11 次は幼稚園教育要領解説(平成 30 年 2 月，文部科学省)の中で，人格形成の基礎を培うことの重要性を示したものである。(　A　)～(　C　)に当てはまるものをア～クから選ぶとき，正しい組み合わせを，あとの①～⑤から 1 つ選びなさい。　(難易度■■■■□)

幼児一人一人の(　A　)な可能性は，日々の生活の中で出会う環境によって開かれ，環境との(　B　)を通して具現化されていく。幼児は，環境との(　B　)の中で，体験を深め，そのことが幼児の心を揺り動かし，次の活動を引き起こす。そうした体験の連なりが幾筋も生まれ，幼児の将来へとつながっていく。

そのため，幼稚園では，幼児期にふさわしい生活を展開する中で，幼児の遊びや生活といった直接的・具体的な体験を通して，人と関わる力や思考力，感性や表現する力などを育み，人間として，(　C　)と関わる人として生きていくための基礎を培うことが大切である。

ア　相互作用　イ　本質的　ウ　共生　エ　社会　オ　家庭
カ　出会い　キ　幼稚園　ク　潜在的

① A－イ　B－ウ　C－エ
② A－イ　B－カ　C－オ
③ A－ク　B－カ　C－キ
④ A－ク　B－ア　C－エ
⑤ A－イ　B－ウ　C－オ

12 次は幼稚園教育要領解説(平成30年2月，文部科学省)の中の「人間関係」についての記述である。文中の(A)～(E)に当てはまる語句をア～シの中から選ぶとき，正しい組み合わせを，あとの①～⑤から1つ選びなさい。 (難易度■■■□□)

幼児期においては，幼児が友達と関わる中で，自分を主張し，自分が受け入れられたり，あるいは(A)されたりしながら，自分や相手に気付いていくという体験が大切である。このような過程が(B)の形成にとって重要であり，自分で考え，自分の力でやってみようとする態度を育てる指導の上では，幼児が友達との(C)の中で自分と異なったイメージや(D)をもった存在に気付き，やがては，そのよさに目を向けることができるように援助しながら，一人一人の幼児が(E)をもって生活する集団の育成に配慮することが大切である。

ア	存在感	イ	考え方	ウ	道徳心	エ	承諾
オ	達成感	カ	共感	キ	自立心	ク	自我
ケ	自己主張	コ	葛藤	サ	拒否	シ	動機

① A－サ　B－ク　C－コ　D－イ　E－ア
② A－エ　B－イ　C－カ　D－シ　E－ウ
③ A－ケ　B－ク　C－サ　D－イ　E－コ
④ A－カ　B－キ　C－オ　D－ア　E－ク
⑤ A－サ　B－オ　C－ケ　D－ク　E－カ

13 次は文部科学省が示した幼稚園教育要領解説(平成30年2月，文部科学省)の中の「一人一人の発達の特性に応じた指導」の記述に挙げられた例である。これを読んで，教師の注意すべき事柄として望ましいものをア～オの中から選ぶとき，適切なものはどれか，正しい組み合わせを，あとの①～⑤から1つ選びなさい。 (難易度■■■■□)

幼児数人と教師とで鬼遊びをしているとする。ほとんどの幼児が逃げたり追いかけたり，つかまえたりつかまえられたりすることを楽しんでいる中で，ある幼児は教師の仲立ちなしには他の幼児と遊ぶことができないことがある。その幼児はやっと泣かずに登園できるようになり，教師を親のように慕っている。教師と一緒に行動することで，その幼児にとって教師を仲立ちに他の幼児と遊ぶ楽しさを味わうという体験にしたいと教師は考える。

ア　子どもたちの中に入っていけるように，幼児に鬼遊びのルールを教えてやる。

イ　子どもたちに，この幼児を仲間に入れるよう指導する。

ウ　幼児の内面を理解し，幼児の求めに即して必要な経験を得られるよう援助する。

エ　幼児の発達の特性に応じた集団を作り出すことを考える。

オ　幼児が子どもたちと遊ぶことができるまで，そっと見守る。

①　ア，オ　　②　イ，エ　　③　ウ，オ　　④　ア，エ
⑤　ウ，エ

14 次は幼稚園教育要領解説(平成30年2月，文部科学省)の「障害のある幼児などへの指導」の記述の一部である。(　A　)～(　E　)にあてはまる語句をア～コから選ぶとき，正しい組み合わせを，あとの①～⑤から1つ選びなさい。　(難易度■■■□□)

幼稚園は，適切な(　A　)の下で幼児が教師や多くの幼児と集団で生活することを通して，幼児一人一人に応じた(　B　)を行うことにより，将来にわたる(　C　)の基礎を培う経験を積み重ねていく場である。友達をはじめ様々な人々との出会いを通して，家庭では味わうことのできない多様な体験をする場でもある。

これらを踏まえ，幼稚園において障害のある幼児などを指導する場合には，幼稚園教育の機能を十分生かして，幼稚園生活の場の特性と(　D　)を大切にし，その幼児の障害の状態や特性および発達の程度等に応じて，発達を(　E　)に促していくことが大切である。

ア　信頼関係　　イ　生きる力　　ウ　指導　　エ　総合的
オ　人格形成　　カ　環境　　キ　配慮　　ク　全体的
ケ　人間関係　　コ　支援

①　A－ウ　B－コ　C－オ　D－ケ　E－ク
②　A－カ　B－コ　C－イ　D－ア　E－ク
③　A－カ　B－ウ　C－イ　D－ケ　E－ク
④　A－キ　B－ウ　C－オ　D－ケ　E－エ
⑤　A－キ　B－コ　C－オ　D－ア　E－エ

15 幼稚園教育要領解説(平成 30 年 2 月，文部科学省)から，幼稚園の教育課程と指導計画について適切でないものを，次の①～⑤から 1 つ選びなさい。 (難易度■■□□□)

① 教育課程は，幼稚園における教育期間の全体を見通したものであり，幼稚園の教育目標に向かってどのような筋道をたどっていくかを明らかにした全体的計画である。

② 幼稚園において実際に指導を行うため，それぞれの幼稚園の教育課程に基づいて幼児の発達の実情に照らし合わせながら，具体的な指導計画が立てられる。

③ 指導計画では，教育課程に基づき具体的なねらいや内容，環境の構成，教師の援助などの内容や方法が明らかにされる。

④ 指導計画は，教育課程という全体計画を具体化したものであり，教育課程が変更されない限りは，忠実にそれに従って展開していく必要がある。

⑤ 計画的な指導を行うためには，発達の見通しや活動の予想に基づいて環境を構成するとともに，幼児一人一人の発達を見通して援助することが重要である。

16 次は幼稚園教育要領解説(平成 30 年 2 月，文部科学省)の第 3 章「教育課程に係る教育時間の終了後等に行う教育活動などの留意事項の 2」である。(A)～(E)にあてはまる語句をア～コから選ぶとき，正しい組み合わせを，あとの①～⑤から 1 つ選びなさい。 (難易度■■■■□)

幼稚園の運営に当たっては，子育ての支援のために保護者や地域の人々に(A)や施設を開放して，園内体制の整備や関係機関との連携及び協力に配慮しつつ，幼児期の(B)に関する相談に応じたり，(C)を提供したり，幼児と保護者との登園を受け入れたり，保護者同士の交流の機会を提供したりするなど，幼稚園と家庭が一体となって幼児と関わる取組を進め，地域における幼児期の教育の(D)としての役割を果たすよう努めるものとする。その際，(E)や保健の専門家，地域の子育て経験者等と連携・協働しながら取り組むよう配慮するものとする。

ア リーダー	イ 情報	ウ 教育	エ 医療
オ 支援	カ 機能	キ 用具	ク 心理
ケ センター	コ 子育て		

① A－ウ　B－コ　C－オ　D－ケ　E－ク
② A－カ　B－コ　C－イ　D－ア　E－ク
③ A－カ　B－ウ　C－イ　D－ケ　E－ク
④ A－キ　B－ウ　C－オ　D－ケ　E－エ
⑤ A－キ　B－コ　C－オ　D－ア　E－エ

解答・解説

 ③

解説

ア，イ，オの記述は合致している。

ウ　幼稚園教育要領解説に示されているのは「…自己を抑制しようとする気持ちが生まれる幼児期の発達の特性を踏まえた教育」である。現代の，子どもの発達特性を考慮する幼稚園教育において，「矯正」を目指すことはない。

エ　幼稚園の毎学年の教育週数は，特別の事情がない限り，39 週を下ってはならないとされている。

オ　「4 時間」はあくまで標準。教育時間の終了後等に行う教育活動については，平成 20 年 3 月に改訂された幼稚園教育要領において位置付けがなされ，平成 29 年 3 月改訂の幼稚園教育要領にも引き継がれている。

2 ③

解説

ア　不適切。教師が計画どおりに行わせるというよりも，幼児自らが周囲の環境に働きかけてさまざまな活動を生み出し，そこから育てられていくものである。

イ　適切。

ウ　不適切。「幼児をただ遊ばせている」だけでは幼児の主体的な活動を促すことにはならない。一人一人の幼児に今どのような体験が必要かを考え，そのために常に工夫する必要がある。

エ　適切。

オ　不適切。幼児が自分から興味をもって，遊具や用具，素材についてふさわしい関わりができるようにその種類，数量，配置を考える必要がある。そのような環境構成の取組によって，幼児はそれらとのかかわりを通してその対象の潜在的な学びの価値を引き出すことができる。

3 ③

解説

① 幼児は常に積極的に環境に関わって遊び，望ましい方向に向かって発達していくとは限らない。発達の道筋を見通して，教育的に価値のある環境を計画的に構成していく必要がある。

② 幼児の活動の展開は多様な方向に躍動的に変化するので，常に見通しと一致するわけではない。常に活動に沿って環境を構成し直し続けていく。

③ 適切である。幼児が主体的に活動できる環境を構成するには，幼児の周りにある様々な事物や生き物，他者(友達，教師)，自然事象・社会事象を幼児がどう受け止め，幼児にとってどのような意味をもつかをよく理解する必要がある。

④ 教師も環境の重要な一部である。教師の身の置き方，行動，言葉，心情，態度など教師の存在が幼児の行動や心情に大きな影響を与える。

⑤ 活動の結果より，その過程が意欲や態度を育み，生きる力の基礎を培っていく。そのため，幼児が本当にやりたいと思い，専念できる活動を見つけていくことも必要である。

4 ②

解説

① 幼児との信頼関係を十分に築き，幼児と共によりよい教育環境をつくり出していくことも求められている。

② 適切である。例えば集団に入らず一人でいる場合，何か一人での活動に没頭しているのか，教師から離れるのが不安なのか，入ろうとしながら入れないでいるのかなど状況を判断し，その時々に適切な関わり方をしていく。

③ 特に入園当初や学年の始めは学級として打ち解けた温かい雰囲気づくりを心がける。そのことによって幼児が安心して自己を発揮できるようにしていくことが必要である。

④ 葛藤が起こることは幼児の発達にとって大切な学びの機会となる。

⑤ 年下の者への思いやりや責任感，年上の者への憧れや自分もやってみようという意欲をも生み出す。年齢の異なる幼児が交流できるような環境を構成することも大切である。

 ⑤

解説

① 適切である。

② 適切である。幼稚園規模，教職員の状況，施設設備の状況などの人的・物的条件の実態は幼稚園によって異なってくるとし，これらの条件を客観的に把握した上で，特に，教職員の構成，遊具や用具の整備状況などについて分析することを求めている。

③ 適切である。近隣の幼稚園・認定こども園・保育所・小学校，図書館などの社会教育施設，幼稚園の教育活動に協力することのできる人などを「地域の資源」と捉えている。

④ 適切である。基本的な情報を積極的に提供し，保護者や地域住民の理解や支援を得ることが大切としている。

⑤ 不適切である。「保護者の養護の基本方針」ではなく「幼児の心身の発達」である。

6 ③

解説

① 幼稚園教育要領に示されている「ねらい」や「内容」をそのまま各幼稚園の指導のねらいや内容とするのではなく，幼児の発達の各時期に展開される生活に応じて適切に具体化したねらいや内容を設定する。

② 「各領域に示す事項を参考に」ではなく「各領域に示す事項に基づいて」である。

③ 正しい。次第に他者の存在を理解し「他者を思いやったり，自己を抑制したりする気持ちが生まれる」としている。

④ 各領域に示された「ねらい」や「内容」の「関係部分を視野に入れる」ではなく「全てを視野に入れる」。

⑤ 「各教員がそれぞれの責任において」ではなく「園長の責任において」である。

7 ⑤

解説

幼稚園教育要領解説(平成 30 年 2 月，文部科学省)第 1 章第 3 節「3(1)④教育課程編成の実際」は，編成に必要な基礎的事項についての理解を図る **ア** →各幼稚園の教育目標に関する共通理解を図る **エ** →幼児の発達の過程を

見通す **イ** →具体的なねらいと内容を組織する **ウ** →教育課程を実施した結果を評価し，次の編成に生かす → **オ** という編成手順を参考例として示している。**イ**の「幼児の発達の過程を見通す」については幼児の発達を長期的に見通すことのほか，幼児の発達の過程に応じて教育目標がどのように達成されていくかについて，およその予測をするともしている。したがって，この手順は**エ**の「各幼稚園の教育目標に関する共通理解を図る」の次ということである。教育目標について理解し，その教育目標がどのように達成されていくかを予測するというものである。

8 ⑤

解説

① 39週を「上回ってはならない」ではなく「下ってはならない」である。

② 特別の事情がある場合とは，台風，地震，豪雪などの非常変災，その他急迫の事情があるとき，伝染病の流行などの事情が生じた場合である(幼稚園教育要領解説(平成30年2月，文部科学省)第1章第3節3「(2)教育週数」)。

③ 最長4時間ではなく，標準4時間である。

④ 保育所の整備が進んでいない地域においては，幼稚園の実態に応じて弾力的な対応を図る必要がある(幼稚園教育要領解説(平成30年2月，文部科学省)第1章第3節3「(3)教育時間」)。

⑤ 正しい。教育課程に係る1日の教育時間については4時間を標準とし，それぞれの幼稚園において定められた教育時間については，登園時刻から降園時刻までが教育が行われる時間となる。

9 ④

解説

① 適切ではない。具体的な指導の「ねらい」や「内容」は，「幼児期の終わりまでに育ってほしい姿」との関連を考慮しながら，幼児の発達の各時期に展開される生活に応じて適切に具体化したねらいや内容を設定する。

② 適切ではない。「短期的」ではなく「長期的」が正しい。

③ 一般的には「評価の資料を収集し，検討する」→「整理した問題点を検討し，原因と背景を明らかにする」→「改善案をつくり，実施する」という手順になる。

④　適切である。一方，比較的長期の見通しの下に改善の努力がいるものとして人的，物的諸条件がある。

⑤　幼稚園内の教職員や設置者の努力によって改善できるものもあれば，家庭や地域の協力を得つつ改善の努力を必要とするものもある。

10 ③

解説

Aには「意欲」が入る。Bには「環境」が入る。Cには「表現」が入る。Dには「感性」が入る。領域「表現」の「ねらい」のうち，特に「いろいろなものの美しさなどに対する豊かな感性をもつ」「感じたことや考えたことを自分なりに表現して楽しむ」に関わる部分の記述であり，引用文はこのあと「また，そのような心の動きを，やがては，それぞれの素材や表現の手段の特性を生かした方法で表現できるようにすること，あるいは，それらの素材や方法を工夫して活用することができるようにすること，自分の好きな表現の方法を見付け出すことができるようにすることが大切である」と続けている。

11 ④

解説

A「教育は，子供の望ましい発達を期待し，子供のもつ潜在的な可能性に働き掛け，その人格の形成を図る営みである」(幼稚園教育要領解説(平成30年2月，文部科学省)第1章第1節1)とも言っている。

B　同じく「幼児は，環境との相互作用によって発達に必要な経験を積み重ねていく。したがって，幼児期の発達は生活している環境の影響を大きく受けると考えられる。ここでの環境とは自然環境に限らず，人も含めた幼児を取り巻く環境の全てを指している」(幼稚園教育要領解説(平成30年2月，文部科学省)第1章第2節1(2)②)と言っている。

C　幼児期は社会性が発達する時期であり，「友達との関わりの中で，幼児は相互に刺激し合い，様々なものや事柄に対する興味や関心を深め，それらに関わる意欲を高めていく」(幼稚園教育要領解説(平成30年2月，文部科学省)第1章第1節3(1)③)としている。

12 ①

解説

A　幼児が自分や相手に気付くというのは，受け入れられるだけでなく，時には拒否されることもあるということが重要である。そして，この「拒否」は，他者と関わるなかで生まれるものである。

B　他者との関係の広がりは，同時に自我の形成の過程でもある。

C 「幼児期は，他者との関わり合いの中で，様々な葛藤やつまずきなどを体験することを通して，将来の善悪の判断につながる，やってよいことや悪いことの基本的な区別ができるようになる時期である」(幼稚園教育要領解説(平成30年2月，文部科学省)第1章第2節1)。

D 「自分と異なった」ということから，感じ方や考え方，価値観などが考えられる。

E　他者との関わりを通して幼児は，「自己の存在感を確認し，自己と他者の違いに気付き，他者への思いやりを深め，集団への参加意識を高め，自律性を身に付けていく」(幼稚園教育要領解説(平成30年2月，文部科学省)第1章第1節3(1)③)

13 ⑤

解説

幼稚園教育要領解説(平成30年2月，文部科学省)では，「そう考えた教師は，鬼遊びのルールを守って遊ぶということにならなくても，その幼児の要求にこたえ，手をつないで一緒に行動しようとするだろう」と，この例のあとで解説している。そして，「ある意味で一人一人に応じることは，一人一人が過ごしてきた生活を受容し，それに応じるということ」が必要であり，そのためには，「幼児の思い，気持ちを受け止め，幼児が周囲の環境をどう受け止めているのかを理解すること，すなわち，幼児の内面を理解しようとすることから始まるのである。そして，その幼児が真に求めていることに即して必要な経験を得られるように援助していくのである」としめくくっている。したがって，**ア**，**イ**，**オ**は適切でないことが導かれる。

14 ③

解説

Aは**カ**が正解である。状況をつくることや，幼児の活動に沿って環境を構成するよう配慮することは，障害の有無にかかわらず保育全般において重要なことといえる。**B**は**ウ**が正解である。一人一人が異なった発達の姿を示すので，それぞれに即した指導をしなければならない。**C**は**イ**が正解である。幼稚園教育要領の「第1章　第2節」より，生きる力の基礎を育むため「知識及び技能の基礎」「思考力，判断力，表現力等の基礎」「学びに向かう力，人間性等」を一体的に育むこととされている。Dは**ケ**が正解である。多くの幼児にとって，幼稚園生活は親しい人間関係である家庭を離れ，同年代の幼児と過ごす始めての集団生活である。この集団生活を通して自我の発達の基礎が築かれる。Eは**ク**が正解である。発達を促すに当たって，個別の教育支援計画および指導計画を作成・活用することなどに留意したい。

15 ④

解説

① 適切である。教育課程は，幼稚園における教育期間の全体を見通したものである。

② 適切である。指導計画は，一人一人の幼児が生活を通して必要な経験が得られるよう具体的に立てられる。

③ 適切である。そのため一般に長期的な見通しをもった年・学期・月，あるいは発達の時期などの計画と，それと関連しさらに具体的にされた週，日など短期の計画を考えることになる。

④ 適切でない。指導計画は1つの仮説である。実際に展開される生活に応じて改善されていく。そこから教育課程の改善も行われる。

⑤ 適切である。そのためには幼稚園全体の物的・人的環境が幼児期の発達を踏まえて教育環境として十分に配慮されることが重要である。

16 ③

解説

幼児の家庭や地域での生活を含め，生活全体を豊かにし，健やかな成長を確保していくためには，幼稚園が家庭や地域社会との連携を深め，地域の実態や保護者及び地域の人々の要請などを踏まえ，地域における幼児期の教育のセンターとしてその施設や機能を開放し，積極的に子育てを支援していく必要がある。このような子育ての支援の観点から，幼稚園には多様な役割を果たすことが期待されている。その例として，地域の子供の成長，発達を促進する場としての役割，遊びを伝え，広げる場としての役割，保護者が子育ての喜びを共感する場としての役割，子育ての本来の在り方を啓発する場としての役割，子育ての悩みや経験を交流する場としての役割，地域の子育てネットワークづくりをする場としての役割などが挙げられるが，このほかにも，各幼稚園を取り巻く状況に応じて，様々な役割が求められる。

●書籍内容の訂正等について

弊社では教員採用試験対策シリーズ(参考書，過去問，全国まるごと過去問題集)，公務員採用試験対策シリーズ，公立幼稚園教諭・保育士採用試験対策シリーズ，会社別就職試験対策シリーズについて，正誤表をホームページ（https://www.kyodo-s.jp）に掲載いたします。内容に訂正等，疑問点がございましたら，まずホームページをご確認ください。もし，正誤表に掲載されていない訂正等，疑問点がございましたら，下記項目をご記入の上，以下の送付先までお送りいただくようお願いいたします。

① **書籍名，都道府県・市町村名，区分，年度**
（例：公立幼稚園教諭・保育士採用試験対策シリーズ　秋田市の公立保育士 2025年度版）
② **ページ数**(書籍に記載されているページ数をご記入ください。)
③ **訂正等，疑問点**(内容は具体的にご記入ください。)
（例：問題文では“ア～オの中から選べ”とあるが，選択肢はエまでしかない）

〔ご注意〕

○ 電話での質問や相談等につきましては，受付けておりません。ご注意ください。
○ 正誤表の更新は適宜行います。
○ いただいた疑問点につきましては，当社編集制作部で検討の上，正誤表への反映を決定させていただきます(個別回答は，原則行いませんのであしからずご了承ください)。

●情報提供のお願い

協同教育研究会では，これから公立幼稚園教諭・保育士採用試験を受験される方々に，より正確な問題を，より多くご提供できるよう情報の収集を行っております。つきましては，公立幼稚園教諭・保育士採用試験に関する次の項目の情報を，以下の送付先までお送りいただけますと幸いでございます。お送りいただきました方には謝礼を差し上げます。
(情報量があまりに少ない場合は，謝礼をご用意できかねる場合があります。)

◆あなたの受験された専門試験，面接試験，論作文試験の実施方法や試験内容
◆公立幼稚園教諭・保育士採用試験の受験体験記

送付先
○電子メール：edit@kyodo-s.jp
○FAX：03 － 3233 － 1233(協同出版株式会社　編集制作部 行)
○郵送：〒101 － 0054　東京都千代田区神田錦町２－５
協同出版株式会社　編集制作部 行
○HP：https://kyodo-s.jp/provision(右記のQRコードからもアクセスできます)

※謝礼をお送りする関係から，いずれの方法でお送りいただく際にも，「お名前」「ご住所」は，必ず明記いただきますよう，よろしくお願い申し上げます。

公立幼稚園教諭・保育士採用試験対策シリーズ
大阪市の公立幼稚園教諭
（過去問題集）

編　集　　©協同教育研究会
発　行　　令和 6 年 6 月 25 日
発行者　　小貫　輝雄
発行所　　協同出版株式会社
〒 101-0054　東京都千代田区神田錦町 2 - 5
TEL.03-3295-1341
http://www.kyodo-s.jp
振替　東京 00190-4-94061
印刷・製本　協同出版・POD工場